JOCHEM HENNIGFELD

FRIEDRICH WILHELM JOSEPH SCHELLINGS ›PHILOSOPHISCHE UNTERSUCHUNGEN ÜBER DAS WESEN DER MENSCHLICHEN FREIHEIT UND DIE DAMIT ZUSAMMENHÄNGENDEN GEGENSTÄNDE‹

WERKINTERPRETATIONEN

JOCHEM HENNIGFELD

FRIEDRICH WILHELM JOSEPH SCHELLINGS ›PHILOSOPHISCHE UNTERSUCHUNGEN ÜBER DAS WESEN DER MENSCHLICHEN FREIHEIT UND DIE DAMIT ZUSAMMENHÄNGENDEN GEGENSTÄNDE‹

WISSENSCHAFTLICHE BUCHGESELLSCHAFT
DARMSTADT

Einbandgestaltung: Neil McBeath, Stuttgart.

Die Deutsche Bibliothek – CIP-Einheitsaufnahme
Ein Titeldatensatz für diese Publikation ist bei
Der Deutschen Bibliothek erhältlich.

Gedruckt auf säurefreiem und alterungsbeständigem Papier
Printed in Germany

ISBN 3-534-11376-4

Inhalt

Einleitung

1. Biographie und historischer Kontext

Am 27. Januar 1775 wird Friedrich Wilhelm Joseph Schelling in Leonberg (nahe Stuttgart) geboren. Sein Vater, seit 1771 Pfarrer in Leonberg, übernimmt 1777 das Amt eines Professors und Predigers am Kloster Bebenhausen (nahe Tübingen). Hier besucht Schelling zunächst die deutsche Schule und erlernt bereits die alten Sprachen. 1785 wechselt er an die Lateinschule in Nürtingen, kehrt aber bereits 1786 nach Bebenhausen zurück, weil er in dieser kurzen Zeit den gesamten Lehrstoff dieser Schule bewältigt hat. In Bebenhausen nimmt er am Unterricht der älteren Seminaristen teil. Neben Griechisch, Latein und den neueren Sprachen studiert er bei seinem Vater Hebräisch und Arabisch.

Schelling ist noch keine sechzehn Jahre alt, als er eine Sondergenehmigung zum Eintritt in das Tübinger Stift erhält. In Tübingen bleibt er die vorgeschriebenen fünf Jahre und bewohnt im Stift eine Zeit lang mit Hölderlin und Hegel dieselbe Stube. 1792 legt Schelling die Magisterprüfung in Philosophie, 1795 das theologische Abschlussexamen ab. Zu diesem Zeitpunkt ist seine Abkehr von der traditionellen Theologie und seine Hinwendung zur aktuellen Philosophie bereits vollzogen. Schon als Sechzehnjähriger macht er sich mit der kritischen Philosophie Kants vertraut. 1793 lernt er Fichte, der durch seinen ›Versuch einer Kritik aller Offenbarung‹ schlagartig berühmt geworden war, bei dessen Besuch in Tübingen kennen. 1794 bekommt Schelling – Fichte hält sich wieder in Tübingen auf – dessen soeben erschienene Abhandlung ›Über den Begriff der Wissenschaftslehre‹. Sie ist Anlass für Schellings erste philosophische Schrift (›Über die Möglichkeit einer Form der Philosophie‹), die er mit einem Begleitbrief an Fichte sendet. Fichte antwortet, indem er Schelling die ersten Druckbogen der gleichzeitig in Jena gehaltenen Vorlesungen zur ›Grundlage der gesamten Wissenschaftslehre‹ schickt. Schellings Replik ›Vom Ich als Prinzip der Philosophie‹ (1795) erscheint vielen als Dokument eines kongenialen Mitstreiters für Fichtes System der Freiheit.

Im November 1795 wird Schelling Hofmeister (Hauslehrer) für die jungen Barone von Riedesel – eine Tätigkeit, die Schelling mit vielen Intellektuellen seiner Zeit (u. a. Fichte, Hegel) teilt. Zunächst hält sich Schelling mit seinen Schützlingen in Stuttgart (1795/96), dann in Leipzig auf. Schelling nutzt die ihm neben dem Unterricht der beiden Brüder verbleibende Zeit zum intensiven Besuch naturwissenschaftlicher Vorlesungen. In der Auseinandersetzung mit den neuesten Erkenntnissen und Theorien der Physik, Chemie und Medizin schafft er die Grundlage für seine eigene Naturphilosophie.

Im Alter von 23 Jahren (1798) übernimmt Schelling eine außerordentliche Professur in Jena. Goethe hatte sich – nach anfänglichem Zögern – für ihn eingesetzt. (Andere Versuche, eine Professur zu erhalten, waren gescheitert, nicht zuletzt deshalb, weil Schelling sich nicht habilitieren und als Privatdozent die Universitätslaufbahn beginnen wollte.) Auf dem Wege nach Jena hält er sich einige Wochen in Dresden auf, um die berühmten Kunstsammlungen kennen zu lernen. Er trifft u.a. die Gebrüder Schlegel; er begegnet zum ersten Mal Caroline, der Frau August Wilhelm Schlegels. Schelling wird Caroline 1803 heiraten. Die Liebe zwischen Schelling und Caroline war zu diesem Zeitpunkt längst kein Geheimnis mehr, sondern beliebter Anlass für öffentlichen Klatsch und private Zwistigkeiten. – Schelling pflegt seine Kontakte zu Goethe und Schiller; er trifft sich mit den Gebrüdern Schlegel, mit Tieck, Novalis, Schleiermacher im Kreis der 'Frühromantiker'.

Schelling ist als akademischer Lehrer sehr erfolgreich, auch wenn er anfangs hinter dem wirkungsmächtigen Fichte zurückstehen muss. 1799 wird Fichte infolge des unversöhnlichen Atheismusstreits entlassen; er geht nach Berlin. Die dadurch verursachte räumliche Trennung Fichtes von Schelling ist das äußere Zeichen für eine zunehmende philosophische Entzweiung. Schellings Publikation des ersten Entwurfs seines Identitätssystems von 1801 markiert den Bruch. In demselben Jahr kommt Hegel nach Jena, um sich dort zu habilitieren. Hegel veröffentlicht seine Abhandlung über die ›Differenz des Fichteschen und Schellingschen Systems der Philosophie‹, in der er – gegen Fichte – für Schelling Partei ergreift. Im darauf folgenden Jahr begründen die beiden Jugendfreunde das ›Kritische Journal der Philosophie‹.

Persönliche Feindseligkeiten (im Zusammenhang der Scheidung Carolines von A. W. Schlegel, die Angriffe der von Schütz herausgegebenen Literaturzeitung) veranlassen Schelling und Caroline, Jena den Rücken zu kehren. Erleichtert nimmt Schelling zum Wintersemester 1803/04 den Ruf auf einen Lehrstuhl in Würzburg an, das im 'Reichsdeputationshauptschluss' (s. S. 3) an Bayern gefallen war. Aber auch in Würzburg wird er bald zur Zielscheibe heftiger Kontroversen und Fehden. 1805 verliert Bayern das Bistum Würzburg an den Großherzog von Toskana – für Schelling willkommener Anlass, sich nach München zu wenden. Dort wird er 1806 zum Mitglied der Akademie der Wissenschaften, 1808 zum Generalsekretär der neugegründeten Akademie der bildenden Künste ernannt. Schelling muss für lange Jahre Abschied vom universitären Lehrbetrieb nehmen. 1809, im Erscheinungsjahr der Freiheitsschrift, stirbt Caroline an den Folgen einer Ruhrepidemie. Schelling ist in seinem Innersten getroffen. 1812 heiratet er Pauline Gotter, deren Mutter mit Caroline befreundet war.

1810 unterbricht Schelling seinen Aufenthalt in München, um in Stuttgart Privatvorlesungen zu halten. Wieder in München, steht 1811/12, während Schelling an dem von ihm nie publizierten Weltalter-Projekt arbeitet, die unversöhnliche Kontroverse mit Jacobi im Vordergrund (›F. W. J. Schellings Denkmal der Schrift von den göttlichen Dingen etc. des Herrn Friedrich Heinrich Jacobi‹). Der Wunsch, an eine Universität berufen zu werden, geht nicht in Erfüllung. 1820 nimmt er die Gelegenheit wahr, als Honorarprofessor, d.h. ohne feste Lehrverpflichtung, nach Erlangen zu gehen. Erst 1827 kann Schelling einen Ruf an die von Landshut nach München verlegte Landesuniversität annehmen. Während seines zweiten Münchener Aufenthalts erlangt Schelling hohe Reputation und Anerkennung. Er wird Generalkonservator der Wissenschaftlichen Sammlungen, Mitglied einer Regierungskommission für den Entwurf eines neuen Schulplans, Ritter der französischen Ehrenlegion, Korrespondierendes Mitglied der Pariser Akademie der Wissenschaften.

Im Alter von 65 Jahren (1840) erhält Schelling einen Ruf nach Berlin. Die Erwartungen, die der gerade inthronisierte König Friedrich Wilhelm IV. hegt, sind offenkundig. Schelling solle gegen die „Drachensaat des Hegel'schen Pantheismus", gegen die flache „Vielwisserei" und gegen die „Auflösung häuslicher Zucht" antreten (Tilliette 1974: 422f.). Die Antrittsvorlesung findet am 15. November 1841 statt; unter den Zuhörern im überfüllten Hörsaal befinden sich u.a. S. Kierkegaard, F. Engels, A. Ruge, M. Bakunin, F. Lassalle, L. Ranke, J. Burckhardt, W. v. Humboldt. Sehr bald jedoch schwindet die anfängliche Begeisterung; die hohen Erwartungen, die man auf Schelling gesetzt hatte, werden enttäuscht. Es kommt zu Polemiken, zu Intrigen, zu einer langen gerichtlichen Auseinandersetzung (mit Paulus über dessen unautorisierte, mit vehementer Kritik versehene Vorlesungsnachschrift). Resigniert und gesundheitlich beeinträchtigt, gibt Schelling 1846 seine Vorlesungstätigkeit auf; gelegentlich hält er Vorträge an der Berliner Akademie. 1854 fährt er zur Kur nach Bad Ragaz (Schweiz); er stirbt dort am 20. August.

Die Freiheitsschrift erscheint in einer politisch bewegten Zeit, die vor allem durch die Eroberungspolitik Napoleons bestimmt wird. Das Heilige Römische Reich Deutscher Nation existiert nicht mehr. Der Frieden von Lunéville (1801) bestätigt die Abtretung der linksrheinischen Gebiete an Frankreich. Im Reichsdeputationshauptschluss von 1803 wird Deutschland völlig umgestaltet. Insgesamt 112 Staatengebilde und die meisten

Reichsstädte verschwinden. Zu den Hauptgewinnern dieser Neuordnung gehört Bayern, das sich seit 1801 der napoleonischen Politik anschließt. 1805 wird Bayern Königreich. 1806 nimmt Maximilian den Königstitel an und tritt dem Rheinbund bei, der unter dem Protektorat Napoleons steht. Im selben Jahr bricht Preußen nach der Schlacht bei Jena und Auerstedt zusammen. 1809 kommt es zu ersten Befreiungsversuchen durch Österreich und Tirol. Schelling notiert am 11. April in seinem Jahreskalender, dass die Freiheitsschrift abgeschlossen ist, am 12. April vermerkt er „beständiges Kriegslärmen" (1994: 16). Im Mai erleidet Napoleon in der Schlacht bei Aspern seine erste Niederlage.

Für das zentrale Anliegen der Freiheitsschrift sind jedoch die politischen Ereignisse weniger bedeutsam als der geistesgeschichtliche Kontext. Kant hatte durch seine ›Kritiken‹ (1781, 1788, 1790) die 'Revolution der Denkungsart' vollzogen, die Fichte, Hegel und Schelling auf je verschiedene Weise zur Vollendung der Philosophie als Wissenschaft führen wollen. 1794/95 erscheint Fichtes ›Grundlage der gesamten Wissenschaftslehre‹. An der endgültigen Gestalt der Wissenschaftslehre – nach eigener Einschätzung das erste System der Freiheit – hat Fichte bis zu seinem Tode (1814) gearbeitet. Schelling, zunächst scheinbar in völliger Übereinstimmung mit Fichtes Ansatz, lenkt das Interesse auf die Naturphilosophie (›Ideen zu einer Philosophie der Natur‹, 1797), die aus seiner Sicht in der Wissenschaftslehre zu kurz kommt. Nach der Publikation des ersten Entwurfs der Identitätsphilosophie werden die Differenzen zu Fichte offenkundig. Anders als Schelling versucht Fichte, mit philosophischer Argumentation direkten Einfluss auf die Politik zu nehmen. Er hält im Winter 1808/09 – Berlin ist noch von den Franzosen besetzt – seine ›Reden an die deutsche Nation‹. – 1807 veröffentlicht Hegel seine ›Phänomenologie des Geistes‹; auf Grund der darin enthaltenen, kaum verdeckten Polemik gegen Schelling kommt es zum fast vollständigen Bruch der einstmals engen Beziehung. Fichte, Hegel und Schelling gehen getrennte Wege. – Im Entstehungsjahr der Freiheitsschrift wird Wilhelm von Humboldt zum Direktor der Sektion für Kultus und Unterricht ernannt. Er gründet die Berliner Universität 1810. An dieser Universität wird Fichte bis 1814, Hegel von 1818 bis 1831, Schelling (wie bereits erwähnt) von 1841 bis 1846 lehren.

2. Die Stellung der Freiheitsschrift im Gesamtwerk

„Das A und O aller Philosophie ist Freiheit." Dieses emphatische Bekenntnis, das Schelling am 4. Februar 1795 seinem Freund Hegel mitteilt (Briefe, ed. Hoffmeister I, 22) und das fast wortgleich in einer Publikation aus demselben Jahre zu finden ist (›Vom Ich als Prinzip der Philosophie oder über das Unbedingte im menschlichen Wissen‹ I, 177), erwächst aus dem Ansatz des transzendentalen Idealismus. Schelling ist mit Fichte darin einig, dass Kant zwar die entscheidende ('kopernikanische') Wende in der Philosophie vollzogen habe, es ihm jedoch nicht gelungen sei, die drei Kritiken unter Leitung *eines* Prinzips zur Einheit zusammenzufügen. Selbstbewusst vermerkt der neunzehnjährige Schelling, dass ihm in der ›Kritik der reinen Vernunft‹ „von Anfang an nichts dunkler und schwieriger schien, als der Versuch, eine Form aller Philosophie zu begründen, ohne daß doch irgendwo ein Princip aufgestellt war, durch welches nicht nur die allen einzelnen Formen zu Grunde liegende Urform selbst, sondern auch der nothwendige Zusammenhang derselben mit den einzelnen von ihr abhängigen Formen begründet worden wäre" (›Über die Möglichkeit einer Form der Philosophie überhaupt‹ I, 87). Kurzum: Die kantische Philosophie stellt kein System dar; folglich fehlt ihr der strenge Charakter einer Wissenschaft (vgl. I, 90). – Beeinflusst von der zeitgenössischen Diskussion (Aenesidemus, Reinhold, Maimon), vor allem aber unter dem Eindruck des Fichteschen Konzepts einer Wissenschaftslehre, dringt Schelling darauf, dass alles Wissen nur dann Realität haben kann, wenn es „einen letzten Punkt der Realität" (I, 162) gibt, welcher der Grundspaltung von Ich und Gegenstand (Nicht-Ich) prinzipiell vorhergeht. Dieser letzte Punkt kann nicht im Ding liegen, weil die Dinge als vorgestellte Objekte selbst in die Sphäre unseres Wissens gehören. Ebenso wenig kann das Unbedingte im Subjekt liegen, denn es ist nur in Bezug auf ein Objekt zu denken. Subjekt und Objekt bedingen sich wechselweise und sind insofern relativ. Das Prinzip alles Wissens muss folglich ein aller Subjekt-Objekt-Spaltung vorausliegendes Absolutes sein. Dieses selbst nicht wissbare Absolute, das in intellektueller Anschauung aufscheint, ist das absolute Ich.

Bald gelangt Schelling zu der Überzeugung, dass die Transzendentalphilosophie durch eine Naturphilosophie ergänzt werden muss. Mensch und Welt verharren nämlich für immer in einem unversöhnlichen Gegensatz ('Dualismus'), wenn nicht gezeigt werden kann, dass die Natur in ihrem Wesen (unsichtbarer) Geist und der Geist in seinem Grunde (unsichtbare) Natur ist. „*Hier* also, in der absoluten Identität des Geistes *in* uns und der Natur *außer* uns, muß sich das Problem, wie eine Natur außer uns möglich sey, auflösen" (›Ideen zu einer Philosophie der Natur als Einleitung in das Studium dieser Wissenschaft‹ 1797; II, 56). Dieses Programm birgt freilich ein schwer wiegendes Problem, das Schelling in der Vorrede zum ›System des transcendentalen Idealismus‹ (1800) herausstellt: Zwar mag es (transzendentalphilosophisch) gelingen, die 'Geschichte' des Selbstbewusstseins zu entschlüsseln und das System unseres gesamten Wissens darzustellen; zwar mag es (naturphilosophisch) gelingen, dieselben Potenzen des Bewusstseins 'bis zu einer gewissen Grenze' auch in der Natur aufzuweisen – es gelingt jedoch nicht, diese beiden Wissensbereiche zusammenzubringen. Transzendental- und Naturphilosophie fordern einander zur notwendigen Ergänzung; aber sie bleiben „die beiden ewig entgegengesetzten" Wissenschaften, „die niemals in Eins übergehen können" (III, 331). Den einzigen Ausweg aus dieser Aporie scheint die Kunst zu bieten. Nicht nur, dass die Kunst als „Objektivität der intellektuellen Anschauung" (III, 625) das System der Transzendentalphilosophie vollendet – sondern: Allein die Kunst des Genies vereinigt und versöhnt den transzendentalen Idealismus mit der Naturphilosophie, indem sie das Bewusstlose im Produzieren und dessen Identität mit dem Bewussten darstellt. „Die Kunst ist eben deßwegen dem Philosophen das Höchste, weil sie ihm das Allerheiligste gleichsam öffnet, wo in ewiger und ursprünglicher Vereinigung gleichsam in einer Flamme brennt, was in der Natur und Geschichte gesondert ist, und was im Leben und Handeln, ebenso wie im Denken, ewig sich fliehen muß" (III, 628).

Diese Auskunft ist für den Philosophen (auch für den kunstbegeisterten) ein Skandalon, sofern er eingestehen muss, dass dem Denken die objektive Identität des Seins letztlich versagt bleibt. Sollte nicht doch das Denken selbst die Versöhnung des Urgegensatzes von Natur und Geist umfassend leisten können? – 1801 geht Schelling 'das Licht in der Philosophie auf', weil er einen Weg sieht, diese Frage zu bejahen (vgl. den Brief an Eschenmayer vom 30. 7. 1805; Briefe u. Dokumente, ed. Fuhrmans, III, 222). Dazu bedarf es nur eines kleinen Schrittes: In seiner ›Grundlage der gesamten Wissenschaftslehre‹ geht Fichte vom Satz der Identität (A = A) als einer unbestreitbaren Tatsache des Bewusstseins aus. Nun kann dieser Satz aber nicht sicherstellen, dass A überhaupt ist. Fichte zieht daraus die Konsequenz, dass man auf das Ich zurückgehen müsse, weil nur in der reinen Ich-Vorstellung (Ich = Ich) die unmittelbare Einheit von Sein und Identischsein gegeben ist. Schelling hingegen fordert jetzt, diesen Rückgang auf das Ich zu vermeiden, weil damit doch letztlich der Standpunkt der Reflexion, die sich in Gegensätzen bewegt, nicht überwunden werden kann. Zwar kann A = A nicht die Existenz von A behaupten (weder des Subjekts noch des Prädikats); aber dennoch wird durch diesen Satz ein Sein gesetzt: das Sein der Identität. Sieht man davon ab, dass die höchste Einheit durch Reflexion des Ich gewonnen wird, dann bleibt die Identität. Der Satz A = A setzt somit die Identität, und zwar schlechthin und absolut. Auf dem Standpunkt des reflektierenden Verstandes zerbricht diese Identität sogleich in den Gegensatz von Ich und Nicht-Ich, von Geist und Natur. Aber: Sein im ursprünglichen und eigentlichen Sinne ist das Identischsein. Der oberste Grundsatz des Systems darf deshalb nicht lauten „Ich = Ich" oder „Ich bin"; sondern er lautet: Identität *ist.* Für dieses absolute Sein sind nach Schelling die Namen 'absolute Vernunft' oder 'Gott' angemessen.

Damit ist für Schelling das grundlegende Problem – nämlich den „Parallelismus der Natur mit dem Intelligenten" (III, 331) im Rahmen *eines* Systems darstellen zu können – gelöst. Hegel würdigt sogleich diesen Schellingschen Ansatz, weil nun Philosophie und System eins seien und die Identität weder in den Teilen noch im Resultat verloren gehe (vgl. ›Differenz des Fichteschen und Schellingschen Systems der Philosophie‹ 1801; Theorie Werkausgabe 2, 94; GW 4, 63). 1807 jedoch fällt das Urteil Hegels geradezu vernichtend aus:

„Irgendein Dasein, wie es im *Absoluten* ist, betrachten, besteht hier in nichts anderem, als daß davon gesagt wird, es sei zwar jetzt von ihm gesprochen worden als von einem Etwas; im Absoluten, dem A = A, jedoch gebe es dergleichen gar nicht, sondern darin sei alles eins. Dies eine Wissen, daß im Absoluten alles gleich ist, der unterscheidenden und erfüllten oder Erfüllung suchenden und fordernden Erkenntnis entgegenzusetzen oder sein *Absolutes* für die Nacht auszugeben, worin, wie man zu sagen pflegt, alle Kühe schwarz sind, ist die Naivität der Leere an Erkenntnis" (Vorrede zur ›Phänomenologie des Geistes‹ III, 22; GW 9, 17).

Fichte – der 1801 noch glaubt, dass der Unterschied zwischen Wissenschaftslehre und Identitätssystem „auf wenige Scheidungspunkte" (SW XI, 389) zurückzubringen sei – vermerkt: Die ›Darstellung meines Systems‹ könne überhaupt nicht als „die sich vollziehende Construction selber" (SW XI, 371) verstanden werden, sondern höchstens als Bericht über eine bereits vollzogene Konstruktion. Schelling mache mit seiner Definition im § 1 die absolute Vernunft (als totale Indifferenz des Subjektiven und Objektiven) zu etwas Totem, da er von ihr aus nicht zu weiteren Bestimmungen kommen könne (vgl. SW XI, 371 f.).

Die „absolute Vernunft geht auf in dem Gesetze der absoluten Identität, ein anderes Gesetz, eine andere Bestimmung paßt schlechthin nicht für sie, weil diese schon in die Differenz fallen würde. Nur so viel ist klar. Klar aber ist zugleich auch, daß der Verfasser implicite damit hat erschleichen wollen den Satz: *Zum Wesen der absoluten Vernunft gehöre das Sein*; der aber weder auf diese Weise erwiesen werden kann; noch kann überhaupt von irgend Etwas gesagt werden, daß sein Wesen (Begriff) schon das Sein involvire" (SW XI, 375 f.).

Es muss hier nicht entschieden werden, inwieweit diese Vorwürfe zu Recht bestehen und ob sie die eigentliche Intention Schellings treffen. Zweifellos ist die ›Darstellung‹ von 1801 sehr abstrakt und nicht frei von inhaltlichen und formalen Mängeln. Schelling versucht deshalb, sein Konzept in weiteren Darstellungen zu klären. Besonders hervorzuheben ist das (von Schelling allerdings nicht publizierte) ›System der gesamten Philosophie und der Naturphilosophie insbesondere‹ (1804), in dem auch die

Potenzen der idealen Welt (Wissen, Handeln, Kunst) aufgewiesen werden. Freilich bleiben immer noch zentrale Probleme ungelöst, denen sich Schelling zu stellen hat und die den frühen identitätsphilosophischen Ansatz über sich hinaustreiben: Zwar werden die Grundmomente (Potenzen) der idealen Welt konstruiert; aber ein vollständiges 'System des Geistes' wird nicht entfaltet. (Einen wichtigen Teil legen die Vorlesungen über die ›Philosophie der Kunst‹ von 1802/03 dar.) Zwar gründet die Identitätsphilosophie das Leben des Endlichen im Leben des Absoluten. Ist dies aber der Vielfalt und Dynamik des Lebens angemessen? Wie steht es mit dem Menschen und der Geschichtlichkeit der Welt? Kann die Identitätsphilosophie überhaupt dem Leitsatz gerecht werden, demgemäß die Freiheit Anfang und Ende aller Philosophie ist? Diese Fragen beantwortet Schelling in den ›Philosophischen Untersuchungen über das Wesen der menschlichen Freiheit‹.

Schelling selbst gibt den Stellenwert der Freiheitsschrift bei ihrer ersten Publikation so an:

„Da der Verfasser nach der ersten allgemeinen Darstellung seines Systems (in der Zeitschrift für speculative Physik), deren Fortsetzung leider durch äußere Umstände unterbrochen worden, sich bloß auf naturphilosophische Untersuchungen beschränkt hat, und nach dem in der Schrift: *Philosophie und Religion* gemachten Anfang, der freilich durch Schuld der Darstellung undeutlich geblieben, die gegenwärtige Abhandlung das Erste ist, worin der Verfasser seinen Begriff des ideellen Theils der Philosophie mit völliger Bestimmtheit vorlegt, so muß er, wenn jene erste Darstellung einige Wichtigkeit gehabt haben sollte, ihr diese Abhandlung zunächst an die Seite stellen, welche schon der Natur des Gegenstandes nach über das Ganze des Systems tiefere Aufschlüsse als alle mehr partiellen Darstellungen enthalten muß" (VII, 333f.).

Aus dieser Vorbemerkung lassen sich wichtige Hinweise für die Einordnung der neuen Abhandlung entnehmen:

1. Für Schelling ist die Kontinuität der Freiheitsschrift mit dem Systementwurf von 1801 selbstverständlich. (Die Kontinuität im Denken Schellings ist durch die jüngere Forschung in vielfältiger Weise aufgewiesen worden – gegen Ein- und Abschätzungen Schellings als sich ständig wandelnder Proteus der Philosophie.)

2. Nach zahlreichen Darlegungen zum realen Teil des Systems (Naturphilosophie) soll nun der ideale Teil entfaltet werden. Dabei wird, wie der Titel anzeigt, das Wesen des Menschen eine zentrale Rolle spielen. Man zielt jedoch entschieden zu kurz, wenn man die Freiheitsschrift als bloße Anthropologie versteht. Der Mensch wird thematisiert im Zusammenhang des absoluten Systems. Schelling warnt im Schlussteil des zitierten Satzes vor einer solchen Isolierung des ideellen Systemteils.

3. Schelling verweist auf seine Abhandlung aus dem Jahre 1804 (›Philo-

sophie und Religion‹), in der die Grundgedanken des ideellen Teils bereits vorgetragen worden seien. Er führt als „Hauptpunkte“ an: Freiheit des Willens, Gut und Böse, Persönlichkeit (VII, 334). Man habe allerdings diese Schrift wohl nicht genau zur Kenntnis genommen, sondern Vorurteile und Geschwätz verbreitet. Die nun vorgelegte Abhandlung werde gegen die blinde Polemik die eigene Position unumwunden darlegen.

4. Wird einerseits zu Recht die Kontinuität des schellingschen Denkens betont, so darf andererseits nicht übersehen werden, dass durch die Freiheitsschrift 'tiefere Aufschlüsse' über das System gewonnen werden sollen. Das aber bedeutet: Wenn das Göttlich-Absolute Prinzip des Systems ist, dann sollen diese ›Untersuchungen über das Wesen der menschlichen Freiheit‹ auch tiefere Einsichten in das Wesen des Göttlichen ermöglichen.

Inwieweit die Freiheitsschrift dieses Versprechen einlöst, kann erst am Ende der nachfolgenden Interpretation gesehen und beurteilt werden. Aber die zentrale Problematik sei hier bereits angezeigt: Ist Gott der Anfangsgrund alles natürlichen Lebens, dann darf er nicht als starre Substanz, sondern muss als das zuhöchst Lebendige selbst verstanden werden. Wenn menschliche Freiheit – der Systemforderung gemäß – in Gott zurückgegründet werden muss, dann ist zu klären, was Freiheit überhaupt bedeutet und worin sie sich im göttlichen und im menschlichen Leben dokumentiert.

Der Versuch, Gott als höchstes Leben und als absolute Freiheit zu begreifen, ist das treibende Motiv für Schellings Denken. Das bezeugen nicht nur die frühen 'Bekenntnisse' und die Freiheitsschrift in aller Deutlichkeit; es wird ebenso klar in den Entwürfen der Weltalter-Philosophie (1811, 1813), und es führt schließlich zu den Entwürfen der Spätphilosophie.

Der Ansatz beim urlebendigen und urfreien Absoluten stellt das Denken vor nicht mehr zu überbietende Probleme und Aporien. Darauf hat Schelling u.a. in Überlegungen zu den ›Weltaltern‹ hingewiesen (ed. Schröter, 199f.): Ist Gott die höchste Form des Lebens, dann muss Gott selbst *werden* und sich entwickeln; sonst verliert der Begriff des Lebens seinen Sinn. Soll jedoch der Begriff Gottes dadurch nicht aufgehoben werden, dann muss Gott ein *ewiges* Werden zugesprochen und dies zu bestimmen versucht werden. Weiterhin: Werden und Bewegung lassen sich nicht denken ohne Anfang und Ende, ohne Ursprung und Ziel, und zwar im absoluten Sinne. Absoluter, d.h. nicht vermittelter Anfangsgrund ist aber nicht ohne Freiheit und Wille zu denken, die sich in einer Tat bekunden müssen.

Um diese Probleme zu lösen, erweisen sich die ersten Entwürfe der Identitätsphilosophie mit ihrer weitgehend abstrakten Begrifflichkeit als unzureichend. Können Bewegung und Entwicklung nicht mehr ausschließlich als Wesensmerkmale des endlichen Seienden angesehen werden, dann muss das Absolute gleichsam dynamisiert werden. Das heißt: Die das Absolute konstituierenden Seinsmomente sind als lebendige Kräfte eines göttlichen Prozesses zu erfassen. Dem versucht Schelling auch durch eine andere und zunächst befremdlich anmutende Begriffssprache gerecht zu werden. Statt abstrakter Begriffspaare wie in den ersten Darstellungen der Identitätsphilosophie (Sein und Denken, Affirmiertes und Affirmierendes, Reales und Ideales etc.) bevorzugt die Freiheitsschrift konkretere Bezeichnungen: Gut und Böse, Egoität und Liebe, Sehnsucht und Wort, Dunkel und Licht, Sich-Geben und Sich-Verschließen, Freiheit und Notwendigkeit etc. Das ist kein bloßes Stilmittel; sondern darin kündigt sich ein Wandel des Denkens an: von der abstrakten zur konkreten, von der negativen zur positiven Philosophie.

Die Gegenüberstellung von positiver und negativer Philosophie wird erst im späten Denken Schellings von zentraler Bedeutung. Was damit gemeint ist, kann hier nur knapp umrissen werden: Die Philosophie setzt sich seit ihren Anfängen das Ziel, den letzten Grund für alles Sein und Erkennen aufzuweisen. Dieser letzte Grund ist das Absolute oder Gott. Die bisherigen philosophischen Systeme sind jedoch mit einem entscheidenden Mangel behaftet. Sie können das Prinzip nur als bloße Idee (im Begriff) erfassen. Und da alles Sein von diesem Prinzip abhängt, kommt die gesamte philosophische Tradition grundsätzlich aus der bloßen Denknotwendigkeit nicht heraus. Dieser Philosophie entzieht sich das reine Dass, die Faktizität der Existenz – sowohl die des Prinzips als auch die des Universums als auch die des eigenen Denkens. Insofern bleibt diese Philosophie *negativ*. (Das gilt für die eigene frühe Identitätsphilosophie ebenso wie für Hegels großes System.) Diese Einsicht zwingt dazu, das Denken als Anfangsgrund aufzuheben und eine unbegreifliche Wirklichkeit vorauszusetzen. Diese Wirklichkeit darf nicht mit dem Empirischen (das durch das Subjekt vermittelt ist) verwechselt werden. Vielmehr ist die höhere Wirklichkeit der alles Sein und Denken ermöglichende Anfang: die Wirklichkeit Gottes. Im Vollzug dieser Einsicht wandelt sich die Philosophie zur *positiven* Philosophie. Ihr Prinzip ist der allem logischen Begriff verschlossene freie Urheber, der 'Herr des Seins'. Das 'positive' Prinzip dieser Philosophie ist somit: Freiheit bzw. Wille bzw. Tat. Den gegenüber dem Sein freien Schöpfer und die in ihm gründende Wirklichkeit können wir nur dadurch begreifen, dass Gott immer schon wirksam ist, d. h. sich offenbart. Die positive Philosophie muss deshalb Philosophie der *Offenbarung* und – ihr zuvor – Philosophie der *Mythologie* sein. Die Mythologie hat ihren Grund in einem Urbewusstsein, das vor allem Wissen ein Gott setzendes ist. Beide Themenbereiche werden von Schelling in großen Vorlesungen (seit 1828 in München bis zu seinen letzten Vorlesungen in Berlin) behandelt. – Für diese Kehre von der negativen zur positiven Philosophie kommt der Freiheitsschrift eine zentrale, weil vermittelnde Stellung zu. Im Systementwurf von 1809 werden bereits alle Probleme greifbar, die Schelling bis zum Ende seines Denkweges zu lösen versucht hat.

3. Zur Wirkungsgeschichte der Freiheitsschrift

Die kaum zu unterschätzende Wirkmacht *Hegels* scheint auch ihren Schatten auf die Freiheitsschrift geworfen zu haben. Hegel stellt kurz und bündig in seinen ›Vorlesungen über die Geschichte der Philosophie‹ fest:

„Schelling hat eine einzelne Abhandlung über die Freiheit bekanntgemacht, diese ist von tiefer, spekulativer Art; sie steht aber einzeln für sich, in der Philosophie kann nichts Einzelnes entwickelt werden" (20, 453).

Wird von Hegel noch die Tiefe der Spekulation (und das 'Hinausgehen' über Fichte) lobend hervorgerufen, so ergeht es Schelling mit der zeitgenössischen Rezension noch ärger. Die Freiheitsschrift wird entweder gar nicht zur Kenntnis genommen oder fällt meist oberflächlicher Polemik zum Opfer. (Vgl. die Hinweise in der Ausgabe von Buchheim 1997: XXXIII–XXXVIII.) Dennoch hat die Freiheitsschrift weit über die Tagesaktualität hinaus eine nachhaltige Wirkung ausgeübt. Zu erwähnen sind vor allem Schopenhauer, Kierkegaard und Heidegger.

Dass *Schopenhauer* die Freiheitsschrift sehr genau studiert hat, belegen nicht nur die Hauptwerke (›Die Welt als Wille und Vorstellung‹, ›Über die Freiheit des Willens‹, ›Über die Grundlage der Moral‹), sondern auch seine Notizen, die im ›Handschriftlichen Nachlaß‹ zugänglich sind. Schopenhauer spricht jedoch Schellings Abhandlung jegliche Originalität ab. Es werde lediglich kantisches Gedankengut wiedergegeben. Immerhin erkennt er an, dass Schelling anschaulicher schreibe als Kant. Dieses 'Kompliment' wird aber sogleich durch den Vorwurf zurückgenommen, dass Schelling seine Quelle nicht angebe:

„Von der soeben belobten höchst wichtigen Lehre *Kants* über den intelligiblen und empirischen Charakter hat eine erläuternde Paraphrase *Schelling* geliefert in seiner ›Untersuchung über die menschliche Freiheit‹ [...]. Die Paraphrase kann durch die Lebhaftigkeit ihres Kolorits dienen, manchem die Sache faßlicher zu machen, als die gründliche, aber trockene Kantische Darstellung es vermag. Inzwischen darf ich derselben nicht erwähnen, ohne zur Ehre der Wahrheit und *Kants* zu rügen, daß *Schelling* hier [...] nicht deutlich ausspricht, daß, was er jetzt darlegt, dem Inhalte nach *Kanten* angehört, vielmehr sich so ausdrückt, daß die meisten Leser [...] wähnen müssen, hier *Schellings* eigene Gedanken zu lesen" (›Über die Freiheit des Willens‹, SW, ed. von Löhneysen, III, 607f.).

Schopenhauer beschließt seine Polemik mit dem Hinweis, dass in der schellingschen Abhandlung nicht die menschliche Freiheit im Mittelpunkt stehe, sondern ein Gott, den der „Herr Verfasser“ intim kenne, leider jedoch die Quelle dieser Bekanntschaft nicht angebe. – Mit dem (richtigen) Hinweis auf Kant als (gemeinsame) Quelle und durch seine glänzende Polemik überspielt Schopenhauer seine eigene Nähe zu Schelling, die nicht nur die Lehre von der intelligiblen Tat, sondern vor allem auch die ontologische Grundthese (Wollen als Ursein) betrifft.

Auch *Kierkegaard* kennt die ›Philosophischen Untersuchungen über das Wesen der menschlichen Freiheit‹, und auch er ist weit davon entfernt, Schelling als Kronzeugen seines Existenzdenkens zu benennen. Zwar entgeht Schelling den schärfsten Angriffen, weil hauptsächlich Hegel (und der Hegelianismus) als Kontrahent ins Visier genommen wird. Zwar billigt Kierkegaard Schellings ‘kräftigen’ und ‘vollblütigen’ Anthropomorphismus. Aber auch Schelling entgeht nicht dem Vorwurf, dass alles absonderlich werde, „wenn Metaphysik und Dogmatik dadurch verfälscht werden, daß die Dogmatik metaphysisch behandelt wird und die Metaphysik dogmatisch“ (›Der Begriff Angst‹ , GW ed. Hirsch, 11./12. Abt., 59). – Distanziert betrachtet zeigen sich jedoch auffällige Parallelen zwischen beiden Denkern. Das lässt sich vor allem für die Bestimmung des Menschen zeigen, wie sie Kierkegaard in ›Der Begriff Angst‹ und in ›Die Krankheit zum Tode‹ entfaltet hat: der Ausgangspunkt bei einem zweideutigen Zustand der Unschuld; die freie Urtat des Menschen zum Bösen; die Angst als Grundstimmung menschlicher Existenz; die Eigentümlichkeit menschlicher Zeiterfahrung.

Heidegger hat vornehmlich in seinen Vorlesungen und Seminaren über Schelling und den Deutschen Idealismus an seiner Wertschätzung der Freiheitsschrift keinen Zweifel gelassen. Für Heidegger ist Schelling der „eigentlich schöpferische“ Denker seiner Epoche, der mit der Freiheitsschrift den „Gipfel der Metaphysik des deutschen Idealismus erreicht“ (1971: 4, 201). Deshalb müsse auch das (oben zitierte) Diktum Hegels korrigiert werden:

> „Solange man die Schellingsche Freiheitsabhandlung nur gelegentlich anführt, um damit eine besondere Ansicht Schellings über das Böse und die Freiheit zu belegen, hat man von ihr nichts begriffen. Es wird jetzt auch einsichtig, inwiefern Hegels zwar anerkennendes Urteil über diese Abhandlung ein Fehlurteil ist: daß sie nur eine Sonderfrage behandle! Die Abhandlung, die Hegels ›Logik‹ schon *vor* ihrem Erscheinen erschüttert“ (1971: 117)!

Heidegger thematisiert Schellings Abhandlung nicht aus einem bloß philosophiehistorischen Interesse. Für Heidegger ist vielmehr dies wichtig:

> „In der Besinnung auf das in der Freiheitsabhandlung Abgehandelte gelangen wir in wesentliche Bezüge zu dem, was ‘ist’; wir erfahren, daß und wie wir in solchen

Bezügen 'sind', erfahren die Seinsverlassenheit des Seienden und die Seinsvergessenheit des Menschen" (1971: 204).

Mit anderen Worten: Für Heideggers eigenes philosophisches Anliegen erweist sich der schellingsche Text als besonders aufschlussreich. Diese Nähe zwischen Schelling und Heidegger lässt sich etwa durch folgende Hinweise belegen: Schellings Einsatz beim Gefühl (der Freiheit) kann mit dem erschließenden Charakter der 'Befindlichkeit' erklärt werden. – Im Zusammenhang von Schellings Analyse der Kopula im Urteil verweist Heidegger selbst auf die entsprechende Stelle (§ 33) in ›Sein und Zeit‹. Weitere Anknüpfungspunkte bieten die dem Menschen eigene Zeitlichkeit (1971: 186f.) und die besondere Funktion der Angst (1971: 183). Schließlich wird man auch nicht zu weit gehen, wenn man Heideggers Interpretation der schellingschen Unterscheidung von Grund und Existenz ('Seynsfuge') mit dem offenbarend-entbergenden Geschehen der 'Lichtung' zusammenbringt.

An einigen Beispielen sei auf die Thematisierung solcher Bezüge in der Forschung hingewiesen. G. Figal legt in seinem Vergleich zwischen Schelling und *Kierkegaard* dar, dass der schellingsche Freiheitsbegriff erst bei Kierkegaard zur vollständigen Bestimmung gelange (1980: 123). Wie Schelling, so ziele auch Kierkegaard auf ein System des Daseins, das beide zu einem System im göttlichen Verstand in Beziehung setzen (1980: 113). Während Schelling jedoch das System des Daseins als pantheistische Schöpfungstheorie konzipiere, sei es bei Kierkegaard „als System der vielfältigen Weisen des Scheiterns der Synthese von Endlichem und Unendlichem" (1980: 126) angelegt. Schellings Pantheismus werde bei Kierkegaard durch Christologie ersetzt. – A. Pieper sieht folgende Gemeinsamkeit im anthropologischen Ansatz Schellings und Kierkegaards: „Wenn Schelling von einer 'zertrennlichen' Einheit der Prinzipien des Grundes und der Existenz im Menschen spricht, so läßt sich dies mit Kierkegaard als eine Form von Identität erläutern, die nicht schon besteht, sondern je und je hergestellt werden muß: durch die Tätigkeit des Sichverhaltens" (1995: 94). Konsequenz dieses labilen Selbstverhältnisses ist nach Kierkegaard die Verzweiflung. Deren Grundweisen (verzweifelt man selbst sein wollen, verzweifelt nicht man selbst sein wollen, verzweifelt ein anderer als man selbst sein wollen) lassen sich – wie Pieper einleuchtend darlegt – auch aus den von Schelling beschriebenen unterschiedlichen Willenskräften ableiten (1995: 100ff.). – Nach R. Pocai ist die Kluft zwischen Freiheitsbegriff und Freiheitserfahrung „*das* Problem, das die Freiheitsschrift dem *Begriff Angst* vorgibt, und das Kierkegaard zu lösen beabsichtigt, indem er 'Freiheit' unzweideutig im Ausgang von der Erfahrung der Angst zu bestimmen bzw. 'Angst' als die gesuchte ursprüngliche Freiheitserfahrung zu begreifen versucht" (1999: 103). Mit Kierkegaards Konzeption des träumenden Geistes werde Schellings Bestimmung der Sehnsucht Gottes in die *Angst* des unschuldigen Menschen gleichsam eingezeichnet (1999: 105). – (Zum Verhältnis Kierkegaards zu Schelling vgl. auch vom Vf. 1987: 269–284; 1999: 83–93.)

Die konzeptionelle Nähe zwischen *Schopenhauers* Denken und der schellingschen Freiheitsschrift zeigt sich für L. Hühn am eindringlichsten in der Lehre von der intelligiblen Tat (1998: 90). Schopenhauers (polemisch verdecktes) Interesse an Schelling resultiere weniger aus dem gemeinsamen Rückgriff auf Kant, sondern habe seinen eigentlichen Grund in Schellings Radikalisierung des idealistischen Freiheitsbegriffs (1998: 55). „Schopenhauer buchstabiert die negativistischen Konsequenzen des Schellingschen Befundes, wonach der neuzeitliche Autonomiegedanke in seinem Innersten Schuld berge, derart aus, daß er die voluntative Grundverfassung unseres Handelns systematisch auf die durchweg zwanghafte Eigendynamik heillosen Vorwärtsgetriebenseins festlegt" (1998: 93).

D. Köhler betont, dass *Heidegger* in seiner Schelling-Vorlesung von 1936 die für die Freiheitsschrift zentrale Unterscheidung von Grund und Existenz ('Seynsfuge') auf dem Hintergrund seiner eigenen Fundamentalontologie interpretiere. „Entscheidend für Heideggers Auslegung der Seynsfuge ist die Bestimmung des Begriffs 'Existenz', welche sich eindeutig dem Ansatz von *Sein und Zeit* entlehnt, hier aber ohne Bedenken auch für Schelling beansprucht wird" (1999: 204). In der 'erneuten Auslegung' von 1941 wird jedoch der Existenzbegriff Schellings von Heidegger kritisiert, da Schelling das Selbstsein im Sinne der Subjektivität verstehe (1999: 208). – I. M. Fehér lenkt die Aufmerksamkeit auf Gadamers Hinweis, wonach Schellings Problemstellung, die in den Formeln von der 'Dunkelheit des Grundes' und dem 'Unvordenklichen' der Existenz zum Ausdruck kommt, den maßgeblichen Hintergrund bildet für Heideggers Programm einer Hermeneutik der Faktizität (1999: 21). In diese Richtung zielt auch J. Grondin: „Daß der Satz vom Grund das Sein, die Exteriorität des Grundes nie einholen kann, war eine befreiende Erfahrung, die Heidegger mit intimer Kongenialität in Schelling entdecken konnte" (1999: 67). Für Grondin erweist sich die Hermeneutik (Heideggers und Gadamers) als „die konsequenteste Gestalt des Schellingschen Erbes" (1999: 71). – D. Barbarić stellt die Berührungspunkte zwischen Schellings und Heideggers Zeitanalysen heraus. Er vermutet, dass sich „Heidegger durch die Begegnung mit der 'Freiheitsschrift' Schellings veranlaßt sah, seine inzwischen schon fast verlassenen und in den Hintergrund seines Philosophierens gedrängten Temporalitätsüberlegungen wieder aufzunehmen und in dem, was Schelling dort 'Ewigkeit' eines ewig werdenden, lebendigen

Gottes nennt, ebendasselbe zu erkennen, was bei ihm selbst 'ursprüngliche Zeitlichkeit' heißt" (1999: 217f.).

Die vorliegende Arbeit möchte durch eine möglichst geschlossene Interpretation den Zugang zu Schellings Abhandlung erleichtern. Es soll deutlich werden, welche historischen und systematischen Problemstellungen zu dieser Untersuchung über das Wesen der menschlichen Freiheit führen. Um den Zusammenhang mit Schellings ursprünglichem Konzept eines absoluten Idealismus deutlich zu machen, werden im I. Kapitel der Systementwurf von 1801 und die Schrift von 1804 über ›Philosophie und Religion‹ vorgestellt. Schelling selbst bezieht sich in der Freiheitsschrift auf diese beiden Arbeiten (vgl. S. 8). Zugleich tritt auf diese Weise der Neuansatz von 1809 schärfer heraus.

Dem Programm der 'Werkinterpretationen' entsprechend, wurde weder ein lückenloser Kommentar noch eine umfassende Auseinandersetzung mit der Forschungsliteratur angestrebt. Allerdings werden gelegentlich entsprechende Hinweise gegeben. Sie sollen – wie der gesamte Interpretationsversuch – den Leser dazu auffordern, sich mit Schelling selbst auseinanderzusetzen und zu einem eigenen Urteil zu gelangen.

Schellings Abhandlung bietet erhebliche Verständnisschwierigkeiten – nicht nur, weil sie wie alle zentralen Texte des deutschen Idealismus die Möglichkeiten des Denkens aufs Äußerste erprobt; nicht nur weil sie wie alle systematischen Versuche in der Philosophie zugleich eine Auseinandersetzung mit der Tradition ist; sondern vor allem auch deshalb, weil Schelling sich hier unterschiedlicher und scheinbar heterogener Darstellungsweisen bedient: Er argumentiert begrifflich-logisch; er greift auf die Sprache der Bibel und der theologischen Trinitätsspekulation zurück; er bedient sich mystisch-theosophischer Redeweise; er prägt poetische Metaphern. Gegen diesen vordergründig disparaten Eindruck versucht meine Interpretation die These zu erhärten, dass Schellings Freiheitsschrift in erster Linie ein großer philosophischer Systementwurf ist, der sehr wohl der Forderung nach strenger Begriffsarbeit genügt. Dabei erprobt Schelling verschiedene – auch unsichere – Wege der Argumentation, die alle dem Ziel dienen, Sein im Sinne von *Leben* zu *denken*.

I. Die Identitätsphilosophie

1. ›Darstellung meines Systems der Philosophie‹ (1801)

Die ›Darstellung‹ von 1801 orientiert sich formal an der 'geometrischen' Methode der ›Ethik‹ Spinozas. Schelling gibt dafür in der Vorerinnerung folgende Begründung: Zum einen nähere sich sein System am meisten dem des Spinoza, und zum anderen gestatte diese Form „die größte Kürze der Darstellung" (IV, 113). Entsprechend ist die Abhandlung in meist sehr kurze Abschnitte (159 Paragraphen) eingeteilt, denen jeweils eine These vorangestellt ist; diese These wird anschließend so knapp wie möglich bewiesen. (In den späteren Paragraphen wird auch oft nur auf frühere Beweise hingewiesen.) Thesen und Beweise werden ergänzt durch Anmerkungen, Zusätze, Erläuterungen, Erklärungen und Lehnsätze. Diese konzise Darstellung erschwert – trotz der veranschaulichenden Schemata – das Verständnis dieser Schrift erheblich.

Auf die grundsätzliche Problemstellung ist in der Einleitung bereits hingewiesen worden: Um die allen Gegensätzen vorgängige Einheit des Seins zu erlangen und so den Gegensatz von Natur- und Transzendentalphilosophie zu versöhnen, muss der Reflexionsstandpunkt (Fichtes) aufgegeben werden. Das heißt: Es muss davon abgesehen werden, dass die Ureinheit durch ein abstrahierendes endliches Subjekt gewonnen wird. Was dann übrig bleibt, ist nach Schelling nicht das reine Ich, sondern reine Identität – nicht endliche Vernunft, sondern die absolute Vernunft oder Gott. Diese Einsicht kann nicht bewiesen oder auf irgendeine Weise andemonstriert werden; sie leuchtet als notwendige Einheit alles Seins und Wissens wie ein Blitz auf (in einem Akt intellektueller Anschauung). Damit wird der Umschwung vollzogen von der endlichen Reflexionsphilosophie zur Philosophie des Absoluten. Dieser Umschwung verbirgt sich hinter der 'Erklärung' des § 1, die sich als bloße Nominaldefinition ausgibt: „Ich nenne *Vernunft* die absolute Vernunft, oder die Vernunft, insofern sie als totale Indifferenz des Subjektiven und Objektiven gedacht wird" (IV, 114).

Wer das Prinzip der absoluten Vernunft erfasst hat, dem werden auch die folgenden Sätze (§§ 2–4) einleuchten.

1. „*Außer der Vernunft ist nichts, und in ihr ist alles*" (IV, 115). Das ist nur eine unmittelbare Folge aus dem Begriff des Absoluten. Denn gäbe es außer der absoluten Vernunft noch etwas, dann müssten dies Objekte für

ein Subjekt oder weitere Objekte neben dieser Vernunft sein. Die Differenz zwischen Subjekt und Objekt wurde jedoch aufgehoben, um zur absoluten Einheit zu gelangen. Damit wird die Rede vom 'Subjekt' oder 'Objekt' im Blick auf das Absolute sinnlos.

Es liegt auf der Hand, dass Schelling sich mit einem solchen Satz sogleich den Vorwurf des Pantheismus einhandelt. Diese Auseinandersetzung wird weite Teile der Freiheitsschrift bestimmen. Eine weitere anstößige Konsequenz dieses Satzes liegt darin, dass – entgegen unserer natürlichen Einstellung – alles Seiende und Werdende vernünftig ist (vgl. IV, 390). Diese These wird in der Freiheitsschrift revidiert werden müssen.

2. „*Die Vernunft ist schlechthin Eine und schlechthin sich selbst gleich*" (IV, 116).

Auch diese Charakterisierung ergibt sich aus dem Begriff des Absoluten: Es kann nur die eine Vernunft geben; die Annahme des Gegenteils würde sie zu etwas Relativem machen. Ebenso muss die absolute Identität uneingeschränkt gelten. Denn im Absoluten ist alles; und das, was *in* etwas ist, konstituiert seine Wesenseinheit.

3. „*Das höchste Gesetz für das Seyn der Vernunft und* [...] *für alles Seyn* [...] *ist das Gesetz der Identität*, welches in Bezug auf alles Seyn durch A = A ausgedrückt wird" (ebd.).

Das bedeutet: Andere Gesetze, die im Ansehen oberster Grundsätze stehen (z.B. der Satz vom Widerspruch, der Satz vom zureichenden Grund, das Kausalgesetz), beziehen sich gar nicht auf das Absolute, sondern nur auf das Sein der Erscheinungen und auf die endliche Reflexion. Umgekehrt bedeutet dies aber auch: Im strikten Sinne gilt das Gesetz der Identität nicht vom Empirischen; denn die absolute Identität ist ohne Zeitbezug gesetzt, somit die ewige Wahrheit, und zwar die einzige.

Diese Bestimmung des Absoluten, die sich noch durch weitere Merkmale (z.B. Unendlichkeit, Unvergänglichkeit) ergänzen lässt, ist in sich schlüssig. Sie stellt jedoch vor ein schwer wiegendes Problem: Wie kommt es angesichts des absoluten Identisch-Seins überhaupt zu Seinsunterschieden? Wie kommt es zu der für unsere Reflexion grundlegenden Differenz von Subjekt und Objekt? Wie ist der Standpunkt der Endlichkeit, d.h. das uns vertraute Sein und Erkennen, zu erklären? Soll das System nicht sogleich scheitern, dann müssen diese Fragen beantwortet werden; dann ist zu zeigen, dass es im identischen Absoluten selbst Ansatzpunkte für Unterscheidungen gibt.

Der erste Schritt zur Lösung des Problems (§§ 15ff.) ergibt sich nach Schelling aus den bereits angeführten Leitsätzen (1.–3.) nämlich in folgender Weise: Das *Wesen* des Absoluten ist die absolute Identität. Diese absolute Identität ist unter der Form A = A. Beide, Wesen und Form, sind unmittelbar gewiss. Mit der Form jedoch sind Seinsunterschiede – und damit zugleich die Grundbedingungen für unser Denken – gesetzt. Denn: In dem Satz „A = A“ ist das A zweimal gesetzt, zum einen als Subjekt, zum anderen als Prädikat. (Aristoteles nämlich legt fest, dass der sinnvolle Satz ein Zugrundeliegendes vorlegt, das im Prädikat als etwas bestimmt wird.) Das so unscheinbare ‘ist’, die Kopula des Urteils, drückt eben kein bloßes Einerlei aus, sondern die Einheit von Unterschiedenem. (Die Freiheitsschrift wird in der Auseinandersetzung mit dem Pantheismusvorwurf wieder eine Analyse der Kopula vortragen.) Die Einheit von Unterschiedenem gilt auch für das Gesetz der Identität. In A = A wird ein Gegensatz gesetzt, allerdings nur ein *formeller*. Zwischen dem Subjekt-A und dem Prädikat-A kann es nämlich keinen wesentlichen Gegensatz geben, sofern in beiden A das eine und selbe Absolute gesetzt ist. In der *Form* des Satzes liegt somit eine Verdoppelung; er drückt die „Identität der Identität“ aus (IV, 121). Dass dies keine leere Tautologie ist, wird deutlich, wenn man den Satz anders ausdrückt: Die Identität setzt sich selbst als Identität. ‘Setzen’ meint ‘als seiend vorstellen’. Dann kann man auch so sagen: Das Absolute (Gott) *erkennt* sich selbst als absolute Identität.

Im Akt der absoluten Selbsterkenntnis Gottes werden somit die unterschiedlichen Momente der Selbstsetzung greifbar: 1. Gott als Setzendes, als *Subjekt* der absoluten Selbsterkenntnis, als Idealität; 2. Gott als Gesetztes, als *Objekt* der absoluten Selbsterkenntnis, als Realität; 3. Gott als *Einheit* der beiden ersten Momente, als Einheit von Idealität und Realität. In seiner Vorlesung zur ›Philosophie der Kunst‹ hat Schelling dieses Seinsverhältnis durch folgenden Vergleich veranschaulicht (V, 374): Auch beim Raum sind verschiedene Momente zu unterscheiden, nämlich Länge, Breite und Tiefe. Aber kein einzelnes dieser Momente konstituiert den Raum; er ist nur als Einheit der drei Dimensionen. Entsprechend kann man auch beim Absoluten qua göttlicher Vernunft verschiedene Momente unterscheiden. Aber das Absolute selbst ist nur in der Einheit dieser Momente, d. h. in der Einheit von Idealität, Realität und deren Indifferenz. Nicht ein einzelnes Moment, sondern die Einheit ist das Erste und Ursprüngliche.

Auf diese Weise ist dargelegt, dass die absolute Identität sehr wohl Seinsunterschiede in sich fasst. Die Erklärung der uns allein vertrauten endlichen Welt ist damit aber noch nicht geleistet. Um die Vermittlung zwischen dem Absoluten und dem Endlichen einsichtig zu machen, bedient sich Schelling in der ›Darstellung‹ der Begriffe *Totalität* und *Potenz*. Beide Begriffe betreffen denselben Sachverhalt, aber aus unterschiedlicher Perspektive. Die *Totalität* betont die *Einheit* in der Vielheit; die *Potenzen* erklären die *Vielheit* in der Einheit.

Totalität
„*Die absolute Identität ist absolute Totalität*" (IV, 125), d.h. Allheit, das Universum. Dass das Absolute alles (nichts außer ihm) ist, liegt in seinem Begriff und wurde als Leitsatz (§ 2) eigens herausgestellt. Aber wie lässt sich daraus ein Bezug zur Endlichkeit ableiten? Schelling argumentiert so (IV, 125ff.): Wie bereits gezeigt, werden in dem Satz „A = A", der die Form des Seins betrifft, Subjekt und Objekt gesetzt. Das (doppelt) gesetzte A ist das unendliche Absolute. Nun aber: Werden Subjekt und Objekt „beide als gleich unendlich gesetzt, so ist, weil auch kein *qualitativer* Gegensatz, gar keine Unterscheidbarkeit; die Form ist qua Form vertilgt [...]" (IV, 126 Anm.). Das bedeutet: Wenn einerseits die reine uneingeschränkte Unendlichkeit die Unterscheidbarkeit zunichte macht, wenn andererseits die Form des Absoluten (wie das Absolute überhaupt) sein muss, dann müssen auch die Momente 'Subjektivität' und 'Objektivitität' wirklich sein. Da aber das absolute Selbst die Einheit aller Seinsunterschiede ist, kann die Differenz nur existieren bei etwas, das vom Absoluten 'abgesondert' ist. Das ist das Einzelne. (Diese Absonderung, die Schelling hier nicht weiter erklärt, ist der 'springende Punkt' für die Erklärung des Einzelseins. Hier wird Schelling 1804 und 1809 wieder ansetzen.)

Die aktuale Existenz des Absoluten setzt somit die Wirklichkeit des Einzelseins voraus (natürlich nicht im zeitlichen Sinne). Weil aber nur der Identität wahrhaftes Sein zukommt, ist mit dem Einzelnen zugleich das Ganze gesetzt. Das bedeutet für das Einzelseiende (Endliche): Es kann als Einzelnes die Identität nicht darstellen, weil es sein Sein der quantitativen Differenz (dem Unterschied in der Form) verdankt. Dennoch gibt es auch in diesem Bereich eine Indifferenz, nämlich in der Totalität alles Einzelseienden.

Die Erklärung des Verhältnisses von Einzelnem und Absolutem könnte zwei Missverständnisse nahe legen, die Schelling hier (§§ 32, 33) wie auch in den späteren Schriften kritisiert.

1. „*Die absolute Identität ist nicht Ursache des Universum, sondern das Universum selbst*" (IV, 129). Ursache nämlich kann das Absolute nicht sein, weil die Ursache vom Verursachten (Wirkung) *verschieden* ist. Gott und das Universum sind jedoch zugleich und in eins. Das Kausalitätsverhältnis kann nur im Bereich der Endlichkeit gelten (vgl. den 3. Leitsatz). Damit wird eine oberflächliche Schöpfungsmetaphysik zurückgewiesen, die die Schöpfung in Analogie zur handwerklichen Produktion vorstellt.

2. „*Das Universum ist gleich ewig mit der absoluten Identität selbst*" (IV, 129f.). Damit wird eine Auffassung zurückgewiesen, die sich die ursprüngliche Schöpfung als Vorgang in der Zeit vorstellt. Zurückgewiesen wird auch die Ansicht, dass das Absolute gleichsam aus sich herausgehen bzw. ausfließen (emanare) könne, sodass es durch solche Emanation zur Herausbildung der Vielheit einer geistigen und einer materiellen Welt käme.

Durch diese Überlegungen sollte deutlich geworden sein: Seinem Wesen nach ist das Sein absolute Identität. Unterschiede – allen voran die Differenz von Subjektivem und Objektivem – werden nur im Blick auf die Form greifbar. Es sind *quantitative* Differenzen, die das Endliche ermöglichen, sogar notwendig machen. Diese quantitativen Differenzen nennt Schelling auch ‘Potenzen’.

Potenzen
Innerhalb der Identitätsphilosophie verweist der Begriff ‘Potenz’ auf zweierlei:

1. Lat. ‘potentia’ bedeutet: Vermögen, Möglichkeit. Damit verweist dieser Begriff auf die Wesensermöglichung für das Seiende in seiner Endlichkeit.

2. In der Mathematik ist ‘Potenz’ das Produkt einer Anzahl gleicher Faktoren. Ontologisch lässt sich das so ausdrücken: Ein und dasselbe Sein (Faktor: Identität, A) manifestiert sich in verschiedenen Stufen (Potenzen) der Endlichkeit.

Der Bereich der Endlichkeit ist dadurch bestimmt, dass in ihm verschiedene (quantitative) Differenzierungen des Subjektiven und Objektiven gesetzt sind. Das heißt: Ideales und Reales bilden zwar im endlichen Sein eine Einheit, aber so, dass immer eines von beiden überwiegt. In der Natur überwiegt das Objektive, in der Welt des Geistes das Subjektive, jeweils in verschiedenen Stufungen. Schelling hat diese ontologischen Grundverhältnisse in einem Liniengleichnis veranschaulicht (IV, 137; VII, 184).

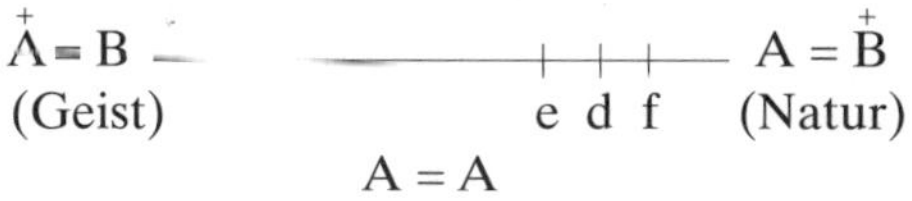

Anhand dieser Linie soll nach Schelling deutlich werden:

- In der gesamten Linie (A = A) ist dasselbe Identische gesetzt, aber jeweils mit einem relativen Übergewicht des Realen oder Idealen.
- Die konstruierte Linie, die die Form der absoluten Identität darstellt, ist unendlich teilbar; das Absolute selbst jedoch wird nie geteilt.
- Auch wenn die gesamte Linie ins Unendliche verlängert wird, können nie mehr als drei Momente entstehen, nämlich ein Indifferenzpunkt und – von diesem aus gesehen – die beiden Pole mit idealem und realem Übergewicht.
- Die markierten Punkte (e, d, f etc.) sind nicht absolut, sondern jeweils nur relativ bestimmbar. So ist d, bezogen auf e und f, Indifferenzpunkt. Wird d nur auf e bezogen, ist er negativer Pol ($A = \overset{+}{B}$; relativ auf f ist d positiver Pol, $\overset{+}{A} = B$). Schelling bringt folgendes Beispiel (VII, 185):

d sei der Magnet. Bezogen auf das Licht ist der Magnet objektiv (Übergewicht des Realen); bezogen auf das Eisen ist er subjektiv (Übergewicht des Idealen).

Mit diesen Überlegungen sind die Voraussetzungen geschaffen, um die einzelnen Potenzen zu konstruieren. Das sei im Überblick angedeutet. Die erste Potenz der Natur ist die *Materie*. Auch die Materie ist bereits 'relative Totalität', nämlich als Einheit unterschiedlicher Kräfte. Das subjektive (nach innen gerichtete) Moment (A) ist die Attraktivkraft; das objektive (nach außen gerichtete) Moment (B) zeigt sich als Expansivkraft. Das Einigungsband (Indifferenz) der beiden entgegengesetzten Kräfte wird von der Schwerkraft geschaffen. Als grundlegende Einsicht der Naturphilosophie soll so deutlich werden, dass die Materie keine tote Substanz ist, sondern als das Mit- und Gegeneinanderwirken unterschiedlicher Kräfte bereits den Keim des Lebens in sich trägt.

In eins mit der Materie ist auch die zweite Potenz gesetzt: das *Licht*. Im Vergleich zur ersten Potenz überwiegt beim Licht das Ideelle bzw. Subjektive. Man muss sogar sagen: Eigentlich wird erst durch das Licht die absolute Identität selbst wirklich; denn in der Materie liegt nur der Grund der Realität (vgl. S. 59). Das Licht ist auch Bedingung für den 'dynamischen Prozess', der die Momente Magnetismus, Elektrizität und als Ausdruck der Totalität – den chemischen Prozess umfasst.

Die höchste Potenz der Natur wird mit dem *Organismus* erreicht. Auch der Organismus ist dreifach strukturiert, nämlich durch die Funktion der Reproduktion (Fortpflanzung), der Irritabilität (Reizbarkeit) und der Sensibilität (Wahrnehmungsfähigkeit). Die Indifferenz von Realem und Idealem bekundet sich im Organismus als unauflösliche Einheit von Teil und Ganzem, von Sein und Tätigkeit.

Mit der Ableitung des Organismus schließt Schellings ›Darstellung‹ von 1801. Es ist klar, dass die Identitätsphilosophie es bei dieser Konstruktion der Natur nicht bewenden lassen kann, sondern durch eine Darstellung der Welt des Geistes ergänzt und vollendet werden muss. Zwar erscheint es wenig problematisch, die Grundzüge dieses ideellen Teils der Identitätsphilosophie anhand der Potenzen 'Wissen', 'Handeln', 'Kunst' zu begreifen (IV, 420ff.; V, 380). Aber gerade im Blick auf Sein und Freiheit des Menschen erweisen sich die bisherigen Bestimmungen einer absoluten Identität als ergänzungsbedürftig, um das Verhältnis des endlichen Seienden zum göttlichen Sein zu erklären. Lässt sich ein Übergang vom absolut Einen zur Vielheit der endlichen Welt denken, wenn die Wege einer Emanations- oder Schöpfungsmetaphysik verschlossen sind? Das ist die bewegende Frage, die Schelling in seiner 'Religionsschrift' zu beantworten versucht.

2. ›Philosophie und Religion‹ (1804)

Äußerer Anlass der schellingschen Abhandlung ist die 1803 unter dem Titel ›Philosophie in ihrem Uebergang zur Nichtphilosophie‹ erschienene Schrift von C. A. Eschenmayer. Eschenmayer versucht darzulegen, dass auch auf dem Boden des absoluten Idealismus der Identitätsphilosophie ein *Erkennen* Gottes unmöglich sei und die Philosophie deshalb einer Ergänzung durch die Religion ('Glaube und Ahndung') bedürfe. Demgegenüber verweist Schelling einleitend (VI, 16ff.) auf die Einheit von Philosophie und Religion in den alten Mysterien, auf die auch Platon zurückgegriffen habe. Diese 'großen Gegenstände', um derentwillen allein es sich lohne zu philosophieren, müssten zurückgewonnen werden.

„Außer der Lehre vom Absoluten haben die wahren Mysterien der Philosophie die von der ewigen Geburt der Dinge und ihrem Verhältniß zu Gott zum vornehmsten, ja einzigen Inhalt; denn auf diese ist die ganze Ethik, als die Anweisung zu einem seligen Leben, wie sie gleichfalls in dem Umkreis heiliger Lehren vorkommt, erst gegründet und eine Folge von ihr" (VI, 17).

Damit ist das Thema von ›Philosophie und Religion‹ angegeben. Es geht um die Lehre vom Göttlichen und um das Verhältnis der endlichen Dinge zum Göttlich-Absoluten.

a) Die Idee des Absoluten

Alles wahre Philosophieren kann nach Schelling nur beginnen „mit der lebendig gewordenen Idee des Absoluten" (VI, 27). Das gilt für den historischen Ursprung der Philosophie, und es muss gegen alle, denen der 'innere Antrieb' zum Höchsten fehlt, wieder zur Geltung gebracht werden. Deshalb kommt alles darauf an, diesen Anfangsgrund angemessen zu erfassen. Den Kritikern des Identitätssystems, die sogleich mit dem Schlagwort des Pantheismus und dem Vorwurf der Gottlosigkeit bei der Hand sind, ist dieses einzig wahre Prinzip der Philosophie nicht aufgegangen. Das wird nach Schelling bei Eschenmayer ganz offenkundig, sofern er Gott als Gegenstand des Glaubens und der Andacht *über* das Absolute setzt. Nun ist sogleich klar, dass man damit dem Begriff des Absoluten widerspricht. Denn aus diesem Begriff folgt unmittelbar (analytisch), dass außer ihm nichts und in ihm alles ist (vgl. ›Darstellung‹, § 2). Mit dieser Kritik gibt Schelling sich hier aber nicht zufrieden; sondern er fragt weiter: Was verursacht den täuschenden Schein, durch den die Idee Gottes und die des Absoluten als etwas Unterschiedliches angesehen werden? Die Antwort lautet: Dieser Irrtum entsteht dadurch, dass man nicht selbst zur Anschauung des Absoluten gelangt, sondern sich ausschließlich an die Charakterisierungen hält, mit denen der Philosoph auf die Idee des Absoluten *hinweist*. Die beschreibenden Hinweise haben nämlich den unvermeidlichen Nachteil, dass sie das Absolute nur im *Gegensatz* zum Nichtabsoluten charakterisieren können. Das Absolute selbst jedoch weist alle Gegensätze von sich. Deshalb können derartige Beschreibungen nur negativ sein und das wahre Wesen nicht erfassen. Folglich kann demjenigen, der sich nur an diese negativen Kennzeichnungen hält, die wahre Wesenheit des Absoluten qua Göttlichen nicht aufleuchten. Er bleibt dem täuschenden Schein des Reflexionsstandpunktes verhaftet, der die Gegensätze nicht wirklich überwinden kann.

Wenn z. B. gesagt wird, die für das Endliche bestimmende Differenz von Denken und Sein (oder: von Allgemeinem und Besonderem) sei im Absoluten aufgehoben, dann legt sich der Irrtum nahe, als sei das Absolute Resultat einer synthetisierenden Tätigkeit. So verstanden, wird das Absolute zu einem bloß Vermittelnden, das als *Resultat* nicht wahrhafter Anfangsgrund alles Seins und Erkennens sein kann.

> „Wenn [...] der Philosoph die Idee des Absoluten so beschreibt, daß von ihr diejenige Differenz, welche im Nichtabsoluten ist, negirt werden müsse, so verstehen dieß diejenigen, welche jene Idee von außenher erlangen wollen, auf die bekannte Art, nämlich so, daß sie den Gegensatz der Reflexion und alle möglichen Differenzen der Erscheinungswelt für den Ausgangspunkt der Philosophie halten, und das Absolute als *Produkt* betrachten, welches die Vereinigung jener Gegensätze liefert, wo denn das Absolute auch keineswegs an sich selbst, sondern nur durch die Identificirung oder Indifferenzirung gesetzt wird" (VI, 22).

Im Blick auf das wahre Wesen des Absoluten versagen alle Weisen des Urteilens und Sagens, weil sie dem Standpunkt der Reflexion verhaftet bleiben. Schelling führt dies im Einzelnen an den folgenden 'Reflexionsschlüssen' (Kants 'Vernunftsschlüsse') durch, auf die sich alle Formen der Aussagen über das Absolute reduzieren lassen.

1. kategorisch

Das entsprechende Urteil lautet: Das Absolute ist (als Identität) *weder* Subjekt *noch* Objekt (oder: weder ideal noch real). Es ist offensichtlich, dass hiermit nichts Positives gesagt wird.

2. hypothetisch

Wenn „ein Subjekt und ein Objekt [bzw. ein Ideales und ein Reales] ist, so ist das Absolute das gleiche Wesen beider" (VI, 23). Zwar wird auf diese Weise das Absolute positiv bestimmt; aber auch in dieser Form des Ausdrucks bleibt der Bezug zur Reflexion erhalten, sofern vom Gegensatz (1. Teilsatz) ausgegangen und die positive Bestimmung (2. Teilsatz) nur durch die Bejahung des negierten kategorischen Satzes gewonnen wird.

3. disjunktiv

Die Formulierung lautet etwa so: Das Absolute kann auf gleiche Weise als absolut ideal oder als absolut real betrachtet werden. Es ist klar, dass sich auch diese Form des Setzens der absoluten Einheit nur der Reflexion verdankt, sofern die Einheit als Vermittlung oder gar Verknüpfung der Gegensätze verstanden wird.

Auf diese Weise versagen alle Versuche, das Absolute zu beschreiben oder in der Weise logischen Urteilens zu erfassen. „Denn alle möglichen Formen, das Absolute auszudrücken, sind doch nur Erscheinungsweisen desselben in der Reflexion, und hierin sind sich alle völlig gleich“ (VI, 25). Sie sind sich alle gleich, weil in ihnen das Absolute als etwas (durch die Gegensätze) Vermitteltes erscheint und die Beschreibung nur negativ sein kann. Das Wesen des Absoluten jedoch ist die *unmittelbare* Identität des Idealen und Realen. Das Unmittelbare kann überhaupt nicht im Denken (in der Reflexion) erfasst, sondern nur angeschaut werden. Es leuchtet gleichsam auf in einem Akt der intellektuellen Anschauung.

Diese Anschauung des Absoluten kann niemandem andemonstriert werden, ebenso wenig wie einem Blindgeborenen das Wesen des Lichts. Jeder muss die intellektuelle Anschauung in sich selbst hervorbringen und erfahren. Das Absolute ist nur von einem selbst Absoluten zu erfassen (s. S. 35 f.). Dieses absolute Erkenntnisvermögen ist das Wesen der Seele, das jeder in sich findet, wenn er eine Umwendung (periagogé) in seiner gewohnten Einstellung vollzieht und sich dem absolut Einen als Ursprung des Seins und Erkennens zuwendet. Alle Beschreibungen des Absoluten können diesen Akt nicht ersetzen, sondern nur vorbereiten.

„Das einzige einem solchen Gegenstand, als das Absolute, angemessene Organ ist eine ebenso absolute Erkenntnisart, die nicht erst zu der Seele hinzukommt durch Anleitung, Unterricht u. s. w., sondern ihre wahre Substanz und das Ewige von ihr ist. [...] Daher ferner auch alle Anweisung zur Philosophie, die jener Erkenntniß vorhergeht, nur negativ seyn kann, indem sie nämlich die Nichtigkeit aller endlichen Gegensätze zeigt und die Seele indirekt zur Anschauung des Unendlichen führt. Von selbst läßt sie dann, zu dieser gelangt, jene Behelfe des bloß negativen Beschreibens der Absolutheit zurück, und macht sich von ihnen los, sobald sie ihrer nicht mehr bedürftig ist“ (VI, 26 f.).

Nur auf die so angezeigte Weise kann die Idee des Absoluten lebendig und evident werden. Als lebendige Idee aber ist das Absolute Gott selbst. In diesem Sinne ist die Philosophie Religionslehre. Aber: Gesetzt, in diesem Akt der intellektuellen Anschauung wird das Absolute evident – lässt sich dann überhaupt noch der Standpunkt der Endlichkeit zurückgewinnen, d. h. erklären? Wie steht es mit der ‘Abkunft’ der endlichen Dinge und ihrem Verhältnis zu Gott?

b) Das Universum und die Endlichkeit

Bevor das Verhältnis des Endlichen zum Absoluten dargelegt werden kann, ist zu zeigen, dass im Absoluten selbst Seinsunterschiede gesetzt sind. (In der Spätphilosophie wird Schelling das so ausdrücken: In der Einheit des Absoluten liegt eine Mehrheit, aber keine Vielheit.) Diesen Vermittlungsschritt weist die Identitätsphilosophie seit ihrem ersten Ansatz in unterschiedlichen Varianten auf (z.B. IV, 121 f.; V, 374; VI, 168ff.). Deren Grundgedanke lässt sich so angeben: Seinem Wesen nach ist Gott absolute Einheit; Seinsunterschiede werden nur im Blick auf die Form greifbar; sie ist zu beschreiben als absolute Erkenntnis bzw. als Selbsterkenntnis des Absoluten. – In ›Philosophie und Religion‹ argumentiert Schelling auf folgende Weise: Prinzip im strikten Sinne (als voraussetzungsloser Anfang) ist die in intellektueller Anschauung aufscheinende reine Absolutheit, ohne jegliche weitere Bestimmung (VI, 29). Und nun weiter: Das Absolute *ist* – schlechthin, ohne jegliche Vermittlung (durch anderes). Anders formuliert: Das Absolute ist durch sein bloßes Gesetztsein. Oder: Der Absolutheit kann kein anderes Sein zukommen „als das durch seinen Begriff"(ebd.). *In diesem Sinne* ist das Absolute schlechthin *ideal.* In eins mit dem Absoluten ist dessen *Form* (Identität, A = A), nämlich die unmittelbare Einheit von Idealität und Realität (Subjektivem und Objektivem). Die Realität ist somit eine Folge der Form des Absoluten – wobei ‚Folge' nicht im Sinne eines Kausalitätsverhältnisses oder als (zeitlicher) Übergang zu denken ist, so wenig „als von der Idee des Cirkels zu der Form der gleichen Entfernung aller Punkte der Linie von Einem Mittelpunkt ein Uebergang ist" (VI, 30). Wenn aber das reine Absolute und seine Form 'mit einem Schlage' sind, dann bedeutet dies: Es gibt kein Reales an sich, sondern nur ein Reales, das durch Idealität bestimmt ist. 'Sein' ist eben dies: einfache Absolutheit in der Form der Identität.

Im Blick auf das Absolute sind nach Schelling somit drei Momente zu unterscheiden:

1. das Absolute oder Gott, das schlechthin Einfache bzw. Ideale;
2. das schlechthin Reale; als das Reale des Absoluten muss es selbst absolut sein; das Reale ist dasselbe Absolute in anderer Gestalt, als Gegenbild;
3. das Vermittelnde der ersten beiden Momente: die Form bzw. Absolutheit. Diese Form kann man auch als *Selbsterkennen* (unmittelbare Einheit von Idealem und Realem, von Subjektivem und Objektivem) bestimmen. Allerdings darf dies nicht als beiläufige Eigenschaft verstanden werden. Dieses Selbsterkennen ist als Moment des Absoluten selbst absolut. Ebenso wenig darf das Selbsterkennen „als ein Herausgehen der Absolutheit aus sich selbst" (VI, 31) oder als eine Teilung des Absoluten aufgefasst werden.

Vermeidet man solche Missverständnisse im Blick auf die Seinsmomente des Absoluten, dann lässt sich die absolute Selbsterkenntnis nur als *Selbstrepräsentation* fassen. Darunter ist nach Schelling dies zu verstehen: „Das selbständige sich-selbst-Erkennen des schlechthin-Idealen ist eine ewige Umwandlung der reinen Idealität in Realität“ (VI, 34). Während alles endliche Vorstellen nur ideal ist, muss das Erkennen des Absoluten zugleich real sein; sonst fiele das Absolute gleichsam auseinander. Das aber bedeutet: Das Erkennen des Absoluten verwirklicht sich in einem *Gegenbild*, das selbst absolut ist. Dieses absolute Gegenbild ist der Kosmos der *Ideen*.

In der absoluten Selbsterkenntnis Gottes werden somit die Ideen als reale Formen des Absoluten gebildet. Auch für die Ideen muss die unauflösliche Einheit von Idealem und Realem festgehalten werden, nämlich in folgendem Sinne: a) Das absolute Erkennen schafft etwas *Selbständiges*, in das sich das Absolute gleichsam hineinbildet. b) Sofern die Ideen nur als „Selbstobjektivirung des Absoluten“ (VI, 34) selbständig sind, haben sie ihr Sein nur *im Absoluten*. c) Beide Momente gehören untrennbar zusammen, sodass die Realität (Selbständigkeit) der Ideen gänzlich in ihrer Idealität gründet. Deshalb kann man von einem ‘gedoppelten Leben’ der Idee sprechen (vgl. VI, 187).

Wird die Idee auf diese Weise als Leben verstanden, dann muss auch noch dies beachtet werden: Die Ideen wären nicht wahrhaft absolut, wenn sie nicht selbst produktiv wären. In der Welt der Ideen gibt es somit ein zweites Produzieren. Genauer: Der eine Prozess des absoluten Erkennens umfasst das Hineinbilden Gottes in sein Gegenbild *und* das selbständige ‘Weiterproduzieren’ der Ideen. Nur wenn man beides zusammennimmt, wird die absolute Selbstverwirklichung Gottes (Theogonie) angemessen verstanden.

> „Dieses ist die wahre transscendentale Theogonie: ein anderes Verhältniss als ein absolutes gibt es in dieser Region nicht, welches die alte Welt nach ihrer sinnlichen Weise nur durch das Bild der Zeugung auszudrücken wusste, indem das Gezeugte von dem Zeugenden abhängig und nichtsdestoweniger selbständig ist“ (VI, 35).

Auf diese Weise kann dargelegt werden, dass durch das Selbsterkennen Gottes ein Universum entsteht. Dabei ist aber strikt zu beachten: Dieses Universum der Ideen ist selbst „absolut, ideal, ganz Seele“, reine „Intellektualwelt“ (ebd.) und darf folglich nicht mit der endlichen Welt verwechselt werden. Mit der Analyse des absoluten Erkennens im Gegenbild kann unser endlicher Erfahrungsbereich nicht erklärt werden. Wie aber soll dies dann geschehen?

Nach Schelling sind alle Versuche, einen *stetigen* Übergang vom Absoluten bzw. vom Ideenuniversum (natura naturans) zur Welt der Endlichkeit (natura naturata) zu konstruieren, zum Scheitern verurteilt. Denn die Annahme eines stetigen Übergangs – wie differenziert man auch immer eine solche Emanationslehre ausgestalten mag – steht vor dem unauflöslichen Widerspruch eines Umschlags vom Absoluten in sein Gegenteil. Absolutes und Nicht-Absolutes, Unendliches und Endliches, reine Idealität und reine Materialität sind sich ausschließende Gegensätze und deshalb nicht auseinander abzuleiten. Versucht man nun, diese Aporie zu umgehen, indem man ein zweites Prinzip (Materie o. Ä.) behauptet und es der Gottheit irgendwie „unterlegt" (VI, 36), dann gelangt man in einen Dualismus, der dem Begriff des Absoluten widerspricht. Vor allem aber führen alle Versuche, einen stetigen Übergang zu konstruieren, in das Dilemma einer Theodizee. Denn zum materiell bestimmten Endlichen gehört auch das Böse (wie jegliche Form des Übels). Beide Wege, sowohl die Emanationslehren als auch die dualistischen Theorien, machen, konsequent zu Ende gedacht, „Gott zum Urheber des Bösen" (VI, 38).

Wenn einerseits diese Wege der Vermittlung nicht gangbar sind, wenn andererseits das Endliche als die uns vertraute Welt nicht einfach negiert werden kann, dann bleibt als Antwort nur dies: Absolutes und Endliches sind durch eine Kluft (chorismós) voneinander getrennt; der Ursprung der sinnlichen Welt ist nur als *Sprung*, als *Abfall vom Absoluten* (vgl. VI, 38) denkbar. (Den Begriff des Sprungs – in die schuldhaft-freie Existenz bzw. in den Glauben an Gott – wird Kierkegaard aufgreifen und polemisch gegen Vermittlungsversuche des reinen Denkens in der hegelschen Philosophie einsetzen.)

In dieser Absage an die Möglichkeit eines kontinuierlichen Übergangs liegt zunächst das Eingeständnis, dass man den 'Abfall' *nicht erklären*, d. h. als notwendige Folge vorhergehender Ursachen ableiten kann (vgl. VI, 42). Das bedeutet aber nun keineswegs, dass die Philosophie zu verstummen hätte. Denn zum einen ist – kraft intellektueller Anschauung – die angemessene Idee des Absoluten erfasst worden, und zum anderen ist uns die sinnliche Welt (also die Konsequenz der Trennung) bekannt, sodass gleichsam die Phasen vor und nach dem Sprung denkend erhellt werden können. Vor allem aber bietet der Begriff des Sprungs selbst einen Anhaltspunkt. Denn ein unvermittelter Anfang, ein Beginnen ohne äußere Einwirkung kennen wir durchaus, nämlich dann, wenn *frei* gehandelt wird. Freiheit bedeutet Spontaneität, d. h. etwas aus sich selbst beginnen können. Und in dieser Hinsicht lässt sich an bereits Erörtertes anschließen. Schelling hatte ja deutlich herausgestellt, dass durch das Erkennen des Absoluten ein Gegenbild verwirklicht wird, das selbst absolut, d. h. *selbständig* ist. Selbständigkeit aber ist ohne Freiheit nicht denkbar. Die Freiheit, die wir im Bereich des endlichen Lebens erfahren, ist zwar nur Abglanz dieser absoluten Freiheit, aber doch deutliches Indiz für das uneingeschränkte Freisein der reinen Idealität.

„Das ausschließend Eigenthümliche der Absolutheit ist, daß sie ihrem Gegenbild mit dem Wesen von ihr selbst auch die Selbständigkeit verleiht. Dieses in-sich-selbst-Seyn, diese eigentliche und wahre Realität des ersten Angeschauten, ist *Freiheit*, und von jener ersten Selbständigkeit des Gegenbildes fließt aus [!], was in der Erscheinungswelt als Freiheit wieder auftritt, welche noch die letzte Spur und gleichsam das Siegel der in die abgefallene Welt hineingeschauten Göttlichkeit ist" (VI, 39).

Wenn das absolute Gegenbild frei ist, dann hat es die *Möglichkeit*, sich vom Absoluten zu trennen, um seine (zunächst formale) Selbständigkeit zu realisieren, um ein 'anderes Absolutes' zu sein. Diese Unterscheidung zwischen Möglichkeit und Wirklichkeit ist strikt zu beachten: Aus dem absoluten Verwirklichungsgeschehen ergibt sich (notwendig) die *Möglichkeit* des Abfalls; die Verwirklichung des Abfalls wird vom geschaffenen 'Gegenbild' Gottes selbst vollzogen. „Der Grund der *Möglichkeit* des Abfalls liegt in der Freiheit [...]; der Grund der Wirklichkeit aber einzig im *Abgefallenen* selbst [...]" (VI, 40).

Der Abfall vom Absoluten hat eine umstürzende Konsequenz; denn durch die Trennung vom absoluten Sein eröffnet sich die Welt der Nichtigkeit, des nicht-wahren Seins. Das betrifft zunächst die Freiheit, die sich unabhängig vom Absoluten als Selbstsein verwirklichen will. Während Gott als Identität schlechthin die absolute Einheit von Freiheit und Notwendigkeit sein muss, treten beide durch den Abfall auseinander und werden zu Gegensätzen. Solange das ideelle Universum in Gott bleibt, partizipiert es an der Einheit. Sobald es sich unabhängig vom Absoluten setzen will, „verwickelt" sich jedoch der Wille zur Freiheit „mit derjenigen Nothwendigkeit, welche die Negation jener absoluten, also rein endlich ist" (VI, 40). – Von dieser Trennung ist aber nicht nur ein Teilbereich, sondern das gesamte Universum betroffen. Der Abfall ist gleichsam die Geburtsstunde der endlichen Welt, in der mit dem Gegensatz von Freiheit und Notwendigkeit auch alle anderen Gegensätze (vor allem Möglichkeit – Wirklichkeit, Ursache – Wirkung) hervortreten und das sinnliche Sein bestimmen. Die Nichtigkeit der endlichen Welt dokumentiert sich darin, dass jedes endliche Seiende sein Sein einer außer ihm liegenden Ursache verdankt und so bedingt ist. Deshalb hat die endliche Welt nur ein indirektes Verhältnis zum Absoluten. (Damit wird sogleich ein vordergründiger Pantheismus zurückgewiesen; vgl. S. 40ff.)

Somit ist der Abfall – theologisch gesprochen: der Sündenfall – der Anfangsgrund aller Endlichkeit. Deshalb muss eine Philosophie der Endlichkeit den Abfall zu ihrem Prinzip machen. Das geschieht nach Schellings Interpretation in der (frühen) Wissenschaftslehre Fichtes. Zwar kann eine solche Philosophie nur das nichtige endliche Sein thematisieren und muss insofern 'negativ' bleiben. Aber dadurch wird zugleich die Trennung zwischen positiv-göttlichem und negativ-endlichem Sein sichtbar – so, dass sich die Philosophie dem Absoluten und einzig wahren Sein zuwenden kann. Diese Möglichkeit eröffnet zu haben, ist aus der Sicht Schellings das bleibende Verdienst Fichtes, auch wenn er selbst diese Funktion seiner Philosophie nicht durchschaut hat.

„Fichte sagt: die Ichheit ist nur *ihre eigne That*, ihr eignes Handeln, sie ist *nichts* abgesehen von diesem Handeln, und nur *für sich selbst*, nicht *an* sich selbst. Bestimmter konnte der Grund der ganzen Endlichkeit als ein nicht im Absoluten, sondern lediglich in ihr selbst liegender wohl nicht ausgedrückt werden" (VI, 43).

Die Konstitution der Ichheit kann als Tat der Freiheit nicht in die Zeit fallen. (Alle Ereignisse in der Zeit sind durch vorhergehende Ursachen bedingt und somit notwendig.) Deshalb betont Schelling: „Dieser Abfall ist [...] so ewig (außer aller Zeit) als die Absolutheit selbst und als die Ideenwelt" (VI, 41). Erst durch den 'Sprung' werden – wie bereits erwähnt – die alle Reflexion konstituierenden Seinsunterschiede gesetzt, somit auch die Differenz von Möglichkeit und Wirklichkeit, die nur unter der Form der Zeit in Erscheinung treten kann (vgl. VI, 45).

Dass die Selbstheit Prinzip der gesamten Endlichkeit ist, muss im Einzelnen durch eine Philosophie der Natur aufgewiesen werden. Da diese Naturphilosophie bereits vorliegt, kann Schelling sich in ›Philosophie und Religion‹ mit stichwortartigen Hinweisen (zur Materie und zum Licht) begnügen. Für die Entfaltung des gesamten Systems, d.h. im Blick auf die notwendige Ergänzung durch eine Philosophie des Geistes, kommt es Schelling nun vor allem auf den folgenden Gesichtspunkt an: Mit dem bewussten Für-sich-selbst-Sein des Menschen ist die äußerste Entfernung von Gott und zugleich die Möglichkeit der Rückkehr ins Absolute erreicht. Die Verwirklichung dieser Möglichkeit ist das innere Gesetz der Geschichte. Der Philosophie des Geistes qua Philosophie der Geschichte sind deshalb die Schlusspassagen der Religionsschrift gewidmet.

„Die große Absicht des Universum und seiner Geschichte ist keine andere als die vollendete Versöhnung und Wiederauflösung in die Absolutheit" (VI, 43). 'Versöhnung' meint zuerst und vor allem: Aufhebung des Gegensatzes von Freiheit und Notwendigkeit – oder, in den Kategorien der praktischen Philosophie: Aufhebung des Gegensatzes von Seligkeit (Glück) und Sittlichkeit (Moral). Da aber nur in Gott die unauflösliche Einheit (Identität) von Freiheit und Notwendigkeit ist, liegt dem Prozess der Geschichte das Wirken Gottes zu Grunde; die Entwicklung der Geschichte ist nichts anderes als das Offenbarungsgeschehen Gottes. Auf dem Standpunkt der Endlichkeit kann dies freilich nicht eingesehen werden.

„Da aber Gott die *absolute* Harmonie der Nothwendigkeit und Freiheit ist, diese aber nur in der Geschichte im Ganzen, nicht im Einzelnen ausgedrückt seyn kann, so ist auch nur die Geschichte im Ganzen – und auch diese nur eine successiv sich entwickelnde Offenbarung Gottes“ (VI, 57).

Die Idee der späteren Weltalter-Philosophie antizipierend, charakterisiert Schelling die Geschichte als „Epos, im Geiste Gottes gedichtet“ (ebd.). Der erste Teil dieses Epos (vergleichbar der ›Ilias‹) stellt die zunehmende Entfernung vom göttlichen Ursprung dar, der zweite Teil (vergleichbar der ›Odyssee‹) ist der Rückweg zur Versöhnung alles Seienden mit und in Gott. – Für die menschliche Seele bedeutet diese Rückkehr die vollständige Lösung von allem Endlichen. Deshalb darf ihre Unsterblichkeit auch nicht als individuelle Fortdauer gedacht werden. In solchen Wünschen bekundet sich nur das Interesse der Endlichkeit (vgl. VI, 60).

Schellings Abhandlung über ›Philosophie und Religion‹ umreißt nicht nur das Konzept des ideellen Teils der Identitätsphilosophie, sondern zeigt (wie die Freiheitsschrift) auch den Zusammenhang von Natur- und Geistesphilosophie an. Die entscheidende These dieser Schrift lautet: Die endliche Wirklichkeit kann nicht aus dem Absoluten abgeleitet werden; sondern sie entsteht durch einen Sprung, der als Abfall, als Sündenfall, als schuldhaft-freie Tathandlung zu verstehen ist. Damit scheint das Gespenst des Pantheismus endgültig gebannt (vgl. VI, 49f.); zugleich aber werden weitere Probleme greifbar – etwa: Wenn die Kluft zwischen Absolutem und Endlichem durch einen Abfall aufgerissen wird, dann liegt in dieser freien Tat der Ursprung des Bösen. Kann das Böse, das in ›Philosophie und Religion‹ eigentlich nur en passant erwähnt wird (etwa VI, 43) mit dem Hinweis auf die generelle Nichtigkeit alles Endlichen zureichend erklärt werden? Wenn „der Abfall das Mittel der *vollendeten* Offenbarung Gottes“ (VI, 63) ist, waltet dann über der freien Tat des Sündenfalls nicht doch eine ‘höhere’ Notwendigkeit? Wenn die endliche Welt in ihrer Nichtigkeit noch ein indirektes Verhältnis zum Absoluten hat (vgl. VI, 52), muss dann nicht doch wieder von ‘Pantheismus’ gesprochen werden? – Den in diesen Fragen angedeuteten Problemen stellt sich die Freiheitsschrift in aller Ausführlichkeit.

Die besondere Stellung von ›Philosophie und Religion‹ für die Entwicklung des schellingschen Denkens ist in der Forschung immer wieder herausgestellt worden. Man hat allerdings darüber gestritten, ob diese Schrift noch in den Systemansatz der Identitätsphilosophie gehört, oder ob sie bereits wesentliche Gedanken der Freiheitsschrift vorwegnimmt und damit der ‘mittleren’ Periode der Philosophie Schellings zuzurechnen sei, oder ob sie bereits die Spätphilosophie ankündige, etwa weil – im Zusammenhang der Charakterisierung Fichtes – der Terminus ‘negative Philosophie’ verwendet wird. Solche Versuche der Periodisierung bleiben immer problematisch – nicht nur, weil sie die Einheit des Denkweges in Frage stellen, sondern vor allem deshalb, weil sie ganz unterschiedlich (und bisweilen willkürlich) ausfallen, je nach dem leitenden Gesichtspunkt (z.B. naturphilosophisch, anthropologisch, religionsphilosophisch) ihrer Interpretation. Hält man sich von solchen strittigen Periodisierungsversuchen fern, dann wird man für ›Philosophie und Religion‹ immerhin dies als Besonderheit feststellen können: Zum ersten Mal bestimmt Schelling das Verhältnis zwischen Absolutem und Einzelnem als Abfall (Sündenfall, Sprung); als Folge gewinnt die Frage nach dem Wesen der Freiheit eine neue Dimension für die Entfaltung des absoluten Systems. In diesem Sinne kann man durchaus behaupten, dass Schelling mit der Religionsschrift „neue Wege" einschlägt (Knittermeyer 1929: 416) oder eine „Wandlung" vollzieht (Zeltner 1954: 55).

Zu Recht hat L. von Bladel (gegen die Interpretation Fuhrmans u.a.) darauf hingewiesen, dass Schellings Lehre vom Abfall nicht ethisch bzw. christlich-theologisch, sondern ontologisch verstanden werden müsse, da durch den Sprung die raum-zeitliche Welt überhaupt entstehe. „Es ist unmöglich, diese Lehre [...] so zu interpretieren, als ginge es bloß über einen Abfall der menschlichen Sicht ins rein Sinnenhafte, wodurch der Mensch die reale Welt verwirrt" (1965: 57). ›Philosophie und Religion‹ bereitet nach Bladel einen entscheidenden Wandel in Schellings Methode vor; er sehe nämlich ein, „daß nicht nur die praktische Philosophie [...], sondern die gesamte Philosophie nur von unten, vom menschlichen, subjektiven Bewußtsein her, angesetzt werden kann" (1965: 67). Ob sich auf dem Hintergrund der 'Abfallslehre' allerdings die von Bladel vorgenommene Einteilung der schellingschen Philosophie in drei Perioden rechtfertigten lässt, bleibt fragwürdig.

R. F. Brown zieht eine scharfe Trennlinie zwischen ›Philosophie und Religion‹ und den ›Philosophischen Untersuchungen über das Wesen der menschlichen Freiheit‹. Diese grundlegenden Differenzen betreffen nach Brown alle zentralen Themen der Freiheitsschrift: den Gottesbegriff, das Problem menschlicher Freiheit, die Frage nach dem Bösen und – im Zusammenhang mit der Analyse dieser Themen – die gesamte Systemkonzeption. Das wird u.a. durch die folgenden Hinweise belegt: Die für die Freiheitsschrift tragende Unterscheidung zwischen Grund und Existenz im Absoluten habe keine Entsprechung in der Religionsschrift; 1809 werde die menschliche Freiheit in den göttlichen Lebensprozess integriert; die Freiheitsschrift stelle den eigenen Sachgehalt des Bösen heraus; während der Systementwurf von 1804 auf dem Hintergrund des (Neu-) Platonismus zu verstehen sei, werde die Argumentation der Freiheitsschrift durch die Auseinandersetzung mit Spinoza und Leibniz bestimmt. Deshalb bleibe nur folgendes Fazit: „My overall conclusion [...] is that the *Freiheitsschrift* is largely novel, that *Philosophie und Religon* does not do a great deal to prepare for it" (1996: 111).

II. Schellings umfassende Exposition des Freiheitsproblems

1. Freiheit und System

Eine Untersuchung über das Wesen der Freiheit hat nach Schelling zwei Aspekte zu berücksichtigen:

1. Menschliche Existenz ist geprägt durch das Gefühl, frei zu sein. Zwar fühlen wir auch – vielleicht sogar überwiegend –, dass unser Handeln durch äußere Zwänge bestimmt wird; aber dieses Bestimmtwerden ginge uns gar nicht auf, wenn wir nicht der Freiheit unmittelbar inne wären. Insofern ist die Freiheit eine 'Tatsache'. Dieses Gefühl ('Befindlichkeit') hat der Philosoph ernst zu nehmen; er darf sich jedoch nicht mit dem Hinweis auf eine Tatsache des fühlenden Bewusstseins begnügen. Vielmehr besteht die eigentliche Aufgabe des Philosophen darin, das Wesen bzw. den Begriff einer Sache zu ergründen. Eine solche Wesensbestimmung ist weitaus schwieriger, als es der unmittelbaren Sicherheit des gesunden Menschenverstandes erscheinen mag. Denn die philosophische Reflexion muss diese natürliche Sicherheit überschreiten und – gegen den Verdacht eines durchgängigen Determinismus – die Möglichkeit menschlicher Freiheit aufzuweisen versuchen.

2. Wissenschaftliche Erkenntnis begnügt sich nie mit der Erkenntnis von Einzelheiten; sondern sie fügt die einzelnen Kenntnisse (Begriffe, Gesetze) zu einem Ganzen zusammen. Dieses Ganze nennt man gemeinhin *Theorie* oder *System*. Will die Philosophie Wissenschaftlichkeit beanspruchen, dann hat sie sich als System zu entfalten.

Die Forderung nach einem strengen Systemcharakter erwächst aus dem Ansatz der neuzeitlichen Philosophie (die ihrerseits die modernen Wissenschaften begründet). Als wahr gilt seit Descartes nur dasjenige, was zuhöchst gewiss ist oder sich in einem lückenlosen Zusammenhang mit dem unzweifelhaft Gewissen darstellen lässt. Das Gewisse ist das Prinzip alles Wissbaren; und die Mannigfaltigkeit des Erkannten und des Erkennbaren muss diesem Prinzip zugeordnet werden.

Maßgebend für die Philosophie des Deutschen Idealismus hat Kant die Notwendigkeit und Beschaffenheit des Systems auf den Begriff gebracht:

„Unter der Regierung der Vernunft dürfen unsere Erkenntnisse überhaupt keine Rhapsodie, sondern sie müssen ein System ausmachen, in welchem sie allein die wesentlichen Zwecke derselben unterstützen und befördern können. Ich verstehe aber unter einem Systeme die Einheit der mannigfaltigen Erkenntnisse unter einer Idee. Diese ist der Vernunftbegriff von der Form eines Ganzen, sofern durch denselben der Umfang des Mannigfaltigen sowohl, als die Stelle der Teile untereinander, a priori bestimmt wird“ (KrV, A 832; vgl. auch A 645).

Das System bestimmt sonach nicht nur den Umfang des Wissbaren; sondern das jeweils Gewußte wird erst bestimmt durch seine Stellung innerhalb des Systems. Diese Auffassung von ‘System’ ist gemeint, wenn Schelling vom „Ganzen einer wissenschaftlichen Weltansicht“ (VII, 336) spricht. Sehr pointiert hat Schelling in der ersten ›Weltalter‹-Fassung (1811) auf die Eigentümlichkeit des Systemcharakters hingewiesen: Im Blick auf die „lebendige Wissenschaft“ könne man sogar sagen, „jeder Satz sey außer dem System falsch, nur im System, im organischen Zusammenhang des lebendigen Ganzen gebe es eine Wahrheit“ (ed. Schröter, 48). Dieser Hinweis ist auch für den Systementwurf der Freiheitsschrift zu beachten.

Auf dem Hintergrund dieses System-Gedankens ist sogleich einsichtig, dass die beiden Aspekte – Begriffsbestimmung und Zusammenhang mit der umfassenden wissenschaftlichen Weltansicht – gar nicht getrennt werden können. Für die Freiheit gilt dies sogar in besonderem Maße; denn die Entscheidung über die Möglichkeit der Freiheit entscheidet über die Art des Systems. Deshalb ist die philosophische Reflexion über die Freiheit zugleich – wie der etwas sperrige Titel der Schrift anzeigt – eine Untersuchung der „damit zusammenhängenden Gegenstände“. Inwiefern Freiheit „einer der herrschenden Mittelpunkte des Systems seyn muß“ (VII, 336), kann freilich nur durch den Systementwurf selbst deutlich werden. So viel aber ist jetzt schon klar: Schellings Freiheitsabhandlung ist kein gesonderter Teil des Systems – etwa ein bestimmter Aspekt einer Philosophie des Geistes –, sondern Entwurf des gesamten Systems, wenn auch nicht seine detaillierte Durchführung.

Gegen diese Systemforderung lässt sich ein schwer wiegender Einwand vorbringen: Freiheit und System schließen einander aus. Denn System meint doch wohl die möglichst lückenlose Darstellung eines Begründungszusammenhangs; systematisch ist eine Theorie gerade dann, wenn sie zeigt, dass und wie das eine aus dem anderen notwendig folgt. Eine Handlung aus Freiheit hingegen durchbricht einen solchen notwendigen Kausalnexus; sie ist spontan und nicht durch vorhergehende Ursachen und Gründe bestimmt. Der Begriff der Freiheit scheint also nur als Gegenbegriff zur Notwendigkeit sinnvoll zu sein. Damit stellt der Einwand vor folgendes Dilemma: Entweder man gibt die Freiheit auf und versucht erst gar nicht, eine sachhaltige Bestimmung (Wesen) zu finden; unser Freiheitsgefühl wäre dann pure Illusion. Das widerspräche nicht nur der Tatsache unseres Freiheitsgefühls, sondern würde den Menschen letztlich auch von jeder Verantwortung freisprechen. Oder man gibt die Forderung nach einem System auf. Das aber hieße für Schelling: Selbstaufgabe der Philosophie und der wissenschaftlichen Erkenntnis überhaupt. Beide Möglichkeiten sind unbefriedigend und laufen auf eine Kapitulation des Denkens hinaus, ohne seine Erprobung gewagt zu haben.

Nach Fuhrmans (1950: 81f.) bezieht sich die Wendung „Einer alten, jedoch keineswegs verklungenen Sage zufolge ...“ (VII, 336) primär auf Jacobi und dessen Pantheismus-Vorwurf (vgl. Kap. II, 2). Dieser Bezug lässt sich sicherlich nicht von der Hand weisen. Wichtiger ist jedoch, dass Schelling hier eine bestimmte Problemstellung systematisch exponiert. Diese Problemstellung ist nicht an bestimmte Namen gebunden.

Der Einwand (gegen die Verträglichkeit von Freiheit und System) trifft nach Schelling „etwas sehr Wahres, aber auch sehr Gewöhnliches“ (VII, 336). ‘Wahr’ ist das Argument, weil Freiheit und Notwendigkeit (wenigstens zunächst) als Gegenbegriffe aufgefasst werden müssen. ‘Gewöhnlich’ ist diese Auffassung, weil sie das anstehende Problem nicht löst, sondern nur verschiebt. Denn: Gesetzt, es gibt individuelle Freiheit, dann muss sie doch auf irgendeine Weise mit dem Ganzen des Seienden (‘Weltganzes’, ‘Absolutes’) in Zusammenhang stehen und in diesem Sinne ein System bilden. Um das Problem zu lösen, bieten sich zwei Auswege an; beide sind nach Schelling unbefriedigend:

1. Man behauptet, dass es zwar im Göttlich-Absoluten ein solches System – d. h. einen Zusammenhang der individuellen Freiheit mit dem notwendigen Grund alles Seienden – gebe, dieser Zusammenhang jedoch für den Menschen nicht erkennbar sei. Damit wird aber nur eine Behauptung aufgestellt, über deren Wahrheit oder Falschheit noch zu entscheiden wäre. Die These bleibt solange eine bloße Ausflucht, als der Anfangsgrund menschlicher Erkenntnis nicht geklärt ist. (Diese Erklärung ist letztlich wiederum nur durch einen Systementwurf zu leisten.)

Schelling beruft sich hier auf eine Stelle bei Sextus Empiricus:

„Denn der Grammatiker und der Unwissende (idiótes) werden glauben, daß der Philosoph aus Prahlerei und aus Verachtung der anderen Menschen diese Dinge sagt – etwas, das demjenigen fremd ist, der nur eine geringe Übung in der Philosophie hat, geschweige denn demjenigen, der philosophisch gebildet ist. Wer aber von der natürlichen Betrachtungsweise (physikês theorías) ausgeht, weiß ganz genau, daß der Lehrsatz ‘Gleiches wird von Gleichem erkannt’ (toîs homoíois tà hómoia gignóskesthai) sehr alt ist; er stammt angeblich von Pythagoras und ist auch in Platons ‘Timaios’ zu finden, wurde aber sehr viel früher von Empedokles selbst ausgesprochen:

‘Denn durch Erde sehen wir die Erde, durch Wasser aber das Wasser, / durch Luft aber die göttliche Luft, durch Feuer schließlich das vernichtende Feuer, / Liebe aber durch Liebe, den Streit aber durch den unheilvollen Streit.‘

Ein solcher Mensch wird verstehen, daß Empedokles sich selbst göttlich nannte, weil er allein den Verstand rein von Bosheit und unverdunkelt gehalten hat und mit dem Gott in sich den Gott außer sich begreift" (›Adversus Grammaticos‹, c. 13; ed. Bury, Bd. IV, 174ff.).

An diesem Bericht ist für Schelling bemerkenswert: Von einem Standpunkt außerhalb ihrer mag die Philosophie als Prahlerei und Überheblichkeit erscheinen. Seit altersher gilt aber der Satz, dass Gleiches nur von Gleichem erkannt wird. Nun hat die Philosophie ihre genuine Aufgabe darin, die ersten Ursachen und Gründe des Seienden zu erforschen (Aristoteles, Metaph. IV, 1003 a 26f.). Erste Ursache und damit Inbegriff des Seienden ist jedoch das Absolute oder Göttliche. Folglich muss der Philosoph „mit dem Gott in sich den Gott außer sich" begreifen. Deshalb ist die Philosophie ‚göttliche Wissenschaft' (vgl. V, 381). Über die Rechtmäßigkeit dieses Versuchs hat weder der 'Grammatiker' noch ein anderer Nicht-Philosoph zu entscheiden. Entscheidend ist allein das Gelingen oder Misslingen eines Systementwurfs.

2. Einfacher und konsequenter ist es zu behaupten, dass auch im göttlichen Urwesen ein solches System, in dem die menschliche Freiheit ihren Ort hätte, nicht existiert. Diese Position wird nach Schelling von der Wissenschaftslehre Fichtes vertreten. Danach hat die Philosophie den Standpunkt der Endlichkeit zu beachten; sie verzichtet auf eine Erkenntnis des Absoluten, um den von Kant aufgewiesenen Widersprüchen der dogmatischen Metaphysik zu entgehen. Höchstes Prinzip ist dieser Philosophie das strebende Ich und damit letztlich der je einzelne Wille. Solche Bescheidenheit verdankt sich jedoch nur einem Machtspruch, der die auf Einheit dringende Vernunft und das auf Freiheit bestehende Gefühl nicht befriedigen kann. Deshalb gilt dieser Machtspruch nur vorübergehend. Auch Fichte gelingt es letztlich nicht, diesem Drang nach höchster Einheit zu entsagen. Das Absolute bringt sich nämlich in der Wissenschaftslehre als Forderung nach einer sittlichen Weltordnung wieder zur Geltung, sofern im unendlichen Streben des praktischen Ich der ursprüngliche Anspruch auf Absolutheit wenigstens als unendliche Aufgabe eingelöst werden soll.

Alle Einwände, die sich aus der philosophischen Tradition vorbringen ließen, können nach Schelling nicht darüber hinwegtäuschen, dass es eine notwendige Aufgabe der Philosophie ist, die Möglichkeit der Freiheit im Zusammenhang eines philosophischen Weltentwurfs darzulegen. Würde sich die Philosophie dieser Aufgabe nicht stellen, dann bliebe nicht nur der Freiheitsbegriff unklar, sondern das philosophische Denken selbst wäre – weil abstrakt und ohne Leben – wertlos. „Denn diese große Aufgabe allein ist die unbewußte und unsichtbare Triebfeder alles Strebens nach Erkenntnis [...]" (VII, 338). Nicht dem Gegensatz von Natur und Geist, sondern dem 'höheren' Gegensatz von Notwendigkeit und Freiheit gilt das Interesse der Philosophie (vgl. VII, 333): Weder das bloße Beharren des Gefühls auf Freiheit noch das Insistieren der Vernunft auf Notwendigkeit helfen in diesem Streit weiter; gefordert ist vielmehr der Entwurf einer Philosophie der Freiheit im Sinne eines absoluten Systems.

2. Die Pantheismus-Kontroverse

1785 veröffentlicht Friedrich Heinrich Jacobi seine Abhandlung ›Ueber die Lehre des Spinoza in Briefen an Herrn Moses Mendelsohn‹ und löst damit eine lebhafte Debatte aus, die unter dem Titel 'Pantheismus-Streit' in die Geistesgeschichte eingegangen ist. Jacobi erkennt zwar die Philosophie Spinozas als konsequentes System der Vernunft an, versucht aber zugleich, sie als Atheismus und Fatalismus zu entlarven. Einen gegenüber dem Spinozismus 'verfeinerten Pantheismus' im Sinne Mendelssohns (oder auch Herders und Goethes) kann es nach Jacobi nicht geben.

Die Thesen Jacobis lassen an Deutlichkeit kaum etwas zu wünschen übrig:

„I. Spinozismus ist Atheismus.

II. Die Cabbalistische Philosophie ist, *als Philosophie*, nichts anderes, als *unentwickelter*, oder *neu verworrener* Spinozismus.

III. Die Leibnitz-Wolfische Philosophie ist nicht minder fatalistisch, als die Spinozistische, und führt den unabläßigen Forscher zu den Grundsätzen der letzteren zurück.

IV. Jeder Weg der Demonstration geht in den Fatalismus aus.

V. Wir können nur Aehnlichkeiten (Uebereinstimmungen, bedingt nothwendige Wahrheiten) demonstriren, fortscheitend in identischen Sätzen. Jeder Erweis setzt etwas schon Erwiesenes zum voraus, dessen Principium Offenbarung ist.

VI. Das Element aller menschlichen Erkenntniß und Wirksamkeit ist Glaube“ (WW VI/1, 216–223).

Zwei Jahre nach Erscheinen der Freiheitsschrift erneuert Jacobi in der Schrift ›Von den Göttlichen Dingen und ihrer Offenbarung‹ (WW III, 245 ff.) seine Vorwürfe gegen den Pantheismus. Schelling wird zwar namentlich nicht genannt; dass aber Schelling vornehmlich im Blick steht, ist offensichtlich. Schellings ausführliche und scharfe 'Abrechnung' erscheint 1812 unter dem Titel ›F. W. J. Schellings Denkmal der Schrift von den göttlichen Dingen des Herrn Friedrich Heinrich Jacobi und der ihm in derselben gemachten Beschuldigung eines absichtlich täuschenden, Lüge redenden Atheismus‹ (VIII, 19 ff.).

Es ist klar, dass Schelling in diesen Streit hineingezogen wird. Denn in der ersten Darstellung des Identitätssystems beruft sich Schelling ausdrücklich auf Spinoza (IV, 113); und eine These wie z.B. die des § 32 dieser Darstellung – „Die absolute Identität [qua göttliche Vernunft] ist nicht Ursache des Universums, sondern das Universum selbst" (IV, 129) – scheint doch ein klares Bekenntnis zum Pantheismus zu sein. Im Übrigen hatte auch Fichte bereits früh auf Schellings Nähe zu Spinoza hingewiesen. Fichte schreibt am 2. Juli 1795 an Reinhold: „Ich freue mich über seine [Schellings] Erscheinung. Besonders lieb ist mir sein Hinsehen auf Spinoza: aus dessen System das meinige am füglichsten erläutert werden kann" (Tilliette 1974: 13). Später freilich wird Fichte genau dies Schelling zum Vorwurf machen: er wiederhole den grundlegenden Irrtum Spinozas und führe in dessen Verworrenheit zurück (vgl. Briefwechsel, ed. Schulz, II, 341; Tilliette 1974: 197).

Direkter Anlass für Schellings Auseinandersetzung mit dem Pantheismus-Problem ist die 1808 von Friedrich Schlegel publizierte Abhandlung ›Ueber die Sprache und Weisheit der Indier‹. Schlegels Charakterisierung der indischen Philosophie impliziert eine massive Kritik an der zeitgenössischen idealistischen Philosophie. Nach Schlegel führt der Satz „Alles ist Eins" zu der Konsequenz „Alles ist Nichts". Dieses 'alles vernichtende' Vernunftsystem könne nur die Selbstvernichtung als höchstes Ziel setzen oder sich durch die Leugnung des Bösen mit dem täuschenden Schein innerer Zufriedenheit begnügen.

So betont Schlegel, dass man die Emanationslehre nicht mit Pantheismus verwechseln dürfe, was sich besonders deutlich bei der Erklärung des Guten und des Bösen zeige. „In Beziehung auf das Gute und Böse kann keine größere Verschiedenheit stattfinden, als zwischen diesem System [der Emanation] und dem Pantheismus. Der Pantheismus lehrt, daß alles gut sei, denn alles sei nur eines, und jeder Anschein von dem, was wir Unrecht oder schlecht nennen, nur eine leere Täuschung. Daher der zerstörende Einfluß desselben auf das Leben, indem [...] die Handlungen des Menschen für gleichgültig, und der ewige Unterschied zwischen Gut und Böse, zwischen Recht und Unrecht, ganz aufgehoben, und für nichtig erklärt werden muß" (KA VIII, 199, 201). Es lohne sich nicht – so Schlegel weiter –, auf dialektische Weise gegen dieses System anzugehen, weil es letztlich nicht auf Demonstration, sondern auf bloßer Erdichtung beruhe. Der Pantheismus ende im Nihilismus; „denn, wenn vor dem bloß abstrakten und negativen Begriff des Unendlichen alles andre erst vernichtet und verschwunden ist, so entflieht er zuletzt selbst, und löst sich in Nichts auf, weil er ursprünglich leer und ohne Inhalt war" (a.a.O. 243). Schelling nimmt Schlegels Polemik bereitwillig auf, um sie durch eine grundsätzliche Reflexion über den Begriff des Pantheismus als unhaltbar aufzudecken.

Dass F. Schlegel der Hauptgegner für Schelling ist, lässt sich auch durch den Briefwechsel belegen. So schreibt Schelling am 28. April an Schubert: „Was mich betrifft, so hat F. S. [Schlegel] gemeynt, mit seiner crassen, höchst allgemeinen u. unvollständigen Schilderung des Pantheismus mich zu schildern. Er und seine Anhänger haben diese Vorstellung meines Systems sogar unter den Pöbel der philos. Literatur mündlich schon lang verbreitet. [...] Ich habe seiner künstlichen und auf Schrauben gesetzten Polemik eine gerade, unumwundene Erklärung meiner Ansicht entgegengesetzt [...]. Ich wünsche nichts mehr, als daß die Sache durch das, was ich darin gethan, zum offenbaren und entscheidenden Streit komme" (Brief, ed. Fuhrmans, III, 597). An Windischmann heißt es am 17. Juni 1809: „Sie mögen ganz Recht haben, daß meine Polemik gegen Fr. Schlegel noch viel zu sanftmüthig ist, und ich bitte Sie, mir das auch [in einer Rezension] öffentlich vorzuwerfen" (a.a.O. 616). – Im Jahreskalender von 1809 hält Schelling am 26. Februar lapidar fest: „Gearbeitet wie gewöhnlich und Friedrich Schlegel über Indien gelesen" (1994: 12).

a) Der Begriff des Pantheismus

Schelling geht zunächst von einer Worterklärung aus: Pantheismus ist „die Lehre von der Immanenz der Dinge in Gott" (VII, 339). Oder: Anfangsgrund des pantheistischen Systems ist die These „Alles Seiende ist in Gott". Versteht man 'Pantheismus' derart allgemein, so lassen sich kaum vernünftige Gründe gegen ihn anführen. Allerdings ist mit einer solchen Formel eben auch nicht viel gesagt. Strittig wird diese Lehre erst dann, wenn die Art der Immanenz genauer bestimmt wird; und im Zentrum dieses Streits steht die Frage, ob der Pantheismus (als das einzige der Vernunft entsprechende System) durchgängige Notwendigkeit fordert, oder ob er Raum für die menschliche Freiheit lässt.

Nun soll nach Schelling gar nicht bestritten werden, dass Fatalismus mit dem Pantheismus verbunden werden *kann*. Beides gehört jedoch gar nicht notwendig zusammen; das deutet sich bereits dadurch an, dass gerade die eifrigsten Verfechter menschlicher Freiheit die Position des Pantheismus schließlich doch für unausweichlich halten. – Folgende Überlegung kann das verdeutlichen: Würden die Menschen ihre natürliche Einstellung vorurteilsfrei reflektieren, dann müssten sie zugestehen, dass ihr Freiheitsgefühl mit der Annahme eines göttlichen Wesens nicht zu vereinbaren ist. Ist Gott – wie es für die christliche Tradition ganz selbstverständlich ist – allmächtig (und allwissend), dann bleibt für die menschliche Freiheit kein Spielraum. Denn frei handeln bedeutet doch, etwas aus eigener Macht und unabhängig von fremden Bedingungen ins Werk setzen zu können. Freiheit wäre sonach etwas Unbedingtes und stünde in Widerspruch zum Begriff des Absoluten, dem allein das Merkmal der Unbedingtheit zukommt. Aus dem Begriff einer absoluten Kausalität (Gottes) folgt die absolute Determination alles übrigen Seienden. Dieses Problem wird noch verschärft durch die Lehre von einer 'stets erneuerten Schöpfung' der Welt durch Gott (creatio continua). Nach dieser Auffassung kann jedes einzelne Seiende nur existieren, wenn Gott es durch seine ununterbrochene Schöpfung erhält. So ist das Endliche nicht nur in seiner unbestimmten Allgemeinheit, sondern in seiner ganz konkreten Einzelheit vom Wirken Gottes abhängig und damit unfrei. – Man könnte diese Konsequenz durch folgendes Argument zu umgehen versuchen: Gott lässt die menschliche Freiheit zu, indem er für den Augenblick der freien Entscheidung seine Allmacht zurückhält. Damit ist allerdings gar nichts gewonnen; denn diese Annahme widerspricht dem Begriff der Kontinuität. Unterbräche Gott auch nur einen Augenblick das erhaltende Schöpfungsgeschehen, dann würde der einzelne Mensch sogleich aufhören zu existieren; der scheinbare Gewinn der Freiheit wäre in Wirklichkeit der Fall ins Nichts.

Angesichts dieser Aporie kann es für die Verfechter der Freiheit nur folgenden Ausweg geben: Man darf die menschliche Freiheit nicht als Gegensatz zur göttlichen Allmacht behaupten wollen, sondern muss versuchen, Menschsein und Freiheit *in* Gott selbst zu setzen und so zu retten. Das hieße: Der Mensch existiert nicht außerhalb des göttlichen Seins, sondern in ihm. Die Freiheit des Menschen gehört mit zum Leben Gottes. Diesen Weg sind vor allem die Mystiker (z.B. Meister Eckhart) gegangen, um das Gefühl unserer Freiheit *und* unserer Abhängigkeit von Gott erklären zu können. Wie kann man dann aber noch ernsthaft behaupten, dass die These von der Immanenz der Dinge in Gott auf einen Fatalismus hinauslaufe oder dass der Pantheismus in Wahrheit Atheismus sei?

Der durchaus richtige Ansatz bei der Immanenz wird nun durch weitere Thesen, die man dem Pantheismus (Spinozismus) unterstellt, wieder verspielt. Vornehmlich drei Thesen sind in ihrer Widersinnigkeit aufzudecken.

1. Gott und die Dinge sind identisch.

Würde diese These gelten, dann wären Gott und das Seiende ununterscheidbar. Es gäbe eigentlich keinen Gott, und dem Pantheismus würde zu Recht der Vorwurf des Atheismus gemacht. Eine derartige Behauptung beruht aber nach Schelling auf völliger Fehlinterpretation der Philosophie Spinozas, die allgemein als klassische Form des Pantheismus gilt. Aber niemand betont schärfer als Spinoza die grundlegende Differenz zwischen den endlichen Dingen und Gott. Nach der Lehre des Spinoza nämlich ist Gott das einzige Wesen, das aus sich selbst existiert und begriffen wird (causa sui; Eth. I, def. 1; vgl. Kap. III, 1). Das Endliche hingegen steht mit anderem Endlichen in einem Kausalzusammenhang (Eth. I, prop. 28); die einzelnen Dinge werden durch andere Einzeldinge bestimmt und begriffen. Wenn Spinoza lehrt, dass die einzelnen Dinge Modi sind, in denen die Attribute Gottes auf bestimmte Weise ausgedrückt werden (Eth. I, prop. 25, cor.), dann könnte man daraus schließen wollen, dass die Dinge sich nur *graduell* von Gott unterscheiden. Ein solcher Schluss verkennt jedoch, dass die Dinge sich *prinzipiell* von Gott unterscheiden, sofern sie nur eine Folge des göttlichen Daseins sind und ohne Gott gar nicht sein könnten. „Eben dieses Unterschieds wegen können nicht, wie gewöhnlich vorgegeben wird, die einzelnen Dinge zusammen Gott ausmachen, indem durch keine Art der Zusammenfassung das seiner Natur nach Abgeleitete in das seiner Natur nach Ursprüngliche übergehen kann [...]" (VII, 340).

2. Das einzelne Ding ist Gott gleich.

Diese These ist nach Schelling noch abgeschmackter als die erste. Selbst wenn bei Spinoza der Satz stünde, dass jedes Ding ein Modus Gottes sei, sollte man ihm nicht die in der These formulierte Gedankenlosigkeit unterstellen! Das Ding wäre dann ein 'abgeleiteter Gott' – eine Bestimmung, die sich sogleich aufhebt, da das Abgeleitete nicht Gott (causa sui) sein kann. Allein der Zusatz „Modus" zeigt die Unterscheidung der Dinge von Gott an.

Dieses platte Missverständnis ist Anlass für einen *Exkurs* über den Satz der Identität bzw. über den Sinn der Kopula („ist") im Urteil. Diese Hinweise sind nicht nur für den Kontext der Freiheitsschrift wichtig, sondern für den Ansatz der Identitätsphilosophie überhaupt, sofern sie das Gesetz der Identität (A *ist* A) für das höchste Gesetz alles Seins erklärt hat. Auch in seinen späteren Entwürfen geht Schelling immer wieder auf dieses Problem ein, so in den ›Weltalter‹-Fassungen (ed. Schröter, 26f.; VIII, 212ff.) und in der ›Philosophie der Offenbarung‹ (XIII, 217f.). – In der Freiheitsschrift setzt die Analyse der Kopula mit einem ironisch-polemischen Seitenhieb ein: Schon einem Kind sei begreiflich zu machen, dass kein Satz, der in dem hier beanspruchten Sinne die Identität von Subjekt und Prädikat behauptet, beides als ein und dasselbe setzt. Schelling wählt folgendes Beispiel: „Dieser Körper ist blau". Der Satz drückt aus, dass dasselbe, was in einer bestimmten (kategorialen) Hinsicht Körper ist, in anderer Hinsicht (Farbqualität) blau ist. Der Satz besagt jedoch keinesfalls, dass Körpersein und Blausein einerlei sind. Die Kopula verbindet Verschiedenes zur Einheit einer Aussage; das so Verbundene wird dadurch jedoch nicht zu einem ununterscheidbaren Identischen.

In unserer alltäglichen Rede ist der Sinn solcher Sätze überhaupt nicht strittig. Im philosophischen Kontext (in der 'höheren Anwendung') jedoch wird dieser Sinn von Identität nicht beachtet. Die Philosophie kann z. B. behaupten: „Das Vollkommene ist das Unvollkommene." Mit einer solchen These soll das Vollkommene nicht mit dem Unvollkommenen gleichgesetzt werden; das wäre blanker Unsinn. Mit einem solchen Satz soll vielmehr angezeigt werden, dass das Unvollkommene nur dadurch existiert, dass es etwas Vollkommenes gibt. Entsprechend meint die Aussage „Das Gute ist das Böse": Das Böse kann nicht aus sich selbst sein; sondern seiend ist in ihm das Gute. (Der Sinn dieses und des nächsten Beispiels wird eigentlich erst im Hauptteil der Freiheitsschrift entschlüsselt.) – Wenn das Wesen der geistigen Welt dasselbe ist wie das Wesen der Natur, dann kann man auch sagen „Das Freie ist das Notwendige", ohne damit einem Determinismus zu huldigen. Ebenso wenig ergibt sich aus der Behauptung „Die Seele ist eins mit dem Körper" die Position des Materialismus.

Nach S. Peets versteht Schelling die Kopula *praktisch*, nämlich „als Instanz der Willensfreiheit". Die Kopula drücke aus, dass etwas eine gegenteilige Eigenschaft annehmen *könne*. „Etwas kann in bezug auf sich selbst so anders werden, daß es in seinem Anderssein es selbst bleibt" (1996: 190). Diese Interpretation macht durchaus Sinn; sie problematisiert allerdings unnötig Schellings eigene Darlegungen, die hier noch nicht eine Willensmetaphysik voraussetzen. Schelling geht es lediglich darum, den Vorwurf (z.B. Hegels) zurückzuweisen, dass das 'ist' im Sinne von 'Identität' auf bloße 'Einerleiheit' hinauslaufe.

Von derartigen Missverständnissen lassen sich die Gegner des Pantheismus (allen voran: F. Schlegel) leiten. Als Heilmittel gegen diese 'dialektische Unmündigkeit' empfiehlt ihnen Schelling das Studium der Logik. Bereits die alte Logik unterscheide zwischen dem Subjekt als dem Vorhergehenden (antecedens) und dem Prädikat als dem Folgenden (consequens) und treffe damit den eigentlichen Sinn des Identitätsgesetzes. Selbst tautologische Sätze sind – 'dialektisch' verstanden – noch sinnvoll. „Der Körper ist ein Körper" z.B. verweist mit dem Subjekt auf den einheitlichen Begriff des Körpers, mit dem Prädikat auf die darin eingeschlossenen Eigenschaften.

Schellings Hinweis auf die „alte tiefsinnige Logik" ist ziemlich pauschal. Die mittelalterliche Logik kann nicht gemeint sein; denn hier werden die Begriffe 'antecedens' und 'consequens' bei der Erörterung konditionaler Aussagen (wenn – dann) oder beim Syllogismus verwendet. Einleuchtend ist deshalb der Hinweis Buchheims (1997: 97), dass Schelling sich auf Leibniz beziehe, der die Begriffspaare 'Subjekt – Prädikat' und 'antecedens – consequens' synonym gebrauche. Für das Begriffspaar 'implicitum – explicitum' ist als direkte Quelle Giordano Bruno, der wiederum auf Nikolaus von Kues zurückgreift, wahrscheinlich (ebd.)

In diesem Zusammenhang wird nun, nachdem F. Schlegel bereits als Kontrahent angeführt wurde (VIII, 338, Anm.), auch Reinhold scharf attackiert. Er verwechsle ebenfalls Identität mit Einerleiheit und unterstelle Spinoza (und ihm selbst) die Gleichsetzung von Endlichem und Unendlichem. Reinhold rede über Systeme, ohne sie genau zu kennen; das könne man nur als 'gewissenlos' bezeichnen.

3. Die Dinge sind nichts.

Die Philosophie bestimmt Gott als das ens realissimum, d.h. als Inbegriff aller nur denkbaren (positiven) Sachgehalte. Unter dieser Voraussetzung lässt sich aber gegen den scheinbar pantheistischen Satz „Gott ist alles" kaum ein vernünftiges Argument vorbringen. Deshalb unterstellen die Kontrahenten nun, dass nach der Lehre des Pantheismus die Dinge eigentlich nichts seien und ein individuelles Sein somit geleugnet werde. Diese These steht jedoch sogleich vor folgenden Widersprüchen: Wenn die Dinge nichts sind, dann kann man sie nicht mit dem Gottesbegriff zusammenbringen, wie dies bei der ersten und zweiten These geschieht. Wenn aber nur Gott existiert (dritte These), dann kann er nicht alles sein, weil es das 'alles' doch gar nicht geben soll. In den Händen seiner Gegner löst sich der Begriff des Pantheismus in nichts auf; denn die angeführten Bestimmungen lassen sich nicht widerspruchsfrei denken. Man sollte folglich überlegen, ob es nicht besser ist, den Namen 'Pantheismus' ganz zu verabschieden. Zwar bietet er eine leichte Handhabe, um den Idealismus der Ketzerei zu beschuldigen; aber als bloßes Schlagwort ist er für eine subtile philosophische Auseinandersetzung ungeeignet.

Selbst für das System Spinozas gilt nicht einfachhin, dass die Dinge nichts sind. Zwar behauptet Spinoza, dass es außer der einen göttlichen Substanz kein eigentliches Sein gibt und die Einzeldinge nur als Affektionen der einen Substanz zu verstehen sind. Aber: Diese Erklärung betrifft das Verhältnis der Dinge zu Gott (sub specie aeternitatis); sie sagt nichts darüber, was die Dinge 'rein als solche betrachtet' sind. Freilich wird man auch zugestehen müssen, dass Spinoza manches Problem ungelöst lässt. Aber es geht ja in dem Streit nicht nur um Spinoza, sondern um den Pantheismus überhaupt. Und es geht vor allem um die Frage, ob aus einem 'pantheistischen' Ansatz notwendig die Leugnung der Freiheit folgt. Deshalb wendet sich Schelling jetzt wieder dieser zentralen Frage zu.

Dass sich der Spinozismus (vor allem auch der eigene) mit der These 'Die Dinge sind nichts' nicht verträgt, versucht Schelling durch folgende Formeln (vergleichbar mit den Schemata der Potenzen) zu verdeutlichen: Die unendliche (göttliche) Substanz sei 'A'. Die endlichen Folgen dieser Substanz lassen sich durch $\frac{A}{a}, \frac{A}{b}, \frac{A}{c}$ … ausdrücken. Dann kann man sagen: Das positive Sein des Endlichen ist allerdings A; aber es folgt natürlich *nicht* $\frac{A}{a} = A$. Anders gesagt: Das absolute Sein der unendlichen Substanz widerspricht nicht dem relativen Sein des Endlichen. Wer anderes behauptet, ist eben dialektisch unmündig (und muss auch Leibniz zum Spinozisten machen).

b) Pantheismus und Freiheit

Schelling eröffnet die Erörterung dieses Problemzusammenhangs mit einer erstaunlichen These: Der vorkantischen Philosophie insgesamt fehlt der eigentliche Begriff der Freiheit. Wäre der Mangel des Freiheitsbegriffs das Spezifikum des Pantheismus, dann würde fast die gesamte neuzeitliche Philosophie (auch Leibniz) unter 'Pantheismus' zu subsumieren sein – eine absurde Konsequenz, die erneut die philosophische Inkompetenz der Pantheismus-Gegner dekuvriert.

'Uneigentlich' wird Freiheit dann verstanden, wenn sie sich nur darin bekunden soll, dass die denkende Seele über die leiblichen Begierden herrscht. Ein solcher (christlich-platonischer) Freiheitsbegriff, den selbst Spinoza nicht leugnen würde, ist nicht falsch, aber unzureichend; denn er übersieht, dass Freiheit eine eigene Art von Kausalität im Sinne der Selbstgesetzgebung ist. Freiheit bedeutet vor allem: Verwirklichung des eigenen Wesens.

Da in der Pantheismus-Auseinandersetzung – wie dargelegt – mit unscharfen Begriffen gestritten wird, lässt sich vermuten, dass für die Bejahung oder Verneinung der Freiheit gar nicht die Annahme oder Ablehnung des Pantheismus entscheidend ist. Deshalb weist Schelling nun die Verträglichkeit von Pantheismus und Freiheit auf. Grundlage dieser Erörterung ist die bereits dargelegte Bedeutung der Kopula im Urteil bzw. der Sinn des Identitätsgesetzes. Nur die Entschlüsselung dieser ontologischen Struktur kann die Möglichkeit der Freiheit eröffnen und den trügerischen Schein, der von den Pantheismus-Gegnern verbreitet wird, entlarven. Identität ist nämlich keine leere logische Einerleiheit, sondern lebendige Einheit. Das ist für das Verhältnis Gottes zum Endlichen genauer darzulegen.

Es wurde bereits gezeigt, dass sich im Urteil das Subjekt zum Prädikat verhält wie der Grund zur Folge. Der Körper ist z. B. Grund für die Folge 'Blausein'. In diesem Sinne ist das Göttlich-Ewige Grund alles Seienden (und natürlich auch Grund des Menschen). Folglich ist das Endliche von Gott abhängig. Diese Seite sehen die Pantheismus-Kritiker. Sie sehen jedoch nicht, dass damit noch nichts über das Wesen der Folge gesagt ist. Denn Abhängigkeit allein hebt Selbständigkeit und Freiheit gar nicht auf. Im Bereich des Organischen ist das leicht einzusehen: Jedes Lebewesen ist abhängig von einem Grund, durch den es gezeugt wird. Das heißt aber nicht, dass es in seinem individuellen Wesen auch durch den Grund bestimmt ist. Abhängigkeit dem Werden nach hebt die Unabhängigkeit dem Sein nach nicht auf. Darüber hinaus: Eine wirkliche Folge liegt überhaupt nur dann vor, wenn das Abhängige dem Sein nach selbständig ist; ansonsten müsste man sagen, der Grund sei ohne Folge geblieben.

Um die 'Dialektik' von Abhängigkeit und Unabhängigkeit zu verdeutlichen, hat Schelling immer wieder auf das Phänomen der *Zeugung* hingewiesen. In der ›Philosophie der Kunst‹ erklärt er damit das Abhängigkeitsverhältnis der Götter im mythologischen Universum. „Denn Zeugung ist die einzige Art der Abhängigkeit, bei welcher das Abhängige gleichwohl in sich absolut bleibt" (V, 405). Im ›System der gesamten Philosophie … ‹ verweist Schelling auf „die ewige Zeugung und Geburt der Dinge in der Natur [...], die ein vom Zeugenden unabhängiges Leben und Daseyn haben" (VI, 409). Der ›Weltalter‹-Entwurf von 1811 greift im Zusammenhang einer Trinitätsspekulation auf diesen Begriff zurück, um den Anfang des Offenbarungsprozesses zu charakterisieren. „Ein solches Setzen eines andern außer sich, wobey das Setzende in seiner Ganzheit bleibt, ist [...] Zeugung" (ed. Schröter, 56). Auch die ›Philosophie der Offenbarung‹ beschreibt das Verhältnis von Gott-Vater zum Sohn mithilfe dieses Begriffs. „Zeugung überhaupt wird der Vorgang genannt, in welchem irgend ein Wesen ein anderes von sich unabhängiges, *ihm* übrigens gleichartiges, nicht unmittelbar als *wirklich*, wohl aber in die Nothwendigkeit setzt sich selbst [...] zu verwirklichen" (XIII, 324; vgl. auch 312).

Dieses Verhältnis (Abhängigkeit bei gleichzeitiger Selbständigkeit) gilt nicht nur für den Begriff der Abhängigkeit, sondern ebenfalls für den der Immanenz. Auch das lässt sich am Organismus 'ablesen': Das einzelne Organ (z. B. das Auge) kann nur im Zusammenhang des Gesamtorganismus existieren. Dennoch hat das bestimmte Organ ein Einzelleben (in gewisser Weise 'Freiheit'), was sich nach Schelling vor allem bei der Erkrankung eines Organs zeigt; das kranke Organ bekundet seine Eigenmächtigkeit, indem es sich gegen das Leben des Gesamtorganismus wendet.

Gilt diese Einheit von Abhängigkeit und Selbständigkeit bereits für die uns vertrauten Formen des Lebens, dann muss sie erst recht für das Verhältnis Gottes zu seinen Geschöpfen gelten, sofern Gott der Inbegriff des Lebens ist. Wird Gott als die höchste Form des Lebens verstanden, dann müssen zwei Erklärungen des endlichen Seins strikt zurückgewiesen werden (vgl. S. 20):

1. Das Verhältnis Gottes zu den Geschöpfen kann nicht von der Art einer mechanischen Ursache-Wirkung-Relation sein. Das höchste Leben schafft keine Maschinen, sondern zeugt lebendige Wesen.

2. Eine Lehre von der Emanation ('Ausfluß') des Göttlichen bleibt unbefriedigend, sofern das ausfließende Endliche sich von seinem göttlichen Grund nicht lösen kann und deshalb unselbständig bleiben müsste. (Diese

Kritik zieht sich wie ein Topos durch das Gesamtwerk; s. S. 53f., 86, 134. Das gilt es im Blick auf den oft beschriebenen 'Neuplatonismus' Schellings zu beachten.)

Gegen diese Fehldeutungen ist zu betonen: Gottes Verhältnis zu den Dingen ist als Zeugung im Sinne der Selbstoffenbarung zu denken. Offenbaren kann sich Gott aber nur in einem Seienden, das ihm ähnlich, d.h. frei und selbsttätig ist. Selbst wenn man die Geschöpfe nur als Gedanken Gottes ansähe (wie die Neuplatoniker), wären sie keine mechanischen Folgen, sondern hätten ein eigenes Leben. Das bezeugt auch unsere Erfahrung: Zwar haben Gedanken in der Seele ihren Ursprung und sind insofern von ihr abhängig. Dennoch können die Gedanken eine eigenständige Macht gewinnen, sodass wir sie am Ende nicht mehr beherrschen. Sollte dies nicht auch bei den göttlichen Gedanken möglich sein, die sogleich – im Unterschied zu denen des Menschen – eine reale Wirklichkeit schaffen? Es ist ein Mangel unseres endlichen Bewusstseins, dass wir die Dinge nur als unselbständige Wirkung einer seinsbestimmenden Ursache ansehen. Ihrem An-sich-Sein nach (d.h. in der Sichtweise Gottes) sind die Dinge jedoch selbständig, und selbständig kann nur das sein, was willenhaft und somit frei ist.

Das Verhältnis Gottes zum Endlichen muss im System der Freiheit – also im Hauptteil der Untersuchung – genau dargelegt werden. Aber auf eine erste Weise ist doch schon gezeigt, dass Pantheismus nicht notwendigerweise Fatalismus bedeutet. Wird der Begriff der Immanenz richtig verstanden, dann muss man sogar sagen, dass die Dinge nur so weit in Gott sind, als sie selbst frei sind; ihre Unfreiheit hingegen verweist auf ihr Sein-außer-Gott. Also: „Der Begriff einer derivirten Absolutheit oder Göttlichkeit ist so wenig widersprechend, daß er vielmehr der Mittelbegriff der ganzen Philosophie ist“ (VII, 347).

Der Pantheismus-Streit, wie er von Jacobi und F. Schlegel geführt wird, leidet nach Schelling an nicht durchdachten Begriffen, die als bloße Schlagworte zur Diffamierung der Gegner eingesetzt werden. Kann man etwa ernsthaft der Meinung sein, der philosophische Entwurf eines einzelnen Menschen (etwa Spinozas) sei das Vernunftsystem schlechthin und für alle Zeiten? Und weiter: Ist mit 'spinozistischem System' nur die ›Ethik‹ gemeint, oder gehören alle von Spinoza verfassten Schriften dazu? Vor allem aber: Ist der Idealismus, wie er in Fichtes Wissenschaftslehre dargelegt ist, nicht auch ein Vernunftsystem, und zwar eines, das als Überwindung des Spinozismus verstanden werden soll? – Die blinde Polemik mit ihrem Eifer gegen den Fatalismus übersieht das eigentliche Problem der Philosophie Spinozas. Erst wenn dieses Problem aufgedeckt wird, kann die Frage nach der Möglichkeit menschlicher Freiheit angemessen entfaltet werden.

3. Sein als Wille und Leben

Wenn – wie gezeigt worden ist – Freiheit und Pantheismus durchaus verträglich sind, dann kann der Grund für Spinozas Leugnen der Freiheit nicht in der These von der Immanenz der Dinge in Gott liegen. Der Fatalismus Spinozas resultiert nach Schelling aus folgendem 'Fehler': Spinoza sieht in allem Seienden – Gott selbst eingeschlossen – bloße Dinge; Sein im ursprünglichen Sinne ist ihm (tote) Substanz. Diese Seinsauffassung bleibt abstrakt, weil sie nicht erkennt, dass das Lebendige und Geistige die wesentliche Seinsweise ist. Deshalb ist der Fatalismus unvermeidlich. Denn bloße Dinge sind durch einen mechanischen Kausalzusammenhang verknüpft; und der Wille kann diesen Kausalnexus nicht durchbrechen, weil der Wille für Spinoza auch nur etwas Dinghaftes ist. Bei aller Sympathie für Spinoza, in diesem entscheidenden Punkt hält Schelling mit seiner Kritik nicht zurück: „Daher die Leblosigkeit seines Systems, die Gemüthlosigkeit der Form, die Dürftigkeit der Begriffe und Ausdrücke, das unerbittlich Herbe der Bestimmungen, das sich mit der abstrakten Betrachtungsweise vortrefflich verträgt" (VII, 349). – Nicht nur, dass Spinoza das Wesen des Geistes nicht richtig auffasst; er verkennt auch den dynamischen Charakter der Natur, indem er sie auf ein bloß mechanisches Wirken reduziert. Besser als durch das Stichwort 'Pantheismus' würde man deshalb die Philosophie Spinozas als *einseitigen Realismus* kennzeichnen.

Auch Hegel kritisiert die 'Leblosigkeit' der Philosophie Spinozas, etwa in der ›Wissenschaft der Logik‹: „[...] bei Spinoza hat die Substanz und deren absolute Einheit die Form von unbewegter, d. i. nicht mit sich selbst vermittelter Einheit, von einer Starrheit, worin der Begriff der negativen Einheit des Selbst, die Subjektivität, sich noch nicht findet" (5, 291). In ähnlicher Weise kritisiert Hegel in den ›Vorlesungen über die Geschichte der Philosophie‹, „daß die Spinozistische Substanz nur die Idee ganz abstrakt ist, nicht in ihrer Lebendigkeit. [...] Es fehlt die unendliche Form, die Geistigkeit, Freiheit" (20, 194). Hegel erkennt an, dass Schellings Identitätsphilosophie diesen Standpunkt überwinde: „Fürs erste hat Schelling wieder die Spinozistische Substanz, das einfache, absolute Wesen hervorgerufen [...], aber so, daß dies Wesen unmittelbar an ihm selbst die absolute Form oder das *absolute Erkennen* ist [...]" (20, 438). Insgesamt wirft Hegel jedoch Schelling einen „Mangel an Dialektik" (20, 445) vor.

Den mechanischen Realismus Spinozas überwindet die idealistische Philosophie. Bereits Leibniz vollzieht eine entscheidende Wendung, indem er geistiges Vorstellen (perceptio) und willenhaftes Streben (appetitus) als Grundmomente des wahrhaften Seins (Monade) herausstellt. Und vollends Fichte dringt darauf, dass eigentliches Sein ichhaft ist und das Ich sich nur im Streben vollenden kann. Hinter diese Einsicht des Idealismus darf die Philosophie nicht zurückfallen. Will die Philosophie nicht die 'kopernikanische Wende' rückgängig machen und in blanken Dogmatismus zurückfallen, dann hat sie nach Schelling von folgendem ontologischen Grundsatz auszugehen: „Es gibt in der letzten und höchsten Instanz gar kein anders Seyn als Wollen. Wollen ist Urseyn" (VII, 350). Diese Einsicht in den höchsten Sinn von Sein ist der idealistischen Philosophie (der „Philosophie zu unserer Zeit") zu verdanken.

Bereits in seinen frühen ›Abhandlungen zur Erläuterung des Begriffs der Wissenschaftslehre‹ (1796/97) versucht Schelling zu zeigen, dass sich diese Konsequenz bereits aus Kants kritischer Philosophie ergebe, der entscheidende Durchbruch allerdings erst Fichte gelinge: „[...] eben darin besteht das *eigenthümliche* Verdienst des Letztern [Fichtes], daß er das Princip, das Kant an die Spitze der *praktischen* Philosophie stellt (die Autonomie des *Willens*) zum Princip *der gesammten Philosophie erweitert*, und dadurch der Stifter einer Philosophie wird, die man mit Recht die *höhere Philosophie* heißen kann, weil sie ihrem Geiste nach *weder theoretisch noch praktisch allein*, sondern *beides zugleich* ist" (I, 409).

Auf dem Standpunkt dieses Idealismus – und nicht bei irgendeinem dogmatischen (d.h. vorkantischen) System – hat deshalb die anstehende Untersuchung über das Wesen der menschlichen Freiheit anzusetzen. Allerdings ist dann auch darauf zu achten, dass der Idealismus zwei grundlegende Probleme nicht gelöst hat und deshalb unvollendet geblieben ist:

1. Die etwa von F. Schlegel vertretene (und Fichte zu verdankende) These, dass Freiheit (bzw. Tätigkeit, Leben, Geist) das eigentlich Wirkliche sei, bleibt unzureichend, solange sie auf dem Standpunkt des subjektiven Idealismus Fichtes verharrt. Denn: Nach Fichte ist das Ich das im höchsten Sinne Wirkliche; naturhaftes Sein ist bloßes Nicht-Ich, das in einem unendlichen Streben dem freien Ich angeglichen werden soll. Damit aber wird die Versöhnung des Gegensatzes von Natur und Geist einem Sollen aufgetragen, das sein Ziel nie erreicht. Deshalb kommt nach Schelling alles darauf an, diese These (Ich = Alles) gleichsam umzukehren und zu zeigen, dass alles Wirkliche – eben auch das naturhaft Seiende – geisthaft und durch Freiheit bestimmt ist. In Fichteschen Termini formuliert: Es ist aufzuweisen, „daß nicht allein die Ichheit alles, sondern umgekehrt, alles Ichheit sey" (VII, 351). Dieser Aufgabe einer 'Wechseldurchdringung' von (spinozistischem) Realismus und (fichteschem) Idealismus versucht bereits Schellings Naturphilosophie gerecht zu werden (vgl. VII, 350). Die Naturphilosophie kann zwar getrennt für sich (als 'Physik') betrachtet werden; von ihrem Verfasser wurde sie jedoch immer nur als ein Teil (nämlich der 'reelle') der Philosophie betrachtet, der sich erst zusammen

mit der (ideellen) Philosophie des Geistes zur Einheit eines umfassenden Vernunftsystems zusammenfügt.

Der Idealismus Kants und Fichtes hat die Freiheit als Prinzip der Philosophie sichtbar gemacht. Es ist deshalb nur folgerichtig, wenn die vorliegende Untersuchung den energischen Versuch unternimmt, die Freiheit als universelles Prinzip für alle Bereiche eines Systems des Wissens in Anspruch zu nehmen. „Nur wer Freiheit gekostet hat, kann das Verlangen empfinden, ihr alles analog zu machen, sie über das ganze Universum zu verbreiten“ (VII, 351).

Nach Schelling ist es merkwürdig, dass nicht bereits Kant diesen Schritt vollzogen hat. Denn: Im Bereich der theoretischen Philosophie hat das ‘Ding an sich’ nur eine negative Bedeutung; es ist als Nicht-Erscheinung bloßer Grenzbegriff, den wir zwar als Grund der Erscheinung ansetzen müssen, aber nicht positiv bestimmen können. In der praktischen Philosophie jedoch wird das An-sich-Sein positiv bestimmt, nämlich als Freiheit (bzw. als Unabhängigkeit von der Zeit). Liegt aber in der Freiheit die ein zig mögliche positive Bestimmung des An-sich, dann legt es sich doch nahe, diesen positiven Begriff des Dinges an sich auf die Gesamtheit des Seienden zu übertragen. Indessen: Geht man auf diese Weise mit Kant über Kant hinaus, dann stellt sich ein weiteres Problem, für das der Idealismus keine Lösung bietet.

2. Setzt man Freiheit als wahres Sein alles Seienden, dann wird die Freiheit als Wesensauszeichnung des Menschen fragwürdig. So vermag der Idealismus zwar einen ‘höheren Standpunkt der Betrachtung’ (als bei Kant) zu erreichen; aber er kann das Eigentümliche der menschlichen Freiheit nicht mehr erklären. Dazu wäre es nötig, den Freiheitsbegriff nicht nur formell (als Selbstbejahung, als Unabhängigkeit von zeitlicher Kausalität), sondern real zu bestimmen.

Ebenso wenig wie der reine Idealismus das Freiheitsproblem löst, überwindet er den Pantheismus. Wenn nämlich statt der absoluten Substanz ein absoluter Wille zum Prinzip des Systems erhoben wird, dann ist dies durchaus mit einer pantheistischen Position vereinbar, sofern die einzelnen Willen in diesem absoluten Urwillen ‘einbegriffen’ sind. Es ist also sehr wohl ein idealistischer Pantheismus möglich. – Der Idealismus überwindet mit der Einsicht in den ontologischen Primat des Wollens zwar einen einseitigen Realismus, der dem Begriff des Lebens nicht gerecht werden kann; aber im Blick auf die Forderung nach einem umfassenden System und hinsichtlich einer inhaltlichen Bestimmung der Freiheit bleibt auch der Idealismus ratlos.

4. Der reale Begriff der Freiheit

Der allgemeine und formelle Freiheitsbegriff des Idealismus (Freiheit als An-sich-Sein, Selbstbejahung) ist durch eine sachhaltige Bestimmung der spezifisch menschlichen Freiheit zu ergänzen: „Der reale und lebendige Begriff [der Freiheit] aber ist, daß sie ein Vermögen des Guten und des Bösen sey“ (VII, 352). Mit dieser Realdefinition ist das entscheidende Problem für eine philosophische Analyse der menschlichen Freiheit auf den Punkt gebracht. Zwar haben die Philosophen immer wieder betont, dass der Mensch nur dann seine Freiheit bekunde, wenn er gut handle; aber der Problemzusammenhang von Freiheit und Bosheit wird damit nicht aufgelöst, sondern nur verschoben. Das ließe sich von Augustins ›De libero arbitrio‹ bis hin zu Kants ›Die Religion innerhalb der Grenzen der bloßen Vernunft‹ (s. Kap. III, 8 b) verfolgen. Insofern kann Schelling zu Recht darauf hinweisen, dass diese tiefste Schwierigkeit des Freiheitsbegriffs „von jeher empfunden worden“ (ebd.) sei.

Die Tagebucheintragungen vom Januar 1809 belegen, dass Schelling die einschlägigen Werke studiert hat. „Gelesen Leibnitii Opera theologica praesertim Theodiceam. […] Leibnitii Theodicea toto die. […] Von der Bibliothek zu begehren: Lutheri liber de servo arbitrio. – Opera Augustini – […] Boëthius de consolatione philosophiae. […]
Bilfingeri Dilucidationes philosophicae.
Ejusdem de Origine mali liber.
Quaestiones de Libertate, Necessitate et casu illustratae et agitatae inter Dr. Bramhallum p. et *Thomam Hobbesium* […]“ (1994: 6f.).

Wenn in der Freiheit gerade auch das Vermögen des Bösen (und zum Bösen) gesehen werden muss, dann scheint die Möglichkeit eines philosophischen Systems, in dem die Freiheit ihren Ort hätte, endgültig zunichte gemacht. Schelling führt die Ausweglosigkeit an drei markanten Positionen vor, die angesichts des lebendigen Freiheitsbegriffs in unlösbare Widersprüche verwickelt werden.

1. Die Lehre von der Immanenz

Die Immanenz-These, gegen die sich schwerlich etwas einwenden lässt (s. Kap. II, 2 a), besagt: Alles Seiende ist in Gott. Auf der Basis dieses Grundsatzes stellt sich für den Freiheitsbegriff folgende Alternative:

a) Man gibt einen realen Sachgehalt des Bösen zu; das Böse ist wirklich seiend (und nicht bloß ein defizienter Modus des Guten). Dann muss das Böse in Gott sein, nämlich in folgendem Sinne: Gott will auch das Böse und ist – zumindest partiell – selbst böse. Damit wird der Begriff Gottes als des zuhöchst vollkommenen Wesens (ens perfectissimum) aufgehoben.

b) Man leugnet auf irgendeine Weise eine eigene sachhaltige Bestimmung (Realität) des Bösen. Das jedoch hebt den realen Begriff der Freiheit (als Vermögen des Guten und des Bösen) auf. Mit dem realen Freiheitsbegriff entschwindet aber sogleich das Eigentümliche menschlicher Freiheit.

2. Die Lehre vom Concursus Dei.

Schelling spielt hier auf die Position des Occasionalismus an (Geulincx, Malebranche). Die grundlegende Problemstellung dieser Variante des Cartesianismus hat Schelling in seinen Vorlesungen ›Zur Geschichte der neueren Philosophie‹ (1827; X, 23–29) genauer beschrieben: Nach Descartes sind Körper (res extensa) und Geist (res cogitans) grundverschiedene Substanzen; sie schließen einander aus. Das Denkende ist gerade das, was nicht ausgedehnt ist – und umgekehrt. Dann aber ist nicht einzusehen, wie sie aufeinander einwirken können (commercium animi et corporis). Wie soll z. B. erklärt werden, dass ein körperlicher Schmerz vom Geist gefühlt wird, dass ein Willensentschluss Bewegungen des Körpers verursachen kann etc.? Man hat darauf geantwortet, dass bei solchen Gelegenheiten (occasiones) nur die Mitwirkung (concursus) Gottes eine Wechselwirkung zwischen Körper und Geist zu Stande kommen lasse. Bei der 'Gelegenheit' einer Willensvorstellung etwa greift Gott ein und bewirkt die entsprechende Körperbewegung. Diese Hypothese 'lockert' zwar den Zusammenhang zwischen Schöpfer und Geschöpf, da Gott nur bei solchen gelegentlichen Wechselwirkungen eingreift und der Kreatur ansonsten Freiheit gewährt. Die bedrängende Frage nach der Ursache des Bösen kann auf diese Weise jedoch nicht beantwortet werden. 'Mitverursachen' ist kaum besser als 'verursachen', und 'zulassen' markiert im Blick auf ein abhängiges Geschöpf kaum einen Unterschied zu 'mitverursachen'. Die Lehre vom Concursus Dei steht wieder vor derselben unheilvollen Alternative wie die Immanenz-Theorie, nämlich:

a) Man geht davon aus, dass es auch im Bösen etwas Positives (einen positiven Sachgehalt) gibt. Da nun alles positive Sein von Gott geschaffen wird, muss auch das Positive im Bösen durch Gott verursacht sein. Ist Gott aber dann nicht die Ursache des Bösen? Dieser Konsequenz versucht man durch folgende Ausflucht zu entgehen: Das Positive im Bösen ist eben nicht das Böse selbst, sondern etwas Gutes. Mit dieser Auskunft ist jedoch gar nichts gewonnen. Man leugnet zwar nicht das Böse, kann es aber auch nicht erklären. Die entscheidende Frage bleibt nach wie vor unbeantwortet: Was macht das Böse zum Bösen? Oder: Worin liegt der Grund des Bösen, wenn das eigentliche Sein im Bösen gut ist? Auf Grund dieses Dilemmas nimmt man nun die gegenteilige Position ein.

b) Man behauptet, dass dem Bösen überhaupt keine positive Bestimmung zukomme. Das Böse als solches sei gar nicht seiend; in Wahrheit beruhe das Böse nur auf einem Mangel an Gutem – wie auch die Krankheit bloß im Mangel an Gesundheit gründe. Streng genommen gibt es dann keine bösen Handlungen, sondern nur mehr oder weniger gute bzw. mehr oder weniger vollkommene; das Böse besteht in einem geringeren Grad an Perfektion. Wenn wir das Böse als etwas Sachhaltiges ansehen, unterliegen wir einem Schein, der durch das Vergleichen des endlichen Verstandes entsteht. Nur der Vergleich lässt das eine besser oder schlechter als ein anderes erscheinen. Das Bessere nennen wir 'gut', das Schlechtere nennen wir 'böse'. Sieht man jedoch von diesen Vergleichen ab und betrachtet das Sein und Wirken 'an sich', dann gibt es nichts Böses, sondern nur verschiedene Grade an Vollkommenheit. (Wir vergleichen dann nicht mehr im Bereich der Endlichkeit, sondern bemessen das Endliche am Maßstab des Absoluten.)

Auf dieser Grundlage lässt sich der Satz „Alles Positive kommt von Gott" scheinbar mühelos behaupten. Denn das Böse ist nur vergleichsweise etwas Unvollkommenes; an sich betrachtet kommt auch dem Bösen eine Vollkommenheit zu, die in Gott gründet. Diese Argumentation hebt jedoch den Gegensatz zwischen Gut und Böse auf, was unserer Erfahrungswirklichkeit widerspricht. Vor allem aber: Der unabweisbare reale Freiheitsbegriff als Vermögen zum Guten und Bösen wird hinfällig. – Dieser Konsequenz versucht man jetzt durch folgende Modifikation der Freiheitsbestimmung zu entgehen: Die Freiheit ist das in Gott gründende Positive; rein als solche betrachtet, ist sie das Vermögen der freien Wahl und selbst indifferent gegen Gutes und Böses (indifferentia liberi arbitrii). Auf diese Weise wird die Freiheit bloß negativ bestimmt; sie ist Unentschiedenheit, Gleichgültigkeit, Freiheit *von*. Eine so verstandene Freiheit kann aber gar keine Folgen haben. Das hat z.B. Leibniz in aller wünschenswerten Deutlichkeit aufgewiesen (Theod., besonders I, §§ 35–49). Die Auffassung der Freiheit als Indifferenz führt zu dem Dilemma von 'Buridans Esel', der in der Mitte zwischen zwei gleichgroßen Heubündeln steht und verhungert, weil seine Wahlmöglichkeiten im vollkommenen Gleichgewicht stehen und sich so gegenseitig aufheben. Um dem zu entgehen, muss man die Freiheit als positive Kraft denken, und das Positive kann nur darin liegen, dass die Freiheit das Vermögen zum Guten und Bösen ist. Als Vermögen des Bösen kann jedoch Freiheit nicht aus der reinen Güte Gottes folgen. Damit steht die Argumentation wieder vor ihrem ungelösten Ausgangsproblem.

Die angeführten Überlegungen lassen scheinbar nur folgende Konsequenz übrig: Wenn Freiheit das Vermögen (auch) des Bösen ist, das Böse aber nicht von Gott kommen kann – dann muss die Freiheit in einem von Gott unabhängigen Ursprung gründen. Das ist die Position eines radikalen Dualismus. Diese Lehre, die vor allem unter dem Stichwort 'Manichäismus' in der Geschichte der Philosophie immer wieder (seit Augustinus) diskutiert wurde, behauptet, dass es ein gutes und ein böses Seinsprinzip gibt; beide Prinzipien sind strikt voneinander geschieden und bekämpfen einander. Allein: Der Dualismus bietet als Lösung des Freiheitsproblems nur die Aufhebung des Denkens überhaupt; er ist „ein System der Selbstzerreißung und Verzweiflung der Vernunft" (VII, 354). Denn ihrer Natur nach dringt die Vernunft auf Einheit. Das Denken des Seins setzt Einheit voraus; das ist die bleibende Wahrheit aus der Lehre des Parmenides.

An dem grundsätzlichen Problem des Dualismus ändert sich auch nichts, wenn man erklärt, das böse Prinzip sei abhängig vom guten Seinsgrund. Dann kann man zwar ein ranghöchstes Prinzip setzen; die Schwierigkeit der Ableitung des Bösen aus dem Guten wird jedoch noch gesteigert. Auch die in der (christlichen) Tradition verbreitete Annahme, dass das böse Prinzip zunächst gut war und dann durch eigene Schuld vom Guten abgefallen ist (Luzifer, Satan) hilft keinen Schritt weiter; denn die anfängliche Entscheidung gegen das absolut Gute ist auf der bisherigen Grundlage eben nicht zu erklären.

3. Die Lehre von der Emanation.

Da weder eine Immanenz- noch eine Concursus-Theorie das Ursprungsproblem des Bösen befriedigend lösen kann, legt es sich nahe, den dargelegten Schwierigkeiten dadurch auszuweichen, dass man das Endliche (und mit ihm das Böse) gleichsam noch weiter vom Göttlichen entfernt. Dazu böte sich die plotinische Emanationslehre an, die trotz ihrer bereits mehrfach aufgezeigten Schwächen noch einmal aufgegriffen und im Blick auf ihre Erklärung des Bösen geprüft wird. Nach dieser Erklärung fließt das Viele stufenweise aus dem Göttlich-Einen aus (Eines – Geist – nous – Seele – sichtbare Welt – formlose Materie). Das Böse entsteht und wächst gemäß dieser Theorie mit der zunehmenden Entfernung von Gott. Jedoch: Auf diese Weise wird „die Schwierigkeit nur um einen Punkt weiter hinausgerückt, aber nicht aufgehoben" (VII, 355). Es tauchen dieselben Aporien wie bei den ersten beiden Positionen auf, gleichgültig auf welche Weise man die Entfernung vom Göttlich-Einen erklären mag:

a) Die Entfernung gründet im Willen Gottes, ohne dass das 'Ausgeflossene' daran beteiligt ist. Dann ist Gott allein die Ursache des Bösen und jeglichen Unglücks. Das zuhöchst Gute wäre zugleich der Grund des Bösen!

b) Die Entfernung geschieht gleichsam von selbst (durch bloßes Ausfließen); weder ein unendlicher noch ein endlicher Wille sind daran beteiligt. – Diese Annahme erklärt jedoch gar nichts. Ist nämlich Wollen das eigentliche Sein, dann kann ohne einen Willen nichts entstehen, auch keine Entfernung. Eine solche Hypothese kann weder das Böse noch das Sein überhaupt verständlich machen.

c) Die Entfernung beruht auf einem Willensakt des Endlichen, das sich von Gott loßreißt; diese Urschuld ist der Grund für ein immer tieferes Abgleiten in die Bosheit. – Damit wäre zwar das vielfältige Böse in der Welt erklärt. Aber: Das eigentlich Böse ist die erste Schuld, und diese müsste erhellt werden (was Schelling mit seiner Untersuchung in Anspruch nimmt). Eine Emanationslehre ist dazu nicht im Stande. Zudem: Wenn das Böse in diesem Akt des Sich-Losreißens gründet, dann gibt es kein Gutes im eigentlichen Sinne, sondern nur mehr oder weniger Böses (Pandämonismus). Der Gegensatz zwischen Gut und Böse – und mit ihm die positive Bestimmung der Freiheit – wäre verschwunden.

Aus all dem erhellt: Die aufgedeckten Schwierigkeiten betreffen nicht ein einzelnes System (etwa Spinozas Pantheismus), sondern die gesamte Tradition – den Idealismus eingeschlossen. Der grundlegende Mangel aller bisherigen Philosophie besteht nämlich nach Schelling darin, dass sie einem *abstrakten* Gottesbegriff verhaftet bleibt. Das gilt gleichermaßen für den in der mittelalterlichen Philosophie beanspruchten (und auf Aristoteles zurückgeführten) Begriff der reinen Wirklichkeit (actus purus bzw. purissimus) wie auch für die Interpretation Gottes als der moralischen Weltordnung (bei Fichte). Von dieser Kritik betroffen sind ebenfalls – auch wenn Schelling es nicht eigens erwähnt – die anderen Gottesbegriffe in der Tradition einer rationalen Theologie, z. B. der Begriff eines äußerst vollkommenen oder notwendigen Wesens (ens perfectissimum, ens necessarium). Diese Gottesvorstellungen sind allesamt abstrakt ('abgezogen'), weil sie von der Natur gänzlich absehen. Indem die Philosophen auf diese Weise Gott von der Natur möglichst fern halten, werden sie blind für die wahren Kräfte der Realität und für den Ursprung des Bösen. „Die ganze neueuropäische Philosophie seit ihrem Beginn (durch Descartes) hat diesen gemeinschaftlichen Mangel, dass die Natur für sie nicht vorhanden ist, und dass es ihr am lebendigen Grunde fehlt" (VII, 356). Die Frage nach dem Wesen der menschlichen Freiheit und nach ihrer Stellung im Ganzen eines Systems lässt sich nach Schelling nur beantworten, wenn man von den Prinzipien einer angemessenen Naturphilosophie ausgeht.

Erst der Rückgang auf die Anfangsgründe der Natur ermöglicht es, das Sein im Sinne des Lebens zu entschlüsseln. Nicht zufällig weist Schelling in den beiden letzten Abschnitten der Einleitung so oft auf den 'lebendigen Grund', von dem die Philosophie auszugehen habe, hin. Allein fünfmal verwendet er in diesen Passagen (VII, 356 f.) das Adjektiv 'lebendig'; und den Abstraktionen der bisherigen Philosophie wird die 'Lebenskraft' bzw. die 'Fülle' der Wirklichkeit gegenübergestellt. Zum einen grenzt er damit noch einmal seine eigene Philosophie vom ‘leblosen System’ Spinozas (und seiner Nachfolger) ab. Zum anderen gibt Schelling damit einen deutlichen Hinweis auf den Anspruch des folgenden Entwurfs: Das Problem der menschlichen Freiheit kann nur gelöst werden auf der Basis einer *philosophischen Theorie des Lebens*.

Mit der Kritik an den abstrakten Gottesbegriffen der Tradition und an der daraus resultierenden Sterilität der Systeme beschließt Schelling seine groß angelegte Einleitung. Man würde viel zu kurz greifen, wenn man diese Einleitung nur als Beitrag zur Pantheismus-Diskussion (und als Verteidigung der eigenen Position) läse. Die eigentliche Leistung dieser Einführung besteht darin, dass Schelling mit einem kaum zu überbietenden Problembewusstsein die grundlegenden Schwierigkeiten und Aporien einer Philosophie der Freiheit *systematisch* darstellt. Zugleich wird deutlich, welch hohem Anspruch sich der Hauptteil der Untersuchung stellt: Es soll eine Frage beantwortet werden, die in der bisherigen Geschichte der Philosophie nicht einmal zureichend gestellt worden ist! Die Einleitung legt dar, wie die Frage zu stellen ist. Aber welchen Weg aus den vielfältigen Aporien kann Schelling aufweisen, um diese Frage nach Möglichkeit und Wirklichkeit menschlicher Freiheit zu beantworten?

III. Das System der Freiheit

1. Grund und Existenz

Der Anfang des Systementwurfs wird markiert durch folgenden *Grundsatz*: Bei jeglichem Seienden ist zu unterscheiden „zwischen dem Wesen, sofern es existirt, und dem Wesen, sofern es bloß Grund von Existenz ist" (VII, 357). Schelling beansprucht, diese Unterscheidung in seiner Naturphilosophie (nämlich mit der Darstellung des Systems von 1801) entdeckt zu haben. Diese Unterscheidung – so Schelling weiter – markiere aufs schärfste den Unterschied zwischen dem System Spinozas und seiner eigenen Identitätsphilosophie, die ja vornehmlich als Naturphilosophie entfaltet wurde. Denn mit den Begriffen 'Grund' und 'Existenz' werde „die bestimmteste Unterscheidung der Natur von Gott herbeigeführt" (ebd.). Dennoch habe man seine Naturphilosophie als spinozistischen Pantheismus verstanden und ihm vorgeworfen, Gott und Natur zu vermischen.

Schellings Unterscheidung zwischen Grund und Existenz bildet die Basis des Systementwurfs. Nun kann ein solcher Grundsatz (im strikten Sinne eines Axioms) nicht bewiesen werden; denn mit ihm fängt alles Beweisen und Begründen erst an. Seine Trag- und Leistungsfähigkeit kann sich erst in der Entfaltung des Systems erweisen. Allerdings sollte ein derartiger Grundsatz einleuchten. Das gilt etwa für den schlechthin unbedingten Grundsatz der fichteschen Wissenschaftslehre, der die Einheit des Selbstbewusstseins ('Ich bin' bzw. 'Ich bin Ich') an den Anfang des Systems stellt. (Die *Herleitung* bedarf allerdings einer erheblichen Reflexions- und Abstraktionsleistung.) Auch der Anfangssatz des Identitätssystems ('Identität ist') ist aus sich selbst klar und erhebt den Anspruch, nicht ernsthaft bezweifelt werden zu können. Anders scheint es für das nun zu entfaltende Freiheitssystem zu stehen. Es ist nämlich nicht unmittelbar klar, was Schelling mit den Begriffen 'Grund' und 'Existenz' überhaupt meint. Deshalb legt es sich zunächst nahe, Schellings Hinweis auf die ›Darstellung‹ von 1801 nachzugehen. (Er gibt in den Anmerkungen drei Stellen daraus an.) Das ist jedoch wenig ergiebig. Denn in diesem Entwurf werden die beiden Termini weder genau erläutert, noch nehmen sie hier die zentrale Stellung ein wie in der Freiheitsschrift. Das, was im naturphilosophischen Konzept von 1801 für das System von 1809 aufschlussreich ist, führt Schelling im vorliegenden Text selbst aus (vgl. die weiter unten aufgestellte Analogie).

Auch die in der einschlägigen Literatur immer wieder unternommenen Versuche, den Sinn der schellingschen Unterscheidung durch Rückgriffe auf die Tradition zu entschlüsseln, bleiben problematisch. Die systematische Bedeutung dieser ontologischen Grundthese erschließt sich weder durch eine Verrechnung mit anderen in der Tradition geläufigen Begriffspaaren noch durch Rückführung der schellingschen Überlegungen auf die theosophischen Spekulationen Jakob Böhmes (vgl. Kap. III, 11). Zwar können diese (und andere!) Einflüsse auf Schelling gar nicht geleugnet werden; aber man sollte Schellings Originalität nicht unterschätzen. Im Übrigen besteht eher die Gefahr, zu viel als zu wenig in die Begriffe 'Grund' und 'Existenz' hineinzulegen.

Um diese Schlüsselbegriffe richtig einzuordnen, ist zunächst daran zu erinnern, dass es Schelling darum geht, die konstitutiven Momente des Seins qua Leben darzulegen. Dann aber ist an den einfachen, unmittelbar erfahrbaren Sachverhalt zu erinnern, dass alles Lebendige einer Basis bzw. einer Grundlage bedarf, damit es als etwas Bestimmtes existieren kann. Folglich muss auch – wenn das lebendige Sein philosophisch erhellt werden soll – zwischen einer Lebensgrundlage und dem jeweilig Existierenden unterschieden werden. – Dass der Terminus 'Grund' zunächst und vor allem im Sinne von 'Grundlage', 'Unterlage', 'Bedingung', 'Medium' zu verstehen sei, betont Schelling selbst gegen die Vorwürfe Eschenmayers.

Karl August Eschenmayer hatte in seinem Brief vom 18. Oktober 1810 eine Reihe von Einwänden gegen Schellings Freiheitsschrift vorgetragen (s. auch Kap. III, 2 a). Schelling beantwortet diese Einwände ausführlich im April 1812; beide Texte sind in die Werkausgabe aufgenommen worden (VIII, 145–189). Eschenmayer kritisiert u. a. dies: „Allein nicht nur die Ausschließung des Prädicats des Grundes von Gott ist es, was ich behaupte, sondern die ganze logische Denkweise überhaupt gibt keinen Maßstab für Gott, und Er wird durch Anwendung unserer Stammbegriffe von Grund und Folge, Form und Wesen, Seyn und Werden offenbar zu einem Verstandeswesen herabgewürdigt, das in der eingebildeten Sphäre, die wir Ihm anweisen, keine andere Rolle übernehmen kann als unser Ich in der Seinigen" (VIII, 146).

Schelling hält dem entgegen, dass man den Begriff des Grundes hier nicht im 'vulgären Sinn' verstehen dürfe, nämlich als Korrelatbegriff zu 'Folge'. Das führe zu dem Widerspruch, „wonach am Ende wohl gar der seyende Gott eine *Folge* des Seyns, des *nichtseyenden* Grundes wäre [...]" (VIII, 165). In der rechten Weise verstanden, müsse man so sagen: „das irrationale, für sich verstandlose Princip in Gott sey für ihn Grund, d. i. Grundlage, Bedingung, Medium der Offenbarung seines nur in sich seyenden Subjekts, oder Bedingung seiner äußerlich wirkenden Existenz" (VIII, 173).

Damit sind allerdings nur vorläufige Hinweise für die Interpretation gewonnen. Schelling selbst hat deutlich gesehen, dass sein Hinweis auf die Naturphilosophie nicht ausreicht, um die fundamentale Bedeutung von 'Grund' und 'Existenz' für die Freiheitsschrift einsichtig zu machen. Deshalb fügt er sogleich eine ausführliche Erläuterung dieser Begriffe an. Die Erläuterung lässt sich in folgende Schritte unterteilen: a) Abhebung des Grundes vom Begriff der causa sui; b) Bestimmung des Grundes als Natur in Gott; c) die Analogie zwischen Grund – Existenz und Schwerkraft – Licht; d) Grund und Existenz im Blick auf das Verhältnis der Dinge zu Gott.

a) Prinzip des schellingschen Identitätssystems ist das Absolute oder Gott; davon geht auch die Freiheitsphilosophie aus. Folglich müssen Grund und Existenz zunächst und vor allem im Blick auf das Göttlich-Absolute (das 'Urwesen') dargelegt werden. Nun hatte Spinoza Gott als causa sui bestimmt und so definiert: „Unter 'Ursache seiner selbst' (causa sui) verstehe ich dasjenige, dessen Wesen die Existenz einschließt, bzw. dasjenige, dessen Natur nur als existierend begriffen werden kann." („Per causam sui intelligo id, cujus essentia involvit existentiam; sive id, cujus natura non potest concipi, nisi existens"; Eth. I, def. 1.) Das ist nach Schelling keine Entdeckung Spinozas, sondern: „Das sagen alle Philosophien" (VII, 357). Aber die Bestimmung Gottes als causa sui ist nach Schelling eine rein begriffliche Explikation, die leer bleibt, weil der Grund nicht sachhaltig bestimmt und als etwas 'Wirkliches' gesehen wird. Man wendet lediglich das Begriffspaar 'Ursache – Wirkung' auf Gott an: Gott als absolute Substanz kann nicht erwirkt, sondern nur Ursache seiner selbst sein. Ein solcher Ansatz übersieht, dass der wahre Gott weder in reinen Begriffen noch als bloßes Ding erkannt werden kann. Es ist immer wieder einzuschärfen, dass Gott als Leben – und das heißt: vom Wollen und Werden aus – zu denken ist.

Vor allem aber darf 'Grund' in dem hier beanspruchten Sinne nicht mit dem Begriff der causa sui verwechselt werden, weil Schelling den Grund gerade nicht mit Gott gleichsetzt, während die causa sui (bei Spinoza) Gott selbst *ist*. Deshalb betont Schelling: „Dieser Grund seiner Existenz, den Gott in sich hat, ist nicht Gott absolut betrachtet, d. h. sofern er existirt" (VII, 358). Wie aber ist der Grund dann positiv zu bestimmen?

b) Die reale Bestimmung des Grundes lautet: Der Grund „ist die *Natur* – in Gott; ein von ihm zwar unabtrennliches, aber doch unterschiedenes Wesen" (ebd.). Der Grund ist, wie bereits erwähnt, nicht mit Gott gleichzusetzen; sondern er ist die Basis für das, was Gott selbst und als Selbst ist. Gegen den sich sogleich wieder nahe legenden Verdacht eines platten

Pantheismus (deus sive natura) ist zu sagen: 'Natur' meint hier nicht die konkrete Natur, wie wir sie unmittelbar erfahren. Grund qua Natur ist ein ontologischer Titel, der das Sein des Seienden insgesamt betrifft. Es kommt eben alles darauf an, die Identität des Absoluten in 'dialektischer Mündigkeit' zu denken, nämlich als Einheit von *Unterschieden*, als 'Wechseldurchdringung' von Idealem und Realem, als sich entwickelndes Leben. Dieses schwierig zu denkende ontologische Verhältnis lässt sich durch eine Analogie weiter verdeutlichen.

c) Die Analogie lautet: Im Absoluten verhält sich der Grund zur Existenz, wie sich in der Natur die Schwerkraft zum Licht verhält. Als Formel:

Grund : Existenz = Schwerkraft : Licht

Um diese Analogie verstehen zu können, ist auf das naturphilosophische Konzept des Systems von 1801 zurückzugreifen (vgl. Kap. I, 1): Das Absolute im Sinne der absoluten Identität lässt keine qualitativen, sondern nur quantitative Unterschiede des Seins zu. Diese quantitativen Differenzierungen nennt Schelling *Potenzen*. In den Potenzen manifestiert sich – unterschiedlich gestuft – das eine Sein; erst die Potenzen ermöglichen das Seiende in seiner Endlichkeit. Die erste Potenz im Bereich des realen All (Natur) ist die *Materie* (VI, 142ff.). In ihr dokumentiert sich die absolute Identität als Kraft, bei der folgende Momente zu unterscheiden sind: Das subjektive Moment ist die Attraktivkraft, das objektive die Expansivkraft. Beide werden vereint in der *Schwerkraft* (Indifferenz); sie ist der immanente Grund für das Sein der Materie (weshalb Schelling die Schwerkraft – und nicht die Materie – ins Verhältnis zum Licht setzen kann). In der weiteren Konstruktion der Natur erscheint das *Licht* als zweite Potenz. Da in der reinen Materie nur der bloße Grund der Realität liegt, wird eigentlich erst im und durch das Licht die absolute Identität wirklich. Das Licht ist der erste Ausdruck des Idealen bzw. Geistigen.

Auf dem Hintergrund dieses naturphilosophischen Konzepts lässt sich die angeführte Analogie erschließen. Wie die Schwerkraft als Grund dem Licht vorhergeht, so geht der Grund Gottes seiner Existenz vorher. Indem das Licht aufgeht, wird die dunkle Schwere zurückgedrängt („entflieht in die Nacht"); aber das Licht vernichtet das Dunkel nicht gänzlich („löst das Siegel nicht völlig"), weil das Licht nur erscheinen kann, indem es sich aus der materiellen Dunkelheit erhebt. Entsprechend: Erscheint Gott in seiner Existenz, dann wird der Grund zurückgedrängt; aber der Grund kann nicht gänzlich vernichtet werden, weil die Existenz ihr wesentliches Sein nur offenbaren kann, indem sie sich über den Grund erhebt.

In dem bereits zitierten Brief an Eschenmayer hat Schelling diese Analogie noch einmal ausführlich erläutert (VIII, 173f.): Die Finsternis ist nicht notwendige Bedingung für das, *was* das Licht ist. Als In-sich-Seiendes ist das Licht eine unabhängige Potenz. Aber: Um *als* dieses In-sich-Seiende zu *sein* (wirkend zu werden), bedarf es der gegenwendigen Finsternis. Von der anderen Seite aus gesehen: Die Finsternis ist das Außer-sich-Seiende; sie ist nicht um ihrer selbst willen, sondern nur Bedingung für das Leuchten des Lichtes. Erst das Sein des Lichtes macht aus der Finsternis ein Seiendes. – Entsprechend gilt für die Momente des Absoluten: Der Grund ist nicht Bedingung (Ursache) für das göttliche Wesen; aber er ist notwendige Bedingung für die Existenz, d. h. für das *wirksame Erscheinen* des Göttlichen. Erst die Existenz Gottes macht aus dem Nicht-Sein des Grundes etwas Seiendes (nämlich das Kreatürliche).

Weiterhin ist zu beachten: Nur in Bezug auf die Schwerkraft erscheint das Licht als existierend. Absolut betrachtet, ist das Licht ja nur eine Potenz der *Natur*, die als *Ganzes* Grund für das Sein des Absoluten ist. Natur ist nämlich – das gilt es gegen den Pantheismus-Verdacht immer wieder zu betonen – gerade dadurch Natur, dass sie nicht das Sein des Absoluten ist. Oder – wie Schelling bereits in der ›Darstellung‹ von 1801 erklärt: „wir verstehen unter Natur die absolute Identität überhaupt, sofern sie nicht als seyend, sondern als Grund ihres Seyns betrachtet werde“ (IV, 203).

Schließlich sind im Blick auf die Analogie noch diese beiden Missverständnisse abzuweisen: Zum einen darf das Vorhergehen des Grundes nicht zeitlich verstanden werden. Das Absolute ist immer schon. „Es ist hier kein Erstes und kein Letztes, weil alles sich gegenseitig voraussetzt, keins das andere und doch nicht ohne das andere ist“ (VII, 358). Zum anderen markiert das Vorhergehen des Grundes keine Rangfolge. Das logische Vorhergehen des Grundes steht mit dem ontologischen Primat der Existenz nicht in Widerspruch.

Gibt es „kein Erstes und kein Letztes“, dann gilt: Zwar geht der Grund der Existenz voran; aber ebenso ist die Existenz Voraussetzung für den Grund. Das eine könnte ohne das andere nicht sein; beide sind ‘mit einem Schlage’. Dass beide sich wechselweise erzeugen, ist – formal betrachtet – ein *Zirkel* und für den gesunden Menschenverstand unvorstellbar. Aber: Das Verhältnis von Grund und Existenz muss so gedacht werden, wenn Gott das wahrhaft Absolute ist (außer dem nichts sein kann) *und* wenn Gott ein lebendiger Gott, ja das Leben selbst ist. Deshalb konstituiert dieses Verhältnis von Grund und Existenz auch das Leben des Organismus (vgl. S. 45): Das einzelne Organ ist Grundlage für die Existenz des Gesamtorganismus; aber umgekehrt ist das Leben des ganzen Organismus notwendige Bedingung für das Wirken des einzelnen Organs.

Leben lässt sich nicht denken ohne Werden und Entwicklung. Die eigentliche Schwierigkeit, das Verhältnis von Grund und Existenz im Absoluten zu denken, liegt darin, dass sich das göttliche Werden ohne ein

'Erstes' und 'Letztes', d.h. ohne Bezug zur Zeit vollzieht. Der Zirkel erscheint widersprüchlich, weil wir uns das Werden immer als zeitliche Folge vorstellen. Ein solches Werden als Übergang vom Nichtsein ins Sein kann jedoch für das Absolute nicht gelten; denn das Sein gehört notwendig zum Absoluten. Der Widerspruch verschwindet jedoch nach Schelling, wenn das Leben Gottes als *Selbsterzeugung* verstanden wird. Das Werden des Absoluten ist Entfaltung und Offenbarung seines Wesens, das immer schon existiert.

Die hier auftauchende Problemstellung hat Schelling in seiner ›Weltalter‹-Philosophie wieder aufgegriffen und weiter vertieft. In der Fassung von 1811 legt Schelling dar, dass sich die traditionelle (aristotelische) Zeittheorie in Aporien verfängt, die nur gelöst werden können, wenn Zeit als *innere* Zeit, die im ewigen Absoluten gründet, aufgefasst wird (ed. Schröter, 73ff.). Für das rechte Verständnis des absoluten Prinzips muss gefordert werden: „[...] du mußt Gott setzen als nichtseyend, nicht daß er es je und irgendwann in der That gewesen (denn er ist in einer ewigen Bewegung ins Seyn), sondern nur der Begreiflichkeit halber und damit du jenes Werden verstehen könntest" (a.a.O., 200). Dieser Imperativ gilt auch für den Ansatz der Freiheitsschrift.

d) Die Unterscheidung zwischen Grund und Existenz bietet die angemessene Grundlage, um das Verhältnis der Dinge zu Gott zu erklären. Bereits in der einleitenden Erörterung des Pantheismus-Problems hatte sich Schelling zum strittigen Begriff der Immanenz geäußert und dargelegt, dass Immanenz und Freiheit einander nicht widerstreiten müssen. Hier im Hauptteil dagegen betont Schelling, dass man den Begriff 'Immanenz' am besten vermeidet, „inwiefern etwa dadurch ein todtes Begriffenseyn der Dinge in Gott ausgedrückt werden soll" (VII, 358). Es ist nämlich nun deutlich geworden, dass dem Wesen der Dinge lediglich der Begriff des Werdens (bzw. des Lebens) angemessen ist. Denn: Ist das absolute Sein nur als Werden und Entwicklung angemessen zu denken, dann muss dies auch für das 'derivierte' Sein gelten.

Damit jedoch stellt sich das bekannte Problem: Wenn Gott alles ist, können die Dinge nur in Gott sein. Gleichwohl muss ebenso gelten, dass die endlichen Dinge vom unendlichen Göttlichen strikt (toto genere) verschieden sind. Einerseits geeint im lebendigen Sein, können die Dinge andererseits nur in Gott werden, wenn sie „unendlich von ihm verschieden sind" (VII, 359). Dieses Problem lässt sich nun durch die ontologische Scheidung von Grund und Existenz lösen: Die Dinge werden aus dem *Grund* der Existenz Gottes. Auf diese Weise entstehen die Dinge aus etwas, das zwar nicht Gott selbst, aber doch in Gott ist.

Die vorgetragenen Argumente (a–d) machen unmissverständlich deutlich, dass Schellings System sich von der Konzeption Spinozas abgrenzt; die dem Pantheismus vorgeworfene Vermischung der Dinge mit Gott wird durch die Unterscheidung zwischen Grund und Existenz vermieden.

Freilich ist mit diesem Ansatz erst die Problemlösung angezeigt und noch nicht wirklich geleistet; dazu bedarf es der Entfaltung der ontologischen Prinzipien. Diese Systementfaltung steht vor folgender Schwierigkeit: Man mag dic bisherige Darlegung des Zusammenhangs von Grund und Existenz als formal einsichtig einsehen. Ist aber diese Argumentation nicht doch 'erkünstelt', weil sie mit dem menschlichen Erfahrungsbereich wenig zu tun hat? Lässt sich in dieser Bestimmung des göttlichen Wesens überhaupt noch etwas Sachhaltiges denken? Anders formuliert: Können wir uns das bisher begrifflich Erörterte 'menschlich näher bringen'? Das ist nach Schelling in der Tat möglich. Der erste Schritt dieses 'Näherbringens' ist zugleich der erste Schritt in der Entfaltung des Freiheitssystems. Er besteht darin, den Grund der Existenz Gottes als Sehnsucht zu bestimmen.

2. Der Grund als Sehnsucht

a) Der Vorwurf des Anthropomorphismus

Der anstehende Versuch Schellings, uns das göttliche Wesen menschlich näher bringen zu wollen, setzt sich sogleich dem Vorwurf des Anthropomorphismus – d.h. der unerlaubten Übertragung menschlicher Eigenschaften auf Gott – aus. In der bereits wiederholt herangezogenen Auseinandersetzung mit Eschenmayer spielt dieser Vorwurf denn auch eine zentrale Rolle. Eschenmayer wirft Schelling vor:

„Sie leihen Gott die Sehnsucht, sich selbst zu gebären, als ob in Gott ein Wunsch seyn könnte, etwas zu werden, was er noch nicht wäre. Wenn der Wille sich dem Gemüth einverleibt, so entsteht das, was wir Sehnsucht nennen, ein ganz menschlicher Proceß, der keine Uebertragung auf Gott duldet. Ebenso verhält es sich mit den Prädicaten der *Persönlichkeit*, der *Selbständigkeit*, des *Lebens u. s. w.* Sie sind alle ein Gemisch des freien Princips mit dem Nothwendigen und dadurch rein menschlich und unangemessen der Würde Gottes“ (VIII, 148).

Darauf entgegnet Schelling in seinem Antwortschreiben bündig:

„Entweder überall keinen Anthropomorphismus, und dann auch keine Vorstellung von einem persönlichen, mit Bewußtseyn und Absicht handelnden Gott [...], oder einen unbeschränkten Anthropomorphismus, eine durchgängige und (den einzigen Punkt des nothwendigen Seyns ausgenommene) *totale* Vermenschlichung Gottes“ (VIII, 167).

Schelling entscheidet sich klar für die zweite Möglichkeit – eine Entscheidung, die das Denken Schellings in seiner 'mittleren' Phase methodisch leitet. Er begründet dies nicht nur mit dem Hinweis, dass die Gegner dieselbe Anmaßung mit umgekehrten Vorzeichen begehen, indem sie Gott die unserem Erfahrungsbereich bekannten Attribute *ab*sprechen. So gesehen ließe sich die Alternative gar nicht entscheiden. Vielmehr geht Schelling von folgender Überzeugung aus: Die menschliche Seele hat „eine Mitwissenschaft der Schöpfung" (›Die Weltalter‹, ed. Schröter, 4). Deshalb gilt: „Gewiß ist, daß, wer die Geschichte des eignen Lebens von Grund aus schreiben könnte, damit auch die Geschichte des Weltalls in einen kurzen Inbegriff gebracht hätte" (VIII, 207). Diese Sätze finden sich zwar erst in den Entwürfen zur Weltalter-Philosophie; sie gelten jedoch auch für die Freiheitsschrift. Allein die Annahme der Mitwissenschaft ermöglicht eine Philosophie, die das Seiende im Ganzen und die Wesensmomente alles Lebens erforschen will. Die Wahrheit dieser Annahme hätte in der Stringenz eines ausgeführten Systems ihren Prüfstein.

Auch in den ›Stuttgarter Privatvorlesungen‹ (1810) wird die Notwendigkeit einer anthropomorphen Sichtweise betont: „Verlangen wir einen Gott, den wir als ein ganz lebendiges, persönliches Wesen ansehen können, dann müssen wir ihn eben auch ganz menschlich ansehen, wir müssen annehmen, daß sein Leben die größte Analogie mit dem menschlichen hat, daß in ihm neben dem ewigen Seyn auch ein ewiges Werden ist, daß er mit Einem Wort alles mit dem Menschen gemein hat, ausgenommen die Abhängigkeit [...]" (VII, 432).

Im Anthropomorphismus Schellings liegt auch die Rechtfertigung dafür, diese Entwürfe 'anthropologisch' zu lesen. So stellt etwa J. Habermas die anthropologische Sichtweise der ›Weltalter‹-Entwürfe heraus (vgl. besonders 1954: 346). – W. Wieland vertritt die These, dass Schellings Mythos vom werdenden Gott die „Auslegungsweise der menschlichen Selbsterfahrung" (1956: 77) sei. – Dagegen betont M. Theunissen, dass nur die Freiheitsschrift anthropologisch ansetze, d. h. „grundsätzlich vom Menschen" (1965: 174) ausgehe. – Auch R. Mokrosch versteht die Freiheitsschrift als 'Anthropologisierung' (1976: 320–346). – Diese und ähnliche Versuche sollten jedoch nicht darüber hinwegtäuschen, dass Schelling nicht eine Anthropologie, sondern ein absolutes System intendiert. Auch die Freiheitsschrift setzt ontologisch ein (vgl. Hennigfeld 1992: 49).

Der Streit um den Begriff des Anthropomorphismus darf das eigentliche Ziel Schellings nicht verdecken. Es geht ihm darum, die *Einheit* des gesamten Lebensprozesses darzustellen, ohne die unterschiedlichen Stufen seiner Realisierung zu übersehen.

Das Verhältnis von Grund und Existenz lässt sich auf eine erste Weise so auf die menschliche Erfahrungswirklichkeit beziehen (vgl. VIII, 165): Gemüt und Geist, Fühlen und Denken des Menschen, bilden eine unauflösliche Einheit; sie konstituieren die eine menschliche Person, die sich auf vielfältige Weise in der konkreten Wirklichkeit entfalten kann. Dennoch sind Gefühl und Verstand *unterschiedliche* Momente (Potenzen), die sogar – wie wir aus eigener Erfahrung wissen – in Widerspruch zueinander geraten können. Entsprechend gilt für das Absolute: Grund und Existenz sind unzertrennliche Momente des einen göttlichen Wesens. Das schließt aber gerade nicht aus, dass die beiden Momente sehr unterschiedlich sind – so, dass sie sogar gegeneinander streiten.

b) Die Dynamik der Sehnsucht

Schellings Bestimmung des Grundes als Sehnsucht ist durchaus konsequent. Denn: Zum einen ist die ontologische Unterscheidung von Grund und Existenz mit der in der Einleitung bereits eingeführten Gleichung „Ursein = Wollen" zu verbinden. Zum anderen ist die soeben angeführte Analogie zwischen göttlicher und menschlicher Personalität in Anschlag zu bringen (Gefühl, Verstand). Nimmt man beides zusammen, dann wird deutlich, dass wir zwischen einem fühlenden und einem 'verständigen' Willen unterscheiden können. Der fühlende Wille aber ist nichts anderes als Sehnsucht. Folglich steht nichts im Wege, den Grund Gottes als Sehnsucht zu bestimmen. Was aber ist für den Fortgang der Überlegungen damit gewonnen?

Sehnsucht ist ein Begehren, ein Aussein auf etwas. Das Sehnen strebt von sich weg zu einem anderen hin – aber nicht, um sich in diesem anderen zu verlieren, sondern um von diesem auf sich selbst zurückzukommen und sich so zu verwirklichen. Das bedeutet für das Absolute: Da außer dem Absoluten nichts ist, kann das erstrebte Andere nur es selber sein. Folglich ist der Grund „die Sehnsucht, die das ewige Eine empfindet, sich selbst zu gebären" (VII, 359), d.h. sich selbst zu offenbaren. Das darf jedoch nicht so verstanden werden, als werde Gott damit nur eine Eigenschaft zugesprochen. Sondern: Der Grund *ist* Sehnsucht; das Sein des Grundes besteht einzig in dem Begehren, das Verborgene zu verwirklichen. Zwar ist die Sehnsucht (Grund) nicht Gott selbst (Existenz), aber gleich ewig mit Gott.

Die Sehnsucht ist darauf aus, Gott in seiner unergründlichen Einheit zu offenbaren. Da diese Einheit vom sehnsüchtigen Grund begehrt wird, kann im Grund selbst noch nicht die Einheit sein. Weiterhin ist zu beachten: Das Sehnen ist ein Wollen. Sofern aber zum Wesen der Sehnsucht die Unbestimmtheit des Begehrens gehört, ist der Wille des Grundes ohne Verstand. Wille im eigentlichen Sinne („selbständiger und vollkommener Wille") ist jedoch verständiger Wille; er ist sich dessen bewusst, was er verwirklichen will. Deshalb kann Schelling sagen, dass „der Verstand eigentlich der Wille in dem Willen ist“ (VII, 359).

Ist der Wille in strikter Bedeutung ein bewusster Verstandeswille, dann muss er auch dem sehnsüchtig-unbewussten Wollen zu Grunde liegen. Im Text heißt es daher: „Dennoch ist sie [die Sehnsucht] ein Willen des Verstandes [...]“ (ebd.). Was der sehnsüchtige Wille ahnt, ist nämlich nichts anderes als das verständige Wollen (das im Vollzug des universalen Lebensprozesses die Seinunterschiede setzt). Die Sehnsucht des Grundes ahnt den Verstand. Der Verstand tritt in der Sehnsucht nicht als solcher heraus, aber er ist das Ersehnte.

Damit ist die Sehnsucht in ihrem Wesen bestimmt. Diese Wesensbestimmung ist aus einem zweifachen Grund schwierig zu denken:

1. Die reine Sehnsucht des Grundes ist und war nie das allein Wirkliche. Die Sehnsucht ist immer schon durch das ‘Höhere’ – durch die Existenz und Selbstoffenbarung Gottes – verdrängt, wie ja auch die reine dunkle Materie in der Natur immer schon durch das Licht zurückgedrängt ist.

2. Wir haben für dieses Urgeschehen keine sinnlichen Anhaltspunkte; das Verhältnis von Grund und Existenz, von ahnendem und verständigem Willen ist in einer reinen Gedankenbewegung (a priori) zu erfassen. Aber die Philosophie hat sich diese Aufgabe zuzumuten, sofern sie in aristotelischer Tradition die ersten Ursachen und Gründe des Seins zu erfassen strebt. – An dieser Aufgabenstellung hat Schelling bis zu seiner Spätphilosophie festgehalten. In der ›Philosophie der Offenbarung‹ wird der Beginn des Strebens nach Weisheit so beschrieben:

> „Es kann überhaupt nicht die Absicht der Philosophie seyn, innerhalb des einmal gewordenen Seyns stehen zu bleiben, sie muß *über* dieses Seyn, das wirkliche, das gewordene, das zufällige hinausgehen können, um es zu begreifen. [...] Der Anfang der Philosophie ist, was vor dem Seyn ist [...]. Obgleich aber hinausgegangen über das Seyn, betrachten wir das, was *vor* dem Seyn ist, doch nur in Bezug auf eben dieses Seyn, denn ein anderes Mittel es zu bestimmen oder zu erkennen, gibt es für uns nicht“ (XIII, 203 f.).

Wir können das Wesen der absoluten Sehnsucht nicht ‘sinnlich erfassen’. Aber die vorgetragene Analyse des Grundes wird deutlicher, wenn man auf das Ende dieses Prozesses sieht, nämlich auf die Schöpfung. Deshalb greift Schelling hier auf einen Zusammenhang vor, der erst an späterer Stelle des Systems seinen Ort hat (und dort noch einmal aufzuzeigen sein wird).

c) Der Grund in aller Schöpfung

In der Schöpfung, die ein Werk des verständigen Willens ist, herrschen „Regel, Ordnung und Form“ (VII, 359). Dennoch bleibt das Regellos-Chaotische als Basis aller Realität erhalten, und zwar so sehr, dass wir befürchten müssen, es könne immer wieder die Ordnung der Natur durchbrechen. Unser gesamtes Wissen über die Gesetzmäßigkeit des natürlichen Geschehens sollte nicht darüber hinwegtäuschen, dass wir die Wirklichkeit nie vollständig in Begriffen erfassen können. Letztlich werden wir bei allem Seienden auf etwas Undurchdringliches stoßen. „Dieses ist an den Dingen die unergreifliche Basis der Realität, der nie aufgehende Rest, das, was sich mit der größten Anstrengung nicht in Verstand auflösen läßt, sondern ewig im Grunde bleibt" (VII, 359f.).

Das Kreatürliche alles Seienden besteht eben darin, dass es im Form- und Regellosen wurzelt. Dieser dunkle Grund entzieht sich prinzipiell dem Zugriff des Verstandes, weil der Verstand als das die Unterschiede Setzende angesichts eines absoluten Werdens ins Leere stürzt. In Analogie zu den Potenzen der Natur formuliert: Das Licht des Verstandes kann nur leuchten auf der Basis einer materiellen Finsternis und Schwere. Die Eitelkeit des Menschen mag sich dagegen wehren und sich auf den Verstand als Wesensauszeichnung berufen. Man mag sogar sittliche Gründe ins Feld führen, indem man sich auf die Würde der Moral oder die uneingeschränkte Güte Gottes beruft. Aber selbst die Wissenschaftslehre Fichtes, die mit der absoluten Reflexion (des Verstandes) anhebt und im unendlichen Streben des praktischen Ich endet, kann nach Schelling die schlichte Wahrheit nicht widerlegen, dass alles Licht des Verstandes nur aufgehen kann auf der dunklen Basis eines verstandlosen Grundes. In Anlehnung an die biblische Bildersprache schärft Schelling ein: „Alle Geburt ist Geburt aus Dunkel ans Licht; das Samenkorn muß in die Erde versenkt werden und in der Finsterniß sterben, damit die schönere Lichtgestalt sich erhebe und am Sonnenstrahl sich entfalte" (VII, 360).

Als Resultat des ersten Schrittes in Richtung auf die Entfaltung des göttlichen Wesens ist festzuhalten: Die ursprüngliche Sehnsucht ist nicht sich wissender Verstand; aber der Verstand ist das, was die Sehnsucht erahnt und worauf sie ausgerichtet ist. Auch in allem weiteren Werden bleibt die Sehnsucht als dasjenige, was der dauerhaften Form widerstrebt, erhalten. Wie aber ist die weitere Entwicklung in diesem „wogend wallend Meer" zu denken?

3. Das Erwachen der Reflexion

Auch für den nächsten Schritt gilt es sich zu vergegenwärtigen: Es geht darum, den Ursprung des Lebens in all seiner Dynamik zu erklären. Das absolute Sein Gottes ist Leben, d.h. ein unendlicher Prozess, (zunächst) vor aller Zeit. Ziel der Darlegungen ist es, die Schöpfung qua Selbstoffenbarung Gottes begreiflich zu machen. Dabei ist zu beachten, dass der Schöpfung der Welt die Schöpfung *in* Gott vorausgeht. Der Übergang zur

Existenz ist Moment eines Geschehens, das 'vor' dem Setzen des Seienden geschieht. Damit wird erneut ein vulgärer Pantheismus, der keinen wesentlichen Unterschied zwischen Gott und Welt anerkennen will, zurückgewiesen.

Für das Wirklichwerden des Verstandes bzw. der verständigen Existenz ist die Verwirklichung der Reflexionsstruktur konstitutiv. Diese Struktur liegt bereits der Sehnsucht zu Grunde, sofern sie von sich weg auf ein anderes hin strebt, um von diesem anderen auf sich selbst zurückzukommen. Das Eigentümliche der Reflexion liegt eben in dem gleichzeitigen 'Von-sich-weg' und 'Zu-sich-zurück'. Wird diese Bewegung nicht mehr nur fühlend, sondern mit Bewusstsein vollzogen, dann ist sie zur Reflexion geworden. Auf diese Weise erhebt sich die Reflexion über den Grund; es beginnt ein Prozess des sich steigernden Bewusstseins.

Zur Ergänzung der Argumentation in der Freiheitsschrift kann folgende Passage aus den ›Stuttgarter Privatvorlesungen‹ herangezogen werden:

„Das ganze Leben ist eigentlich nur ein höheres Bewußtwerden [...]. Das Nämliche gilt nun von Gott. Der *Anfang* des Bewußtseyns in ihm ist, daß er sich von sich scheidet, sich selber sich entgegensetzt. Er hat nämlich ein Höheres und ein Niederes in sich – was wir eben durch den Begriff der Potenzen bezeichneten. Im noch unbewußten Zustand hat Gott die beiden Principien zwar in sich, aber ohne sich als das eine oder andere zu setzen, d.h. sich in dem einen oder dem andern zu erkennen. Mit dem anfangenden Bewußtseyn geht diese Erkennung vor sich, d.h. Gott setzt sich selbst (zum Theil) als erste Potenz, *als* Bewußtloses, aber er kann sich nicht als Reales contrahiren, ohne sich als Ideales zu expandiren, sich nicht als Reales, als *Objekt* setzen, ohne *zugleich* sich als *Subjekt* zu setzen [...]; und beides ist *Ein Akt*, beides absolut *zugleich* [...]" (VII, 433f.).

Reflexion heißt: Sich-Vorstellen. Das gilt für das Göttliche in eminenter Weise, da außer dem Absoluten nichts sein kann. Absolute Reflexion ist Selbstzeugung, zunächst so, dass „Gott sich selbst in einem Ebenbilde erblickt" (VII, 360f.). Damit ist der erste Schritt zur Verwirklichung Gottes (in ihm selbst) getan.

Das Vorstellen impliziert ein Ist-Sagen, ein Setzen, ein Bejahen (affirmatio). Dann kann man auch so formulieren: Gott erzeugt sich in sich selbst, indem er sich als den Grund – als die ewige Sehnsucht, sich zu offenbaren – bejaht. Schelling versucht dies zu verdeutlichen, indem er seine Überlegungen mit der Tradition der Trinitätsspekulation verknüpft. Diese Tradition geht vom Prolog des Johannes-Evangeliums aus: „Im Anfang war das Wort (lógos, verbum) ..." Auf diesem Hintergrund lässt sich der Beginn des göttlichen Verwirklichungsprozesses so beschreiben: Die reflexive Vorstellung ist der Verstand (lógos), der die Sehnsucht erst als solche zur Einsicht kommen lässt; denn der Verstand stellt etwas als etwas vor. Sofern wir etwas als etwas im Wort ansprechen, kann der Verstand auch

Wort (lógos als zweite göttliche 'Person') genannt werden. Die reflexive Vorstellung ist das Wort, in dem die Sehnsucht gleichsam zu sich selbst kommt.

Es wurde bereits betont: In Gott sind die Momente Grund – Existenz bzw. Sehnsucht – Verstand zu unterscheiden; dennoch ist Gott *ein* Wesen, die höchste Einheit überhaupt (absolute Identität). Das lässt sich mithilfe der Trinitätslehre nun so beschreiben: Das Vermögen des Einigens ist der Geist (dritte göttliche Person). Die Einheit des Geistes ist keine leere Identität, sondern der lebendige Prozess des Einigens von gegensätzlichen Momenten – von Grund und Existenz, von Dunkel und Licht, von Sehnsucht und Verstand, von unaussprechlichem Streben und erhellendem Wort. In diesem einigenden Streit unterschiedlicher Momente entsteht und entwickelt sich das Leben des Absoluten. Und weiter: Dadurch, dass der Geist die Sehnsucht mit dem Verstand zusammenbringt und den Verstand mit sehendem Verlangen erfüllt, entsteht die *Liebe*. Genauer: Der Geist *ist* die Liebe selbst, nämlich die zu Bewusstsein gekommene Sehnsucht. Die Liebe will eben nicht Einerleiheit, sondern die Einheit von Verschiedenem; die Liebe will im anderen zu sich selbst kommen.

Der liebende Geist bleibt nicht in sich selbst, sondern er „spricht das Wort aus" (VII, 361). Das ist der Moment der ewigen Schöpfung in Gott. Das Andere, das die Liebe will, ist der Grund (die Natur) in Gott – aber nicht bloß als Grund, sondern als die Einheit des sehnsüchtigen Begehrens mit dem klaren Willen des Verstandes. Im Aussprechen des Wortes – d.h. in der Schöpfungstat – wird die Einheit von Sehnsucht und Verstand zum 'freischaffenden und allmächtigen Willen'. Das bedeutet: Die Schöpfungstat ist nicht aus irgendwelchen Ursachen zu erklären, sondern sie geschieht aus Freiheit. Durch den freischaffenden Willen wird der Grund als die 'anfängliche Natur' in Gott zum Werkzeug seiner Offenbarung. Das Schöpfungsgeschehen der Natur ist der Prozess des Formens und Regelns des ursprünglich regel- und formlosen Grundes.

Nach diesem kurzen Exkurs, der darlegen soll, dass das System der Freiheit mit der christlichen Trinitätslehre übereinstimmt (ein weiteres Argument gegen den Pantheismus-Vorwurf!), greift Schelling wieder seine eigene Begriffssprache auf, um den Schöpfungsprozess genauer darzulegen.

4. Die Entfaltung der Schöpfungskräfte

An das bisherige Resultat sei kurz erinnert. Die ontologische Grundunterscheidung lässt sich als Sehnsucht (Grund) und Verstand (Existenz) konkretisieren. Zugleich wird die unaufhebbare Einheit beider Momente deutlich: Das Begehren der Sehnsucht ist auf den Verstand gerichtet, und der Verstand macht die bereits in der Sehnsucht schlummernde Reflexion bewusst. Beide sind Momente des einen Lebensprozesses, der seine Dynamik aus dem Mit- und Gegeneinanderwirken dieser Kräfte gewinnt. Das versucht Schelling im nächsten Schritt deutlich zu machen.

Der Grund ist nicht Gott selbst; aber er ist doch in Gott. Folglich muss er das Wesen Gottes in sich bergen, nämlich als eine noch nicht entwickelte, noch nicht verwirklichte Einheit. Damit diese gleichsam schlummernde (bewusstlose) Einheit zur lebendigen Existenz gebracht werden kann, sind zunächst die Kräfte zu scheiden. Scheiden und Unterscheiden ist die Tätigkeit des Verstandes. Die erste Wirkung des göttlichen Verstandes ist somit die Scheidung der vom göttlichen Grund umfassten (Lebens-)Kräfte.

Die Scheidung der Kräfte durch den Verstand als notwendige Voraussetzung lebendiger Schöpfung verdeutlicht Schelling durch zwei Vergleiche:

a) Auch der Mensch sehnt sich danach, etwas zu schaffen; durch ein dunkles Begehren aber entsteht nichts. Damit wirklich etwas zu Stande kommt, müssen die chaotisch im Grunde zusammenhängenden Gedanken geschieden und als solche fassbar werden (vornehmlich im Wort). Erst wenn ein bestimmter Gedanke gefasst, erst wenn ein konkreter Zweck als das zu Verwirklichende vorgestellt wird, kann etwas ins Werk gesetzt werden. Man muss zuerst – wie man so sagt – die Gedanken ordnen, um etwas als einheitlich Seiendes schaffen zu können. In schellingscher Metaphorik: Die dunkle Sehnsucht muss vom Lichtstrahl des Denkens erhellt werden, damit der Prozess der Verwirklichung anheben kann.

b) Entsprechendes gilt für die Bildung einer Pflanze. Die existierende Pflanze ist bereits im Samen als ihrem Grund enthalten. Damit ein lebendiger pflanzlicher Organismus entstehen kann, müssen zunächst unterschiedliche Kräfte geweckt werden. Nur so kann die bereits im Samenstoff verborgene Einheit eines lebendigen Wesens 'ans Licht gehoben werden'.

Der Prozess des entstehenden Lebens wird jedoch nicht nur durch die vom Verstand vollzogene Scheidung der Kräfte, sondern ebenso sehr durch das Widerstreben der Sehnsucht bestimmt. Das Licht des Verstandes, das in das Dunkel der Sehnsucht eindringt, kann dieses Dunkel nicht völlig aufheben. Vielmehr wird der Sehnsucht gerade durch die Tätigkeit des Verstandes klarer, was sie ahnend immer schon erstrebt hat. Deshalb will sie in sich den vom Verstand entzündeten 'Lebensblick' erhalten; sie will ganz sie selbst sein. Je extensiver der Verstand die Scheidung bewirkt, desto intensiver strebt die Sehnsucht, „sich in sich selbst zu verschließen, damit immer ein Grund bleibe" (VII, 361).

Der Prozess des werdenden und sich entwickelnden Lebens der Natur ist gegensinnig: Einerseits dringt die scheidende Tätigkeit des Verstandes auf Vielheit; andererseits stellt der Verstand alles unter 'Regel, Ordnung,

Form' und dringt somit auf Einheit, die durch das In-sich-Zurückstreben des Grundes noch gesteigert wird. Und das Sich-Verschließen-Wollen des Grundes ist Sammlung und Bewahrung der Lebenskräfte, ohne die kein Leben entstehen kann. Das sind – wohlgemerkt – keine getrennten Bewegungen, sondern gegenwendige Wirkkräfte des einen absoluten Schöpfungsprozesses. Für den gemeinen Verstand bleibt dies ein Widerspruch und Zirkel. Schellings Denken ist der Versuch, in diesen Zirkel gleichsam hineinzugelangen, um das Rätsel des Lebens und der Schöpfung möglichst weit zu enthüllen.

Mit der Beschreibung dieser ursprünglichen Lebensdynamik ist ein entscheidender Schritt in der Systementfaltung getan. Die gegenwendige Bewegung im Absoluten kann nämlich erklären, wie es zur Bildung von verschiedenem Seienden kommt: Das Sich-Verschließen und gleichzeitige Scheiden (Unterstellen unter Regel, Ordnung, Form) bildet 'Einzelnes', bestimmte Weisen des natürlichen Seins. Es entsteht etwas 'Begreifliches', da das gesonderte Einzelne nur unter der Bestimmtheit eines Allgemeinen (Begriff, Regel) sein und erkannt werden kann. Allerdings steht hier weniger die Entstehung des individuell Seienden im Blick; vielmehr geht es – wie der nächste Textabschnitt deutlich macht – vornehmlich um die Entfaltung der einzelnen Seinsstufen (Potenzen) in der Schöpfung der Natur.

In diesem Zusammenhang ist wiederum ein nahe liegendes Missverständnis zurückzuweisen: Wir neigen dazu, uns die ursprüngliche Schöpfungstat in Analogie zum handwerklichen Herstellen begreiflich zu machen. Demnach würde Gott etwas außerhalb seiner vorstellen („äußre Vorstellung"), um es dann zu verwirklichen. Das ist unmöglich, weil außer Gott nichts ist. Folglich ist das Werden der Natur als 'Ein-Bildung' bzw. 'Erweckung' zu denken.

Auf dem Hintergrund dieser Erörterung wird einsichtig, weshalb die *Einbildungskraft* für Schelling (wie für den Deutschen Idealismus überhaupt) das eigentlich schöpferische Vermögen des Menschen ist. In der ›Philosophie der Kunst‹ definiert Schelling: „Das treffliche deutsche Wort Einbildungskraft bedeutet eigentlich die Kraft der *Ineinsbildung*, auf welcher in der That alle Schöpfung beruht. Sie ist die Kraft, wodurch ein Ideales zugleich auch ein Reales, die Seele Leib ist, die Kraft der Individuation, welche die eigentlich schöpferische ist" (V, 386).

Der göttliche Verstand bildet sich gleichsam in seinen Grund ein; er erweckt die im Grund verborgene Einheit der Lebenskräfte. Das ist keine Schöpfung aus dem Nichts, sondern eine Herausbildung dessen, was im Grund immer schon war. – In Anlehnung an neuplatonische Überlegungen spricht Schelling von der 'Idea', die vom Verstand aus dem Grund hervorgehoben wird. Der 'Lebensblick' des Verstandes ist die Erweckung des 'Wesensanblicks' (Idee).

Den Einfluss des Neuplatonismus auf Schelling betonen vor allem H. Holz (1970) und W. Beierwaltes (1972). Gegen H. Holz macht W. Marx geltend, dass die theosophischen Einflüsse, die allerdings ihrerseits mit neuplatonischen Motiven verknüpft sind, nicht unterschätzt werden dürfen (1977: 107, Anm. VII).

Vermeidet man das Missverständnis einer creatio ex nihilo, dann kann man auch sagen: Die im Grund geschiedenen Kräfte sind der Stoff, aus dem sich schließlich das Leiblich-Körperhafte bildet. Dasjenige aber, was die Kräfte eint und als einheitstiftendes Prinzip vom göttlichen Verstand aus dem Grund gehoben wird, ist die *Seele*. Sofern die Seele dem Grund entstammt, ist sie ein besonderes Lebensprinzip, ein vom Verstand unabhängiges Wesen; sie bedarf aber des 'weckenden Lebensblicks' durch den Verstand, um als das einigende Band des Lebendigen offenbar werden zu können.

'Seele' ist hier im kosmologischen Sinne zu verstehen ('Weltseele'). Schelling knüpft damit an frühere naturphilosophische Überlegungen (›Von der Weltseele‹, 1798) an, in denen er zu zeigen versucht, dass es eines 'organisierenden' Prinzips bedarf, um die Grundkräfte der Natur in ihrem gegensätzlichen Wirken zugleich zu vereinen. Methodisch geht es Schelling darum, anorganische und organische Natur aus einem gemeinschaftlichen Prinzip ableiten zu können.

Es ist bereits darauf hingewiesen worden, dass die Dynamik des Lebensprozesses sich immer mehr steigert: Je extensiver der Verstand auf Scheidung der Kräfte dringt, desto intensiver wird die Gegenbewegung der Konzentration durch die Sehnsucht. Wenn es aber unterschiedliche Grade der Scheidung und in eins unterschiedliche Grade der Einigung gibt, dann entfaltet sich die Natur in verschiedenen Stufen (Potenzen). Das Werden der Natur vollzieht sich in einer Steigerung (Potenzierung) von Lebensformen.

Hier hat die *Naturphilosophie* im Ganzen der Freiheitsphilosophie ihren systematischen Ort. Sie muss diesen Prozess der stufenweisen Entfaltung darlegen und zeigen, wie die Natur – die als geschaffene selbst schöpferisch ist – im Verlauf dieses Prozesses immer mehr zu sich selber kommt. „Zu zeigen, wie jeder folgende Proceß dem Wesen der Natur näher tritt, bis in der höchsten Scheidung der Kräfte das allerinnerste Centrum aufgeht, ist die Aufgabe einer vollständigen Naturphilosophie" (VII, 362). Im anstehenden Systementwurf ist die vollständige Naturphilosophie nicht zu entfalten – nicht nur, weil Schelling sie in früheren Abhandlungen des Öfteren ausführlich dargestellt hat, sondern vor allem auch deshalb, weil die Naturphilosophie das Problem der Freiheit nicht löst. Wohl aber kann die nach Schellings eigenem Anspruch in der Naturphilosophie 'entdeckte' Unterscheidung von Grund und Existenz dieses Problem lösen.

5. Das doppelte Prinzip in aller Schöpfung und das Wesen des Menschen

Nach dem kurzen Hinweis zur systematischen Stellung der Naturphilosophie verweist Schelling noch einmal auf das für den weiteren Fortgang entscheidende Resultat der bisherigen Überlegungen („Für den gegenwärtigen Zweck ist nur Folgendes wesentlich"; VII, 362): Jedes naturhaft Seiende birgt ein doppeltes Seinsprinzip, Grund und Existenz. Der Grund, durch den das Seiende von Gott geschieden ist, wird durch die Schöpfung gelichtet („Verklärung") und zur Existenz gebracht („Transmutation"). Insofern ist das zweite Prinzip nichts anderes als das gelichtete erste. Das bedeutet: In Wahrheit handelt es sich um ein einziges Seinsprinzip, das gleichsam einen doppelten Anblick bietet. Dieses eine Prinzip ist der eine Gott, die absolute Identität, die innigste Einheit der unterschiedlichen Seinsmomente. Lebendige Einheit bedeutet eben Einheit von unterschiedlichen Kräften. Beide – Einheit und Verschiedenheit – sind notwendige Voraussetzungen für die Existenz eines lebendigen Wesens. Das gilt für Gott ebenso wie für das endliche Naturseiende, allerdings mit dem wesentlichen Unterschied, dass im Bereich des Kreatürlichen diese Einheit nie vollkommen, sondern nur in unterschiedlichen Abstufungen erreicht wird.

Wendet man nun den Leitsatz an, dass das Ursein nur als Wollen verstanden werden kann, dann lassen sich die beiden Prinzipien klarer als bisher erfassen:

1. Dasjenige Seinsprinzip des Endlichen, das dem Grund entstammt, manifestiert sich als *Eigenwille*. Im Bereich der bloßen Natur gelangt dieser Eigenwille nicht zur vollkommenen Einheit mit dem Verstand. Insofern bleibt er blind und äußert sich als Sucht und Begierde.

2. Das zweite Prinzip gründet in der verständigen Existenz und äußert sich als *Universalwille*. Im natürlichen Leben bleibt der Eigenwille dem Universalwillen untergeordnet; der selbstsüchtige Wille dient hier dem Universalwillen nur als Werkzeug. So können wir im Pflanzen- und Tierreich durchaus Eigensucht und Streben nach Absonderung ('Individualität') feststellen. Aber dieses eigenwillige Begehren bleibt dem Allgemeinen – der instinktiven Ausrichtung auf die Erhaltung der Art – untergeordnet.

Mit dieser Erklärung der beiden Seinsprinzipien als Eigenwille und Universalwille ist der entscheidende Schritt für den Lösungsversuch des Freiheitsproblems (und für die Systementfaltung überhaupt) vollzogen. Denn für Schelling lässt sich die Philosophie der Freiheit nur als Metaphysik des Willens entfalten. Diese Basis – das ist durch die vorherige Überlegungen deutlich geworden – wird gewonnen durch eine onto-theologische Reflexion, die sich ihrer anthropologischen (oder auch anthropomorphen) Implikationen durchaus bewusst ist, ja sogar darin ihren Halt findet. Der bisherige Argumentationsaufbau lässt das klar erkennen: Die Bestimmung des Grundes als Sehnsucht verweist auf die grundlegende Ebene des *Gefühls*; die Beschreibung der erwachenden Reflexion zeigt die Dimension des *Verstandes* auf; die innere Triebkraft des Seins schließlich ist der *Wille*, der sich im gegenwendigen Streben äußert, als Eigen- und Universalwille. Gemüt, Verstand und Wille sind eben diejenigen Momente, die auch das geistige Sein des Menschen konstituieren. (Man vgl. dazu die Wesensbestimmung des menschlichen Geistes in den ›Stuttgarter Privatvorlesungen‹ und das ›Anthropologische Schema‹; VII, 465ff.; X, 287ff.) Das darf nun nicht so verstanden werden, als werde die metaphysische Ontologie bei Schelling auf eine Anthropologie reduziert. Vielmehr geht es darum zu zeigen, dass die Strukturen des geistigen Seins bereits das Sein der Natur bestimmen. Auf Grund dieser 'Parallelität' birgt das Natürliche etwas Geistiges, wie umgekehrt das Geistige etwas Natürliches in sich hat. Oder: Natur und Geist sind ein und dasselbe Sein, aber in einer abgestuften Einheit der unterschiedlichen Seinsmomente.

Wenn sich der Entstehungsprozess der *Natur* für Schelling nur dadurch begreifen lässt, dass wir auf die eigenen menschlichen Wesensmöglichkeiten (Gefühl, Verstand, Wille) zurückgreifen und uns so das Leben des Absoluten 'menschlich näher bringen', dann muss jetzt die Frage beantwortet werden, worin denn die Besonderheit des Menschen zu sehen ist. Soll der Systementwurf stimmig sein, dann kann die Antwort nur mithilfe der Unterscheidung von Grund und Existenz – die jetzt als Differenz von Eigenwille und Universalwille im Blick steht – gegeben werden.

Das Werden des Lebens ist ein ständig sich steigernder Prozess, der auf der immer intensiveren Realisierung (Lichtung) der im Grunde verborgenen Kräfte beruht. Da diesem Geschehen letztlich das doppelte Willensprinzip zu Grunde liegt, kann man auch so sagen: Der sehnsüchtige Eigenwille wird immer mehr vom verständigen Universalwillen durchdrungen, bis schließlich der Eigenwille „ganz in Licht verklärt" (VII, 363), d.h. die höchste Stufe von Bewusstheit und Reflexivität erreicht ist. Diese höchste Weise der Durchdringung von individuellem Partikularwillen und allgemeinen Verstandeswillen wird – soweit wir wissen – einzig im Menschen erreicht. Das menschliche Leben ist der einheitliche Vollzug höchster Gegensätzlichkeit – nicht deshalb, weil er (auf unerklärliche Weise) aus den gegensätzlichen Substanzen Körper und Geist zusammengefügt ist (Descartes), sondern deshalb, weil ihm die sein eigenes und alles Leben bestimmenden gegenwendigen Kräfte bewusst werden. Darin gründen die Möglichkeiten des menschlichen Lebens, vom glückhaften Gelingen bis zum abgründigen Scheitern. Emphatisch betont Schelling: „Im Menschen ist die ganze Macht des finstern Princips und in eben demselben zugleich die ganze Kraft des Lichts. In ihm ist der tiefste Abgrund und der höchste Himmel, oder beide Centra" (VII, 363).

Mit dem Menschen gelangt der Schöpfungprozess ans Ziel. Als Gott sich entschloss, die Natur zu schaffen und sich so zu offenbaren, war der Mensch als das Ebenbild Gottes schon 'ersehen', nämlich als das Ziel der gesamten Lebensentwicklung von Gott gewollt. Das ist nach Schelling der Sinn der biblischen Rede, dass Gott 'allein im Menschen die Welt geliebt hat'. Insofern ist der Wille des Menschen der Wille Gottes, jedoch „des nur noch im Grunde vorhandenen Gottes" (ebd.). Dem göttlichen Grunde entstammend, hat der Mensch einerseits ein vom Selbst Gottes unabhängiges Prinzip in sich (wie alles Geschaffene). Da aber andererseits im Menschen das dunkle Prinzip 'ganz in Licht verklärt ist', wird die höchste Seinsstufe (Gottesebenbildlichkeit) mit dem Menschen verwirklicht: die Seinsweise des *Geistes*. Der Geist ist kein neues (drittes) Seinsprinzip – und schon gar nicht ein selbständiges Seiendes. Vielmehr vollzieht sich geistiges Leben als bewusst-willenhafte Einigung von Gefühl (Grund) und Verstand (Existenz).

Schelling hatte bereits (s. Kap. III, 3) auf die trinitätsspekulative Bedeutung seines Entwurfs hingewiesen. Das greift er nun, wo es um die Wesensbestimmung des Menschen geht, wieder auf. Die Offenbarung, verstanden als das Aussprechen des göttlichen Wortes (lógos) durch den göttlichen Geist, manifestiert sich zunächst in der Natur. Auch die niedrigsten Formen des naturhaften Seins bilden eine Einheit der beiden Seinsprinzipien – Grund und Existenz, Sehnsucht und Verstand, Eigenwille und Universalwille, Dunkel und Licht. Ohne diese Einheit könnte gar nichts sein. Weil jedoch die selbstbewusste Tätigkeit des Geistes diese Einheit in der Natur noch nicht durchdringt, bleibt die Einheit unvollkommen. Erst im Menschen wird das göttliche Wort „völlig ausgesprochen" (VII, 364). So ist der Mensch das ausgesprochene Wort Gottes – und deshalb auch das Wesen der Sprache. In „dem ausgesprochenen Wort offenbart sich der Geist, d.h. *Gott* als actu existirend" (ebd.). Das heißt: Erst durch die Existenz des Menschen wird Gott wirklich (actu) offenbar. Natürlich existiert Gott auch unabhängig vom Menschen; das Absolute ist auf nichts anderes angewiesen. Da sich Gott aber aus Freiheit zur Offenbarung entschlossen hat, bedarf er eines anderen, um darin als wahrhaft Wirkliches offenbar werden zu können.

En passant vergleicht Schelling das Schöpfungsgeschehen mit dem gesprochenen Wort: „[...] der ewige Geist spricht die Einheit oder das Wort aus in die Natur. Das ausgesprochene (reale) Wort aber ist nur in der Einheit von Licht und Dunkel (Selbstlauter und Mitlauter)" (VII, 363). Als Quelle dieses Vergleichs ließe sich J. Böhme anführen, allerdings mit Interpretationsschwierigkeiten (vgl. Buchheim 1997: 128f.). Was Schelling meint, ist indessen leicht anzugeben: Wie das gesprochene Wort immer eine Einheit von hellen Vokalen und dunklen Konsonanten ist, so sind in allem Geschaffenen die beiden Seinsprinzipien vereint. Schelling knüpft an Darlegungen aus seiner ›Philosophie der Kunst‹ an, wo das Wesen der Sprache als „das entsprechendste Symbol der absoluten oder unendlichen Affirmation Gottes“ (V, 483) bestimmt wird. Hier findet sich auch der entsprechende Vergleich: „Die Vocale sind gleichsam der unmittelbare Aushauch des Geistes, die formirende Form (das Affimative); die Konsonanten sind der Leib der Sprache oder die geformte Form (das Affirmirte)“ (V, 485).

Der Unterschied des Menschen zur Natur kann auch so beschrieben werden: Das einigende Band der gegensätzlichen Prinzipien ist die Seele (so bereits Kap. III, 4); sie vollzieht die Einheit *unmittelbar*. Wird aber die Einheit vom Bewusstsein und Selbstbewusstsein durchdrungen, dann wandelt sich die Seele zum Geist. Der Geist nämlich stammt nicht aus der Natur, sondern er hat seinen Ursprung allein in Gott; „Geist ist in Gott“ (VII, 364). Das Göttliche des Geistes liegt eben darin, dass in ihm und durch ihn die beiden Seinsprinzipien zur lebendigen *Identität* gelangen. – Nun war vorher schon betont worden, dass alles Geschaffene von Gott verschieden ist, sofern es dem Grunde entstammt. Weil aber jetzt behauptet wird, dass im Menschen das Dunkel des Grundes ganz vom Licht des Verstandes durchdrungen ist, dass ferner der Geist als vollkommene Offenbarung der göttlichen Identität begriffen werden muss – deshalb muss der Unterschied zwischen dem Wesen Gottes und der Existenz des Menschen nun genauer bestimmt werden. Schelling erklärt, dass gar kein Unterschied zwischen Gott und Mensch angegeben werden könnte, wenn die beiden Seinsprinzipien beim Menschen ebenso unauflöslich geeint wären wie bei Gott. Der Unterschied kann nur in Folgendem gründen: „Diejenige Einheit, die in Gott unzertrennlich ist, muß also im Menschen zertrennlich seyn, – und dieses ist die *Möglichkeit* des Guten und des Bösen“ (VII, 364). Diese These ist genauer darzulegen.

6. Die Möglichkeit des Bösen

Schelling begründet die soeben zitierte These in zwei Schritten. Er erklärt zunächst, in welchem Sinne die Einheit der beiden Seinsprinzipien ‘zertrennlich’ ist. Sodann legt er dar, dass eben diese Zertrennlichkeit das Böse ist. Dabei geht es fürs Erste nur um die *Möglichkeit* des Bösen.

a) Die Zertrennlichkeit der beiden Seinsprinzipien

Der Mensch ist dadurch von Gott wesenhaft geschieden, dass er dem Grunde (der Natur in Gott) entstammt. Dieses erste Seinsprinzip ist als Eigenwille wirksam, für den Schelling jetzt den Begriff *Selbstheit* einführt. Nun besteht die Wesensauszeichnung des Menschen darin, dass das In-sich-Zurückstreben des Grundes in ihm 'gelichtet' ist. Das heißt: Die Selbstheit gelangt im Menschen zur völligen Einheit mit dem zweiten Seinsprinzip, mit der Idealität des Verstandes. Diese höchste Einheit der beiden Prinzipien ist der Geist; im Menschen wird die Selbstheit geisthaft bestimmt. Der Mensch ist somit ein von Gott geschiedenes Seiendes, das sich als Einheit von gegensätzlichen Seinsprinzipien bzw. als Einheit gegenwendiger Willenskräfte selbst *weiß*. Dieser Vollzug des wissenden und sich wissenden Geistes konstituiert die menschliche *Persönlichkeit*.

Damit wird eigentlich nur Bekanntes wiederholt; aber nun gilt es, die Konsequenz aus dieser Wesensbestimmung des Menschen zu ziehen: Dadurch, dass die Selbstheit vom Geist durchdrungen wird, steht der Mensch über der Natur und ihrer Gesetzlichkeit; in diesem Sinne ist der Mensch ein übernatürliches Wesen. 'Über der Naturgesetzlichkeit stehen' bedeutet aber nichts anderes als *frei* sein. Die geistige Selbstheit ist somit ein Wille, der sich in Freiheit weiß. Im Blick auf die Prinzipien des Systems bedeutet das: Die Freiheit, die vom Geist eröffnet wird, ist das Freisein gegenüber den beiden Seinsprinzipien. Der Eigenwille ist nicht mehr als bloßes Werkzeug der Herrschaft des Universalwillens unterworfen. Der Mensch wird eben nicht unabdingbar vom Allgemeinen der Gattung bestimmt; sondern er selbst bestimmt das Allgemeine durch die Kraft seines Geistes. Schelling ergänzt: „Der Geist ist über dem Licht, wie er sich in der Natur über der Einheit des Lichts und des dunkeln Princips erhebt" (VII, 364). Damit ist gemeint: In der Natur wird die Einheit von Licht und Materie (dunkles Prinzip) im Organismus erreicht. Der Geist aber ist 'über und außer' dieser natürlichen Einheit.

Der Mensch ist ein Wesen der Freiheit, weil in ihm der Eigenwille in den eigentlichen, d.h. verständigen Willen (Urwille, Licht) umgewandelt ist. Zwar bleibt auch der menschliche Eigenwille im Grund; aber der Grund ist jetzt nur noch Grundlage ('Träger', 'Behälter') des höheren Prinzips. Schelling bringt folgenden Vergleich: In einem durchsichtigen Körper wird die Materie ganz vom Licht durchdrungen; sie erreicht in diesem Sinne eine Identität mit dem Licht. Dennoch wird auch im durchsichtigen Körper die Materie nicht vernichtet; denn ohne materielle Grundlage gäbe es keinen Körper, auch keinen durchsichtigen. Wohl aber wird die dunkle Materie zum bloßen Träger der Helligkeit. Entsprechendes gilt für die geistige Einheit von Eigenwille und Universalwille: Der Eigenwille wird nicht vernichtet; er bleibt notwendige Grundlage des menschlichen Wesens. Aber der Eigenwille wird ganz vom Verstand durchdrungen und kann so erst seine ganze Macht entfalten.

Der *göttliche* Geist ist der Geist der ewigen Liebe, in ihm ist die Unterordnung des dunklen Seinsprinzips unter das helle Licht des Verstandes unabänderlich. Im menschlichen Geist hingegen kann der Eigenwille danach streben, sich vom Universalwillen zu trennen. Genauer: Dem Menschen eröffnet sich durch sein geistiges Herausgehobensein über die Natur die Möglichkeit, den Eigenwillen (die Selbstheit) an die Stelle des Universalwillens zu setzen. „Dadurch also entsteht im Willen des Menschen eine Trennung der geistig gewordenen Selbstheit [...] von dem Licht, d.h. eine Auflösung der in Gott unauflöslichen Principien" (VII, 365). Bliebe der Eigenwille bloßer Grund und im Grund, bliebe die Selbstheit ruhender Wille – dann würde die göttliche Ordnung, nämlich die uneingeschränkte Herrschaft des Universalwillens, walten. Wenn aber der Eigenwille darauf aus ist, sich in seiner Selbstheit zum Grund des Ganzen zu machen, dann herrscht der Geist der Zwietracht.

b) Das Böse als Umkehr der Seinsprinzipien

Das Böse bricht auf, wenn der Eigenwille seine Energie darauf richtet, das in und von Gott gesetzte Verhältnis der Prinzipien umzukehren. Dann will sich der Eigenwille „zugleich particular und creatürlich [...] machen" (VII, 365), d.h. sich an die Stelle des Universalwillens setzen. In der angestrebten neuen Einheit soll die Selbstheit das bestimmende Prinzip sein. Damit wird deutlich, in welcher Weise Schelling den formellen Freiheitsbegriff (Selbstbejahung) mit dem realen Begriff der Freiheit (Vermögen zum Guten und Bösen) verbindet. Sofern der Mensch versucht, sein eigenes Selbst gegen das Allgemeine durchzusetzen, strebt er das Böse an. Weil dadurch eine neue Ordnung verwirklicht werden soll, kann das Böse keine bloße Privation des Guten sein; das Böse hat vielmehr eine eigene sachhaltige Bestimmtheit.

Die dem Bösen eigene Macht legt Schelling eindringlich dar: Der Wille überhaupt ist ein Band von gegenwendigen Lebenskräften. Diejenigen Lebenskräfte, die den Eigenwillen bestimmen, sind die unterschiedlichen Begierden, die allgemeine Sucht nach Lust, das Sich-Genießen der Selbstheit. Bleiben diese eigenwilligen Kräfte dem Universalwillen untergeordnet, dann ist das Gleichgewicht der göttlichen Ordnung gewahrt. Setzt sich jedoch der Eigenwille als das allein Herrschende, dann geraten diese Kräfte aus den Fugen. Zwar kommt es zu einer Einigung, weil der Wille von Natur aus über die Kraft des Bindens verfügt. Aber das Resultat ist eine verkehrte Einheit, „ein falsches Leben, ein Leben der Lüge, ein Gewächs der Unruhe und der Verderbniß“ (VII, 366). Wenn sich die menschliche Eigensucht auf diese Weise gegen die natürliche Ordnung wendet, gefährdet der Mensch nicht nur die Natur, sondern auch sich selbst.

Auf die Aktualität der Schellingschen Naturphilosophie für die gegenwärtige Ökologiediskussion hat W. Schmied-Kowarzik verschiedentlich hingewiesen. Vor allem die Freiheitsschrift decke „das Problem der Entfremdung des Menschen von der Natur“ (1985: 386) auf. Die naturphilosophisch fundierte Freiheitsschrift mache dies deutlich: „Wenn der Mensch sein bewußtes Produzieren vom bewußtlosen Produzieren der Natur [...] abkappt, so hört er letztlich auf, eine lebendige wirkliche Gestalt in der Wirklichkeit zu sein“ (1985: 386f.). Gegen diese zunehmende Entfremdung von der Natur wende sich Schellings Naturphilosophie explizit seit 1804. „Ihr geht es um das existentielle Band, das uns lebendig mit der Natur verknüpft und das nur erhalten werden kann, wenn wir uns in unserem geschichtlichen Sein nicht gegen die Natur stellen, sondern uns aus ihr begreifen [...]“ (1989: 261).

Das treffendste Bild für den eigenen Sachgehalt des Bösen bietet nach Schelling die *Krankheit*. Krankheit kann nicht bloße Privation der Gesundheit sein; dagegen wendet sich unsere eigene Erfahrung, in der wir das Kranksein als etwas durchaus Reales empfinden und durchleiden. Deshalb muss die Krankheit so erklärt werden: Im Zustand der Gesundheit herrscht die natürliche Ordnung des Organismus. Beginnen nun einzelne Teile, sich gleichsam vom Gesamtorganismus zu befreien, um ein selbständiges Leben zu führen, dann gerät die natürliche Ordnung der Lebenskräfte aus den Fugen; der Körper wird krank. Zwar gibt es auch im Kranken noch ein Zusammenspiel der Lebenskräfte und insofern eine Einheit des Organismus; aber diese Einheit produziert ein „falsches Leben“, ein „Scheinbild des Lebens“. Bei einer Krebsgeschwulst ist das z. B. ganz offensichtlich. Analog verhält es sich beim Bösen: Das Böse gründet in einer ‘positiven’, d.h. wirklich gesetzten Verkehrung der natürlichen Ordnung lebendiger Kräfte.

Schelling beruft sich an dieser Stelle (VII, 366f.) auf Franz von Baader und würdigt ihn mit einem ausführlichen Zitat. Baader habe den einzig richtigen Begriff des Bösen erfasst und durch ‘tiefsinnige Analogien’ erläutert. – Seit Beginn seiner Münchener Zeit hatte Schelling engen Kontakt zu Baader, mit dem er bereits seit 1798 in Briefwechsel stand. Auch Baader setzte sich für die Theosophie Jakob Böhmes ein, den Schelling allerdings schon durch Friedrich Christoph Oetinger kennen gelernt hatte (vgl. Kap. III, 11).

c) Schellings Auseinandersetzung mit Leibniz

Erklärungsversuche, die im Bösen nur die Abwesenheit des Guten sehen, „lassen den Verstand und das sittliche Bewußtseyn gleich unbefriedigt" (VII, 367). Eine klassische Form dieser unbefriedigenden Erklärung bietet Leibniz' ›Theodizee‹.

Bei der folgenden Auseinandersetzung Schellings mit Leibniz ist zweierlei zu beachten:

1. Schellings Kritik an der verkehrten Auffassung des Bösen richtet sich nicht nur gegen Leibniz, sondern gegen die gesamte, vornehmlich durch Augustinus geprägte christliche Tradition. Das belegt die Anmerkung zu VII, 368.

2. Die Kritik sollte nicht darüber hinwegtäuschen, dass Schelling Leibniz außerordentlich geschätzt hat und in seinen Überlegungen oft von leibnizschen Problemstellungen ausgeht. – Bereits 1797 vermerkt Schelling in den ›Ideen zu einer Philosophie der Natur‹, dass die Zeit nun gekommen sei, die Philosophie Leibniz' wiederherzustellen (II, 20); und noch 1853 empfiehlt er seinem königlichen Schüler Maximilian II. von Bayern die ›Theodizee‹ als anziehende und anregende Lektüre (Ehrhardt 1989: 117).

Leibniz unterscheidet (Theod., § 20) einen dreifachen Sinn von *Übel* (le mal, malum): 1. malum metaphysicum (Unvollkommenheit); 2. malum physicum (körperliches Leiden, z. B. Krankheit); 3. malum morale (Böses, Sünde). Alle Arten des Übels werden letztlich auf die Unvollkommenheit der Geschöpfe zurückgeführt; und diese Unvollkommenheit ist notwendig, weil sonst das Geschöpf zu einem Gott gemacht würde (Theod., § 31). Diese Auskunft wirft die Grundfrage einer Theodizee (Rechtfertigung Gottes angesichts der vielfältigen Übel in der Welt) auf: Woher stammt das Böse, wenn Gott als vollkommenes Wesen existiert" („Si deus est, unde malum? Si non est, unde bonum?" Theod., § 20) – Schelling greift zentrale Passagen aus der ›Theodizee‹ auf, um zu zeigen, dass der leibnizsche Versuch dieses Problem nicht lösen kann.

Nach Leibniz (Theod., § 20) kann der Ursprung des Bösen nicht in der Materie liegen. Das haben 'die Alten' versucht, indem sie die Materie als von Gott unabhängiges (unerschaffenes) zweites Seinsprinzip ansetzten. Für das leibnizsche System, das alles Sein aus dem Einen (Gott) ableiten will, verbietet sich dieser Ausweg. Folglich muss der Ursprung des Bösen in der idealen Natur des Geschaffenen liegen. Die ideale Natur, das Wesen der Dinge, gehört in den Bereich der ewigen Wahrheiten, die zwar dem göttlichen *Verstand* entstammen, jedoch nicht seinem *Willen* unterworfen sind. Auch Gott kann die ewigen Wahrheiten nicht ändern.

Die Unterscheidung zwischen göttlichem Verstand und göttlichem Willen hat Leibniz an späterer Stelle der ›Theodizee‹ (§ 149) wieder aufgegriffen und vertieft. Auch diese Stelle wird von Schelling referiert: Um den Ursprung des Bösen zu erklären, muss man nach Leibniz zwei Prinzipien ansetzen. Das sind allerdings nicht zwei unabhängige Wesen, wie der Dualismus (Manichäismus; vgl. Kap. II, 4) behauptet; vielmehr sind beide Seinsprinzipien in Gott, eben göttlicher Verstand und göttlicher Wille. Der göttliche Verstand stellt die unendlichen Möglichkeiten verschiedener Welten vor; dazu gehört auch das Böse. Der Wille als solcher zielt zwar nur auf das Gute. Aber: Verstand und Wille, die durch die göttliche Macht geeint werden, schaffen die beste aller möglichen Welten, zu der verschiedene Weisen des Übels gehören. So müssen wir nach Leibniz jedenfalls schließen, auch wenn es die menschlichen Maßstäbe übersteigt.

Leibniz hat nach Schelling durchaus richtig gesehen, dass man zwei Seinsprinzipien unterscheiden muss. Sofern Leibniz beide Prinzipien als Seinsmomente des einig-einzigen Gottes versteht, wird ein Dualismus vermieden und die Möglichkeit eröffnet, das Böse auf ein eigenes Prinzip, nämlich auf den Verstand Gottes, zurückzuführen. Leibniz hat auch richtig gesehen, dass der Verstand Gottes als Grund (für die Zulassung des Bösen) das 'eher leidende' Prinzip ist – im Unterschied zum tätigen Prinzip des göttlichen Willens, der das Beste schafft. Allein: Dieser Ansatz –von 'sinnreicher Art' und auf 'Tieferes hindeutend' – wird dadurch wieder verspielt, dass Leibniz das Böse als bloße Beraubung (privatio, stéresis) des Guten bestimmt. Eine Privatio-boni-Theorie jedoch kann nicht einsichtig machen, dass gerade und allein das vollkommenste Geschöpf – der Mensch – des Bösen fähig ist. Dass zur Bosheit eine gewisse Vollkommenheit gehört, kann auch der Erzählung vom Sündenfall entnommen werden: Der Teufel (Luzifer) ist ein Engel – ehemals ein 'Lichtbringer' – und gerade nicht das Unvollkommenste aller Geschöpfe. Im Übrigen: Wenn das Böse nur in Unvollkommenheit bestünde, wie ließe sich dann erklären, dass Bosheit so oft mit großer Intelligenz und Klugheit, mit Willenskraft und Weitsichtigkeit einhergeht? „Der Grund des Bösen muß also nicht nur in etwas Positivem überhaupt, sondern eher in dem höchsten Positiven liegen, das die Natur enthält, wie es nach unserer Ansicht allerdings der Fall ist, da er in dem offenbar gewordenen Centrum oder Urwillen des ersten Grundes liegt" (VII, 369).

Im § 22 der ›Theodizee‹ legt Leibniz diesen Sachverhalt anhand der Unterscheidung zwischen dem vorhergehenden Willen (volonté antécédente) und dem nachfolgenden Willen (v. conséquente) Gottes dar. Der vorhergehende Wille ist die Neigung, das vorgestellte Gute zu verwirklichen. Vorhergehend werden verschiedene Möglichkeiten vorgestellt. Da nur *eine* Möglichkeit verwirklicht werden kann, herrscht ein Streit (conflit), der vom nachfolgenden Willen entschieden wird. Dann muss man nach

Leibniz sagen, „daß Gott *vorhergehend* das Gute und *nachfolgend* das Beste will" (§ 23). Zum Besten gehört auch die Zulassung der Übel. – Diese Überlegungen machen deutlich, dass die leibnizsche Unterscheidung zwischen göttlichem Verstand und Willen bzw. die zwischen vorhergehendem und nachfolgendem Willen durchaus als Präfiguration für Schellings Unterscheidung zwischen Grund und Existenz angesehen werden kann.

Den kaum zu überschätzenden Einfluss durch Leibniz zeigt auch Th. Buchheim (1996: 223–239) auf; allerdings setzt er einen anderen Akzent. Nach Buchheim ist Schellings Unterscheidung zwischen Grund und Existenz „aus einer vertieften Reflexion über das Leibnizsche Prinzip des [zureichenden] Grundes hervorgegangen" (228). Im Unterschied zu Leibniz, der dieses Prinzip ausschließlich für kontingente Sachverhalte geltend mache, wende Schelling den Unterschied von Grund und Existenz auch auf Gott an (232).

Leibniz hat auf alle nur erdenklichen Weisen versucht, das Böse als bloße Privation einsichtig zu machen. Alle diese Versuche sind zum Scheitern verurteilt. Schelling führt zur Ergänzung des bisher Dargelegten noch weitere Überlegungen der ›Theodizee‹ an, um sie anschließend zu kritisieren: Die allgemeine Bestimmung des Willens liegt in der Verwirklichung des Guten; der Wille ist darauf angelegt, das Vollkommene anzustreben. Die Bosheit entsteht jedoch dadurch, dass der Wille dem Sinnlichen verhaftet bleibt und nicht darüber hinausstrebt. Das Böse ist deshalb für Leibniz nichts anderes als dieser Mangel eines weiterführenden Strebens (Theod., § 33). Deshalb bedarf das Böse keines eigenen Prinzips (principium maleficum), ebenso wenig wie die Kälte oder die Finsternis eines eigenen Grundes bedürfte (Theod., § 153). Kälte etwa entsteht „durch die Verminderung einer Bewegung, die die Teilchen der Flüssigkeit voneinander trennt" (ebd.). Die Wirkkraft, die wir beim Kalten beobachten – gefrorenes Wasser kann z. B. einen Flintenlauf sprengen –, ist nur etwas Zufälliges, da der eigentliche Grund der Kälte in einem natürlichen Mangel (an Bewegung) beruht. Entsprechend verhält es sich beim Bösen. Eine eigene Wirkkraft des Bösen entsteht nur zufällig; der eigentliche Grund des Bösen ist der Mangel an Gutem.

Das unaufhebbare Dilemma eines solchen Ansatzes ist für Schelling offenkundig: An sich selbst betrachtet, ist die Beraubung 'gar nichts', nämlich von keiner eigenen sachhaltigen Bestimmung. Dennoch erfahren wir die Privation als etwas Wirkliches – etwa als Kälte, als Krankheit, als Böses. Um dies erklären zu können, muss etwas gesetzt werden, an dem das Böse sich zeigen kann. Selbst wenn das Böse bloße Negation (im Sinne der Privation) wäre, bedürfte es eines Positiven, damit das Böse überhaupt als solches erscheinen kann. Letzter Erklärungsgrund für das Böse kann aber im leibnizschen System (ebenso wie im schellingschen) nur Gott als Schöpfer alles Seienden sein. Folglich wäre Gott Ursache des Bösen! Leibniz versucht dieses Problem zu meistern, indem er – wie zuvor schon die scholastische Tradition – zwischen einer Ursache für das *Materiale* (das Positive) des Bösen und einer Ursache für das *Formale* (die Privation) des Bösen unterscheidet. Leibniz erläutert diese schwierige Unterscheidung an einem Beispiel aus der Physik, nämlich an dem von Kepler eingeführten Begriff der natürlichen Trägheit des Körpers (Theod., § 30): Mehrere unterschiedlich schwer beladene Schiffe fahren auf demselben Fluss flussabwärts. Dass sich diese Schiffe mit unterschiedlicher Geschwindigkeit bewegen, liegt nun – so Leibniz – eigentlich nicht an der Schwere, sondern an der natürlichen *Trägheit* der Materie. Das heißt: Die Reduktion der Geschwindigkeit beruht nicht auf einer eigenen Tätigkeit der Materie, sondern auf ihrer eigentümlichen Schwäche bzw. Trägheit. Die Strömungskraft, die auf die Schiffe wirkt, lässt sich nun mit der Tätigkeit Gottes vergleichen, die alles Positive in den Geschöpfen bewirkt. Die Trägheit der Materie hingegen entspricht der natürlichen Unvollkommenheit alles endlichen Seienden. Die Langsamkeit des schweren Schiffes schließlich korrespondiert mit den mangelhaften Handlungen der Kreaturen. Dann kann man so sagen:

„Die Strömung ist die Ursache der Bewegung des Fahrzeuges, aber nicht seiner Verzögerung; Gott ist die Ursache der Vollkommenheit in der Natur und den Handlungen der Geschöpfe, die Begrenztheit der Empfänglichkeit des Geschöpfes aber ist die Ursache der Mängel in seiner Tätigkeit. […] Gott […] ist ebensowenig die Ursache der Sünde wie die Strömung des Flusses die Ursache der Verzögerung des Fahrzeuges ist" (Theod., § 30).

Oder – im Blick auf die Unterscheidung zwischen materialer und formaler Ursache:

Gott ist „die Materialursache des Übels, die eben im Positiven besteht, nicht aber die Formalursache […], die in der Privation besteht, wie man auch sagen kann, daß die Strömung die Materialursache der Verzögerung sei, ohne ihre Formalursache zu sein, d. h., sie ist die Ursache der Geschwindigkeit des Schiffes, ohne die Ursache der Begrenztheit dieser Geschwindigkeit zu sein" (ebd.).

Dieser leibnizsche Vergleich ist nach Schelling schon deshalb verfehlt, weil man Trägheit gar nicht als bloße Privation verstehen dürfe. Die natürliche Trägheit der Körper sei etwas durchaus Positives, „nämlich Ausdruck der innern Selbstheit des Körpers, der Kraft, wodurch er sich in der Selbständigkeit zu behaupten sucht" (VII, 370). *So* gesehen könnte die Trägheit tatsächlich ein Bild des Bösen sein. Denn auch das Böse ist etwas Positives, eben die reale Verkehrung der natürlichen Einheit von Eigen- und Universalwille. Leibniz kann nach Schelling die Endlichkeit als solche (malum metaphysicum) erklären, nicht aber das Böse. Das Böse nämlich gründet nicht einfach in der Endlichkeit, sondern in „der zum Selbstseyn erhobenen Endlichkeit“ (ebd., Anm.).

Wie es aber im Einzelnen um die Argumentation bei Leibniz auch bestellt sein mag – *alle* Versuche, das Böse als bloßen Mangel an Gutem zu erklären, scheitern, weil sie von der abstrakten Entgegensetzung Bejahung – Verneinung ausgehen und deshalb keine eigene Realität des Bösen anerkennen können. Man übersieht – in ‘dialektischer Unmündigkeit’ –, dass es nicht nur die Negation (Beraubung) als abstrakten Gegenbegriff zum Positiven, sondern auch einen *mittleren Begriff* als lebendig-reellen Gegensatz gibt. Dieser mittlere Begriff ist nicht die bloße Negation des Positiven (Guten), sondern die *Umkehr* der natürlichen Einheit und Harmonie. Das bedeutet: Das Böse wird von denselben Kräften (Eigen-, Universalwille) bestimmt und getrieben wie das Gute. Das ‘Materiale’ ist insofern dasselbe beim Guten wie beim Bösen; nur so lässt sich die dem Bösen eigene Macht erklären. Der Unterschied – das hat Leibniz sehr wohl gesehen – liegt allein im ‘Formalen’. Aber – der Fehler Leibniz’ – das Formale liegt nicht in der bloßen Negation qua Privation, sondern, – wie Schelling immer wieder einschärft – in der Disharmonie der Lebenskräfte.

Alle dogmatische (vorkantische) Philosophie muss nach Schelling an der Erklärung des Bösen scheitern, weil sie einen unzureichenden Begriff vom Menschen hat. Die Eigentümlichkeit menschlicher Existenz liegt nicht einfach in seiner Endlichkeit, der man eine (mehr oder weniger abstrakt bleibende) göttliche Unendlichkeit entgegenstellt. Vielmehr ist der Mensch dadurch ausgezeichnet – Schelling betont es noch einmal (vgl. VII, 364; Kap. III, 6 a) –, dass er als Wesen des Geistes frei ist und sein Selbstsein gegen die natürliche Ordnung der Lebenskräfte setzen kann. Sollte die dogmatische Philosophie versuchen, ihren Mangel durch den Hinweis zu verdecken, dass die Disharmonie nichts anderes als Privation sei, dann ist darauf zu entgegnen: Zum einen impliziert ihr Begriff der privatio kaum den Begriff der Aufhebung bzw. der Trennung einer Einheit. Zum anderen beruht die Disharmonie, die als Ursprung des Bösen angenommen werden muss, nicht auf bloßer Trennung, sondern auf einer *falschen Einheit* der Kräfte. Diese falsche Einheit hat zwar eine ‘Zertrennlichkeit’ der Seinsprinzipien zur Voraussetzung; aber die Trennung allein konstituiert noch nicht das Böse. Würde die Einheit, die das Gute und das lebendige Sein überhaupt bestimmt, bloß aufgehoben, dann wäre gar nichts mehr: kein Sein, kein Leben, kein Böses. Reine Negation der Einheit wäre der Tod, der Tod des Guten *und* des Bösen (wie auch der physische Tod das Ende der Krankheit ist). – Deshalb betont Schelling zum wiederholten Male: „Aber eben jene falsche Einheit zu erklären, bedarf es etwas Positives, welches sonach im Bösen nothwendig angenommen werden muß, aber so lange unerklärbar bleiben wird, als nicht eine Wurzel der Freiheit in dem unabhängigen Grunde der Natur erkannt ist" (VII, 371).

d) Die Sinnlichkeit als unzureichender Grund des Bösen

Mit der Privatio-Theorie ist eine andere Auffassung aufs Engste verbunden, nämlich die Erklärung des Bösen aus der sinnlichen Natur des Menschen. Der Zusammenhang lässt sich leicht herstellen: Nach Leibniz gründet alles Übel letztlich im malum metaphysicum, in der notwendigen Unvollkommenheit aller Geschöpfe. Diese Unvollkommenheit dokumentiert sich in unserer Bindung an die körperhafte Sinnlichkeit. Wir werden von Neigungen getrieben, und die Sinne liefern uns nur verworrene Vorstellungen (pensées confuses). Auf dem Standpunkt eines verworrenen Wissens und eines von Leidenschaften bestimmten Willens können wir aber nicht wahrhaft frei sein. Freiheit erlangen wir nur, wenn wir auf der Grundlage verständiger Einsicht handeln. Allerdings kommt diese Ansicht nicht erst durch Leibniz ins Spiel; sie ist im Grunde so alt wie die europäische Metaphysik. Bereits Platon hatte gefordert, dass der vernünftige Seelenteil über die Begierden und den zornigen Drang herrschen müsse; und die äußerste Konsequenz dieses Platonismus zeigt sich in der Moralphilosophie. Nach Kant handelt der Mensch nur dann frei, wenn er das Gesetz der reinen praktischen Vernunft (kategorischer Imperativ) zur Triebfeder seiner Handlungen macht. 'Frei handeln' ist gleichbedeutend mit 'gut handeln'. Wo die sinnlichen Neigungen vorherrschen, kann es folglich keine Freiheit geben.

Der Kant der Religionsschrift wird freilich von dieser Kritik nicht getroffen (s. Kap. III, 8b). Denn dort betont Kant ausdrücklich, dass der Grund nicht in der Sinnlichkeit liegen könne. Zum einen habe die Sinnlichkeit, weil nicht zur Sphäre der Freiheit gehörend, keinen direkten Bezug zum Bösen; angesichts sinnlicher Neigungen könnte der Wille zum Guten gerade seine Kraft beweisen. Zum anderen trage der Mensch für seine Sinnlichkeit, die Voraussetzung seiner physischen Existenz, gar keine Verantwortung. Schellings Kritik und Polemik zielt denn auch weder auf Platon noch auf Kant, sondern auf ein Zeitalter des 'Philanthropismus', das die Potenz des Bösen nicht wahrhaben will.

Allen Theorien, die das Böse in der sinnlichen Natur (animalitas) begründen, hält Schelling entgegen, dass sie nicht nur einen Zusammenhang von Bosheit und Freiheit leugnen, sondern das Böse völlig aufheben. „Denn die Schwäche oder Nichtwirksamkeit des verständigen Princips kann zwar ein Grund des Mangels guter und tugendhafter Handlungen seyn, nicht aber ein Grund positiv-böser und tugendwidriger" (VII, 371).

Es gibt eben dann nur mehr oder weniger gute Handlungen – eine Auffassung, die der menschlichen Erfahrung völlig widerspricht. Wir erfahren doch im privaten wie im öffentlichen Leben nur zu oft einen Abgrund des Bösen, der durch einen gradweisen Mangel an Gutem nicht mehr zu erklären ist.

Aber selbst wenn man von diesem Problem einmal absieht und zugesteht, dass das Böse aus der sinnlichen Konstitution des Menschen entsteht, dann kann die Frage nach dem Ursprung des Bösen immer noch nicht zufrieden stellend beantwortet werden. Denn die Sinnlichkeit ist rezeptiv, in diesem Sinne passiv (im Gegensatz zum spontanen Denken), und das Böse würde auf diese Passivität zurückgeführt. Dann hätte es gar keinen Sinn von bösen *Handlungen* zu sprechen. Vor allem aber: Die Sinnlichkeit gehört zum Wesen des Menschen. Gründet das Böse ausschließlich in der sinnlichen Natur des Menschen, dann kann er für tugend- und rechtswidrige Taten nicht zur Verantwortung gezogen werden.

Schelling fügt noch ein weiteres Argument an, um die völlige Unhaltbarkeit dieser Auffassung aufzuzeigen. Wenn man behauptet, das Böse entstehe dadurch, dass das vernünftige Prinzip der menschlichen Natur in der Sinnlichkeit nicht wirksam sei, dann ist die Frage zu beantworten, warum es denn nicht wirke. Als Antwort gibt es nur die folgende Alternative: Entweder beruht das Nichtwirken auf einem Willensentschluss. In diesem Fall wäre der Willensentschluss – und nicht die Sinnlichkeit – eigentlicher Grund des Bösen. Oder der Wille kann sich gar nicht gegen die Macht der Sinnlichkeit erheben. Dann stehen wir wieder vor dem Problem, dass das Böse sich aufgelöst hat; denn der Begriff des Bösen hat nur Sinn, wenn das Böse Resultat eines Willensentschlusses ist. „Es gibt daher nach dieser Erklärung nur Einen Willen (wenn er anders so heißen kann), keinen zweifachen, und man könnte in dieser Hinsicht die Anhänger derselben [...] mit einem [...] aus der Kirchengeschichte, jedoch in einem andern Sinne genommenen, Namen die Monotheleten nennen“ (VII, 372). Der in Ostrom im 7. Jahrhundert entstandene Monotheletismus (mónon thélema – ein einziger Wille) lehrte nämlich, dass zwar Christus zwei Naturen (göttlich, menschlich), aber nur einen einzigen Willen, nämlich den göttlich-logoshaften, besessen habe.

Die Anhänger eines solchen 'Philanthropismus' lassen nur einen Willen zum Guten, nicht aber einen Willen zum Bösen gelten. Recht besehen, verkennen sie nach Schelling jedoch auch das *gute* Handeln, sofern sie es nur im Verstand verankern. Das gute ist nämlich ebenso wie das böse Handeln ein selbsthaft-geistiges Wirken; und der Geist ist keine einfache Einheit, sondern die Vereinigung gegensätzlicher Momente (Grund – Existenz, Eigenwille – Universalwille, Sinnlichkeit – Verstand). Gerade auch das böse Handeln ist in seiner Verkehrung geisthaftes Handeln. Deshalb gibt es eine „Begeisterung", einen Enthusiasmus und eine Dämonie des Bösen. Das können alle Platoniker nicht erklären.

Weil das Böse nur in der Sphäre des Geistes seinen Ursprung hat, deshalb kann es nur vom Menschen verwirklicht werden. Zwar ist im gesamten Naturbereich auch das 'böse' Prinzip wirksam, aber nur als „blinde Sucht und Begierde" (VII, 372); die natürliche Unterordnung des Eigenwillens unter den Universalwillen kann dadurch nicht aufgehoben werden. Der Mensch kann deshalb – Schelling beruft sich noch einmal auf Baader – nur unter oder über den Tieren stehen, nicht aber ihnen gleich werden.

„Nie kann das Thier aus der Einheit heraustreten, anstatt daß der Mensch das ewige Band der Kräfte willkürlich zerreißen kann. Daher Fr. Baader mit Recht sagt, es wäre zu wünschen, daß die Verderbtheit im Menschen nur bis zur Thierwerdung ginge; leider aber könne der Mensch nur unter oder über dem Thiere stehen" (VII, 372f.).

7. Die Wirklichkeit des Bösen

a) Die Ankündigung des Bösen in der Natur

Die Möglichkeit des Bösen ist dargelegt „aus den ersten Gründen (VII, 373). Damit ist der seit Aristoteles (Metaph. IV, 1; 1003 a 26f.) erhobenen Forderung Genüge getan, dass die Philosophie qua Metaphysik die ersten Ursachen und Anfangsgründe des Seienden zu erforschen habe. Für Schellings Freiheitsphilosophie bedeutet dies: Die Möglichkeit des Bösen ist aufgewiesen auf der Basis der das gesamte System tragenden Unterscheidung zwischen Grund und Existenz. Diese Unterscheidung erlaubt es auch – Schelling verweist darauf in einer Anmerkung (VII, 373) –, das christliche Schöpfungsdogma angemessen zu erklären. Wie immer wieder betont wurde, ist eine Emanationslehre unbefriedigend. Wenn man jedoch statt dessen behauptet – wie z. B. Augustinus (›De libero arbitrio‹ I, 2) –, Gott habe alles aus nichts erschaffen, dann steht man vor einem noch größeren Problem. Denn das Nichts ist ein „Kreuz des Verstandes" (VII, 373), sofern aus dem reinen Nichts auch nichts werden kann (ex nihilo nihil fit). Dieses Problem lässt sich jedoch mit Schellings Prinzipien lösen: Die Schöpfung ist Verwirklichung des Grundes. Der Grund ist zwar das Nicht-Existierende; aber er ist nicht schlechthin nichts; der Grund ist in Gott, aber nicht Gott selbst.

Im nächsten Schritt gilt es nun, den Übergang von der Möglichkeit zur Wirklichkeit des Bösen zu erklären. Dabei ist nach Schelling nicht nur darauf zu sehen, auf welche Weise das Böse im Menschen entsteht; sondern zunächst ist darauf zu achten, dass im gesamten Seienden ein dem Guten widerstreitendes Prinzip wirkt. Deshalb ist darzulegen, warum dieses

Prinzip nicht nur im Grunde bleibt, sondern „aus der Schöpfung habe hervorbrechen können“ (VII, 373), sodass es in allem Geschaffenen gleichsam einen Drang zur Verwirklichung des Bösen gibt.

Da sich nach Schelling kaum leugnen lässt, dass das ‘Böse’ – im Sinne eines dunklen, sich aller Rationalität widersetzenden Wirkprinzips – in der Natur wirksam ist, so kann man vorab sagen: Zur Offenbarung Gottes gehört notwendig die Verwirklichung des Bösen. Das lässt sich aus dem bisher Ausgeführten so begründen: Gott ist die unauflösliche Einheit von Grund und Existenz, von Eigenwille und Universalwille. Würde diese Einheit im Menschen auf dieselbe unauflösliche Weise verwirklicht, dann wäre – Schelling wendet zunächst das leibnizsche Argument an (s. Kap. III, 6 c) – der Mensch nicht von Gott zu unterscheiden. Vor allem aber ist dies zu bedenken: Ein jegliches kann in dem, was es ist, nur an seinem Gegenteil offenbar werden. Was Liebe ist, wird nur offenbar in der Gegenwendung zu Hass und Zwietracht. Was Einheit ist, kann sich nur zeigen, wenn es auch Streit und Auflösung gibt. Damit Gott als unzertrennliche Einheit der konkurrierenden Seinsprinzipien offenbar werden kann, ist es folglich notwendig, dass es Seiendes gibt, in dem diese Einheit zertrennlich ist. Und im Zusammenhang der Erklärung zur Möglichkeit des Bösen wurde bereits gesagt, dass im Menschen dieses gegengöttliche Wesen Wirklichkeit wird, sofern der Mensch als geisthafte Person frei ist gegenüber der göttlichen Ordnung der Seinsprinzipien. Der Mensch als Wesen der Freiheit ist notwendig für die vollkommene Offenbarung; für den freien Menschen aber gilt: „was er [der Mensch] auch wähle, es wird seine That seyn“ (VII, 374).

Ursprünglich ist der Mensch ein Wesen der Unentschiedenheit, das sowohl die Möglichkeit zum Guten als auch zum Bösen hat. In dieser Unentschiedenheit kann der Mensch jedoch nicht verharren; denn dies wäre ein Verharren im bloßen Möglichsein. Er muss aber – wie gesagt – wirklich werden, damit Gott sich offenbaren kann. Vor allem aber ist dies zu bedenken: Sofern das Ursein ein Wollen ist, ist Wirklichkeit als Entschiedenheit zu verstehen. Soll Seiendes überhaupt erklärt werden können, dann kann es nicht bei dieser Zweideutigkeit bleiben. Es ist also notwendig, *dass* die Unentschiedenheit überwunden wird. Aber *wie* soll das geschehen? Denn bei einem vollkommenen Gleichgewicht (zwischen der Freiheit zum Guten und Bösen) kann es nicht zur Tat kommen (‘Buridans Esel’, vgl. S. 52, 94).

In seiner Spätphilosophie hat Schelling die Notwendigkeit zur Entscheidung als universalontologisches Gesetz herausgestellt: „Diese Zweideutigkeit darf [...] nicht bleiben, sie *muß* entschieden werden. Sie *darf* nicht bleiben, sage ich, und spreche damit gleichsam ein Gesetz aus, das verbietet, daß etwas in der Unentschiedenheit verharre, ein Gesetz, das fordert, daß nichts verborgen bleibe, alles offenbar werde, alles klar, bestimmt und entschieden sey, damit jeder Feind überwunden und so erst das vollkommene, beruhigte Seyn gesetzt werde. In der That eben *dieß* ist das alleinige über allem schwebende Weltgesetz" (XII, 142; ähnlich: XI, 492; XIV, 14, 259). In der Freiheitsschrift ist sicher der anthropologische Aspekt vorrangig. Deshalb stellt V. Gerhardt zu Recht fest: „Der Mensch muß sich entscheiden, weil er anders seine Existenz als geistiges Wesen nicht sichern kann" (1989: 99).

Damit die Entscheidung – Schelling setzt hier voraus: zum Bösen – fällt, muss es eine Versuchung ('Sollizitation') geben. Das ist auch deshalb notwendig, weil die beiden Seinsprinzipien vor der Entscheidung 'bewusst' werden müssen (s. Kap. III, 5). Ist eine solche Sollizitation notwendig, dann drängt sich die Annahme eines 'bösen Grundwesens' – sei es die Materie, sei es ein gefallener Engel – auf. Im Rahmen des vorliegenden Entwurfs jedoch ist eine solche Annahme strikt abzuwehren. Emphatisch betont Schelling: Er habe ein für alle Mal bewiesen (!), dass das Böse nur in einem geschaffenen Wesen wirklich werden könne, das den beiden Seinsprinzipien gegenüber frei sei. Die Hypothese eines bösen (ungeschaffenen) Urwesens ist unhaltbar, weil – wie mehrfach dargelegt – zur Realisierung des Bösen die Zertrennlichkeit *zweier* Prinzipien vorausgesetzt werden muss.

Im Blick steht vor allem die Auffassung, dass die 'platonische Materie' das Gott widerstrebende und deshalb böse Grundprinzip sein soll. Ob diese Auffassung tatsächlich Platon selbst zugeschrieben werden kann, liegt nach Schelling „im bisherigen Dunkel" (VII, 374). – Dieser Hinweis bezieht sich auf Platons ›Timaios‹, den Schelling bereits 1794 kommentiert hat. In ›Philosophie und Religion‹ erklärt er diesen Dialog für unecht, weil man nicht annehmen dürfe, dass Platon einem Dualismus verfalle (VI, 36f.). Diese Zusammenhänge werden ausführlich von H. Krings gewürdigt (Schelling, Timaeus, 1994: 149ff.).

Das entscheidende Problem für die Erklärung der Freiheit in einem absoluten System liegt eben darin, verständlich zu machen, in welchem Sinne das Böse, da es nicht in Gott selbst seinen Ursprung haben kann, mit dem göttlichen Sein zusammenhängt. Schelling beansprucht, dieses Problem – im Gegensatz zur gesamten bisherigen Philosophie – gelöst zu haben. Deshalb wiederholt er noch einmal, in variierenden Wendungen, seinen Lösungsansatz: Für eine 'systematische' Erklärung können nur die beiden Prinzipien, die in ihrer Einheit das göttliche Sein konstituieren, herangezogen werden. In der göttlichen Einheit der beiden Prinzipien kann das Böse nicht gründen; denn diese Einheit wird vollzogen durch den Geist der Liebe, der dem Willen zum Bösen entgegengesetzt ist. Ebenso wenig kann das Böse in der Existenz seinen Ursprung haben, da dieses Prinzip dem Wirken des verständigen Universalwillens zu Grunde liegt. Folglich muss das Böse durch den *Grund* erklärt werden.

Auch das absolute göttliche Leben bedarf eines Grundes; im Unterschied zu allem endlich Existierenden hat es den Grund seiner Existenz in sich selbst. Dieses In-Sein hebt jedoch die Gegenwendigkeit der Willenskräfte nicht auf. „Der Wille der Liebe und der Wille des Grundes sind zwei verschiedene Willen, deren jeder für sich ist" (VII, 375). Gott ist die höchste lebendige Einheit der beiden gegensätzlichen Seinsprinzipien; die Negation *eines* Prinzips wäre zugleich die Negation des Ganzen. So muss der göttliche Wille der Liebe den göttlichen Willen des Grundes als das Prinzip aller Schöpfung wirken lassen, damit die Liebe wirklich offenbar werden kann. Nur in diesem Sinne könnte man den leibnizschen Begriff der 'Zulassung' (des Bösen durch Gott) anwenden. Dabei ist freilich zu beachten: Wirklich wird das Böse nicht durch Gott, sondern durch den Menschen. Und die ontologische Rede von einer Zulassung der Wirkkraft des Grundes darf auf keinen Fall moralisch verstanden werden: als müsse der Mensch das Böse bejahen, um die Liebe und das Gute zu offenbaren. (Dieser Problemzusammenhang wird im nächsten Kapitel wieder aufgegriffen.)

Für die Offenbarung des göttlichen Lebens ist es somit notwendig, dass der Wille des Grundes seine in sich zurückstrebende Wirkkraft entfaltet. Das aber bedeutet: Mit dem Beginn alles Lebens (aller Schöpfung) erwacht der *Eigenwille*. In dieser Erregung des Partikularwillens liegt die 'Sollizitation zum Bösen', die schließlich den Menschen aus seiner Unentschiedenheit herausdrängen wird.

Die Wirksamkeit des Eigenwillens dokumentiert sich in der Natur als *Irrationales und Zufälliges*. In der Natur nämlich herrscht keine absolute Notwendigkeit und keine uneingeschränkte Zweckmäßigkeit. Es gibt das Planlose, Dunkle, Chaotische; es gibt Missbildungen und Fehlentwicklungen, hinter denen kein Zweck zu entdecken ist. Überhaupt zeugen Lust und Begierde, vor allem aber der *Selbsterhaltungstrieb* vom Wirken des Eigenwillens. Dem Selbsterhaltungstrieb steht das Sterben und Sich-Auflösen des organischen Seins entgegen. Auch in diesem unaufhaltsamen Vergehen des Lebendigen liegt keine 'geometrische' Notwendigkeit. Denn der Organismus besitzt die Kraft der Regeneration, und es wäre ohne Widerspruch denkbar, dass dieser Prozess der organischen Erneuerung ewig fortdauern würde und das einzelne Lebendige aus eigener Kraft unsterblich wäre. Dass es sich nicht so verhält, ist ein weiteres Indiz für das anfängliche Wirken des Grundes, der dem Verstand und der offenbarenden Liebe entgegenstrebt.

Mit dem Terminus 'geometrische Notwendigkeit' greift Schelling auf Leibniz zurück, der in der ›Theodizee‹ diesen Begriff öfter verwendet. Der Begriff gehört in den Kontext der bekannten Unterscheidung zwischen Vernunft- und Tatsachenwahrheiten. Die Vernunftwahrheiten sind logisch (bzw. geometrisch bzw. metaphysisch) notwendig, weil ihr Gegenteil nicht denkbar ist. Bei den Tatsachenwahrheiten hingegen (z. B. „Caesar hat den Rubikon überschritten") ist die Negation widerspruchsfrei denkbar. Sie sind nur hypothetisch (bzw. physisch bzw. moralisch) notwendig.

Es bleibt festzuhalten: In der Natur kündigt sich das Böse zwar an; aber das eigentliche Reich des Bösen ist die Welt des Geistes und seiner Geschichte. Deshalb stellt Schelling – bevor er die Urtat des Bösen ausführlich thematisiert – das Konzept seiner *Geistes-* und *Geschichtsphilosophie* vor. Ausführlich wird dieses Konzept erst in der Spätphilosophie (Philosophie der Mythologie und der Offenbarung) entfaltet. In der Freiheitsschrift geht es nur darum, den Zusammenhang dieses Systemteils mit dem Ursprung des Bösen aufzuzeigen.

b) Das Böse in der Geschichte des Geistes

Das Werden des geistigen Lebens entwickelt sich in der gleichen Weise wie das Leben der Natur: aus denselben Seinsprinzipien und in einem Prozess, der, durch Stufen (Potenzen) markiert, einem Ziel zustrebt. Für die Entstehung des Lebens ist das Licht notwendige Voraussetzung (vgl. S. 59f.); es kann aber nur erscheinen auf der Grundlage eines finsteren Prinzips (Materie). So ist das Licht die Verwirklichung (Aktus) einer bereits in der Materie liegenden Seinsmöglichkeit (Potenz). Entsprechend ist die Geburt des Geistes nur möglich auf der Basis eines ihm widerstrebenden dunklen Seinsprinzips. Da sich aber im Geist eine höhere Form des Lebens manifestiert, muss auch der dem Geist entgegenstehende Seinsgrund höher stehen als die dunkle Materie der Natur. Dieses höhere Prinzip ist der „Geist des Bösen".

Hier stellt Schelling – vorerst nur stichwortartig und schwer durchschaubar (vgl. Fuhrmans 1964: 162f.) – die Grundzüge einer Philosophie der Offenbarung vor. Dabei betont er zunächst (VII, 377f.), dass mit der Entstehung der Welt des Geistes auch die Seinsprinzipien auf eine höhere Stufe gehoben, d.h. idealisiert werden. So wird das finstere Prinzip des Grundes personalisiert; es erscheint als Satan, als Geist gewordenes Prinzip des Bösen. Dieses Urböse kann nur dadurch überwunden werden, dass sich Gott selbst offenbart: in Jesus Christus. Das ist das Thema einer Offenbarung im engeren, d.h. übernatürlichen Sinne, während die Offenbarung überhaupt mit der Erschaffung der Natur beginnt. Natürliche *und* übernatürliche Offenbarung sind Perioden *eines* Geschehens, nämlich der umfassenden Verwirklichung Gottes in der Zeit. Deshalb muss sich auch die geschichtliche Offenbarung in Stufen vollziehen; und da in beiden dieselbe Gesetzmäßigkeit herrscht, können sich die beiden Prozesse wechselseitig erhellen. Für die gegenwärtige Überlegung ist folgende Gemeinsamkeit hervorzuheben: Sowohl für den Grund in der Natur als auch für den Grund in der Geschichte gilt – wie bereits am Anfang des Systementwurfs betont wurde –, dass er jeweils nur *Grundlage* der Existenz ist. Folglich soll auch das Böse, das auf den 'idealen' Grund zurückgeht, nicht wirklich werden, sondern nur Grundlage für die Offenbarung des Guten sein. Dem soll sich auch der Mensch fügen. Entscheidet sich jedoch der Mensch zum Bösen, dann wird ein höheres Offenbarungsgeschehen notwendig, an dessen Ende das Böse wieder zum bloßen Grund wird.

Auf diese Weise wird deutlich, dass Schellings Geschichtsphilosophie zugleich Offenbarungsphilosophie ist. Das gilt nicht nur für die Freiheitsschrift, sondern für Schellings Denken überhaupt. In den ›Vorlesungen über die Methode des akademischen Studiums‹ (1803) begründet er diesen untrennbaren Zusammenhang so:

„Diese bewußte Versöhnung, die an die Stelle der bewußtlosen Identität mit der Natur und an die der Entzweiung mit dem Schicksal tritt und auf einer höheren Stufe die Einheit wiederherstellt, ist in der Idee der Vorsehung ausgedrückt. Das Christenthum also leitet in der Geschichte jene Periode der Vorsehung ein, wie die in ihm herrschende Anschauung des Universum die Anschauung desselben als Geschichte und als einer Welt der Vorsehung ist.

Dieß ist die große historische Leistung des Christenthums: dieß der Grund, warum die Wissenschaft der Religion in ihm von der Geschichte unzertrennlich, ja mit ihr völlig eins seyn muß" (V, 290f.).

In der Freiheitsschrift erläutert Schelling sein geschichtsphilosophisches Konzept, indem er die entscheidenden Stufen dieses geistigen Prozesses anführt und kurz charakterisiert. Diese Skizze greift dem systematischen Zusammenhang vor, da die geschichtliche Entwicklung die erst im nächsten Abschnitt erörterte Urentscheidung des menschlichen Bewusstseins voraussetzt.

1. Im Anfang währt eine Zeit der *Unschuld*, d.h. der Unwissenheit über den Unterschied zwischen Gut und Böse. Das bezeugen noch die Sagen über ein goldenes Zeitalter. Eigentlich ist dies der geschichtslose Zustand der Unentschiedenheit, bei dem es nicht bleiben kann.

2. Die Entwicklung zu einer Welt des Geistes setzt mit der Zeit der Götter und Heroen ein. Hiervon künden die verschiedenen Mythen der alten Völker. In ihrem Inneren wird diese Zeit durch das Wirken des göttlichen Grundes in der Natur geprägt. Der Mensch bestimmt sich nicht aus eigenem Verstand und Willen; sondern er unterwirft sich „der Allmacht der Natur" und dem Spruch „erdentquollener Orakel" (VII, 379). Da der Grund zwar Grund Gottes, aber nicht Gott in seiner Einheit ist, zerfällt das eine göttliche Wesen in eine Vielzahl von Göttern, die in der Natur walten. Ihre sinnliche Präsenz gewinnen die Götter in den Werken der

Kunst, die in höchster Blüte steht. (Schelling hat die klassische griechische Antike vor Augen.)

Das Wirken des Grundes bleibt nicht auf die Natur beschränkt; der Grund will sich zum universellen, 'welterobernden' Prinzip erheben und sich in einem irdischen Reich manifestieren (Imperium Romanum). Weil aber der Grund aus sich allein die wahre Einheit nicht schaffen kann, ist diese Welt dem Zerfall preisgegeben.

„Schon zuvor, und ehe noch der gänzliche Zerfall da ist, nehmen die in jenem Ganzen [des Grundes] waltenden Mächte die Natur böser Geister an, wie die nämlichen Kräfte, die zur Zeit der Gesundheit wohlthätige Schutzgeister des Lebens waren, bei herannahender Auflösung bösartiger und giftiger Natur werden: der Glaube an Götter verschwindet, und eine falsche Magie sammt Beschwörungen und theurgischen Formeln strebt die entfliehenden zurückzurufen, die bösen Geister zu besänftigen" (VII, 379).

Der Grund setzt alle Kräfte frei und drängt auf Entscheidung. Das Böse wird immer geisthafter, immer entschiedener und persönlicher. Mit diesem Bösen kann nur noch Gott selbst den Kampf aufnehmen; und da das Böse in der Welt wirkt, muss Gott selbst in diese Welt kommen.

3. Die Menschwerdung Gottes wird vorbereitet durch Propheten, durch Zeichen und Wunder. In ihnen wirken göttliche Kräfte, die dem zerstörerischen Wirken des Grundes entgegentreten. Die äußerste Krisis manifestiert sich in einer Scheidung und Verwirrung der Völker (Turmbau zu Babel; turba gentium). Die Krisis macht eine 'zweite Schöpfung' möglich und notwendig, die mit einer 'neuen Scheidung in Völker und Zungen' (Pfingsten) einsetzt. Hiermit beginnt unsere geschichtliche Zeit; auch diese Zeit ist bestimmt durch den Kampf zwischen Gut und Böse. Aber am Ende wird das Böse endgültig besiegt und Gott als der uneingeschränkt Existierende offenbar. – Mit diesen Hinweisen zu einer Philosophie der Offenbarung, die an späterer Stelle (s. Kap. III, 10 c) noch einmal aufgegriffen werden, leitet Schelling wieder zum eigentlichen Thema über, nämlich zur Frage nach der Entscheidung des Menschen zum Bösen.

Es gibt also in der Schöpfung ein ursprüngliches Böses nicht im moralischen, sondern im dargelegten universell-ontologischen Sinne. Es resultiert aus den gegenstrebigen Kräften des Grundes und drängt immer mehr zur Verwirklichung. Dadurch wird auf eine erste Weise deutlich, dass es im menschlichen Wesen einen Hang zum Bösen gibt. Denn der gegen die natürliche Ordnung strebende Grund ist auch im Menschen wirksam – ja, er entfaltet als selbstbewusster Eigenwille im Menschen seine höchste Wirksamkeit. Nicht nur der Gattung 'Mensch' eignet ein Hang zum Bösen;

sondern jeder Einzelne von uns folgt einem individuellen Willen, der die natürliche Ordnung bedroht.

Der Zustand der Unschuld und Unentschiedenheit, der das anfängliche Wesen des Menschen ausmacht, ist keinesfalls ein behaglich-ruhiges Zeitalter, wie es mythische Erzählungen nahe legen. Eigenwille und Universalwille liegen nämlich derart miteinander im Streit, dass jeder für sich die unumschränkte Herrschaft anstrebt. Eine harmonische Vereinigung dieser entgegengesetzten Tendenzen scheint unmöglich zu sein. Nach Schelling lässt sich dieser Zustand vor der Entscheidung mit einem *Schwindel* vergleichen, von dem jemand ergriffen wird, der auf einem hohen Berggipfel steht und von der haltlosen Tiefe magisch angezogen wird. Ein solches Gefühl, in dem der Mensch jeglichen Halt zu verlieren droht und nichts mehr Sicherheit gewähren kann, ist *Angst*. „Die Angst des Lebens selbst treibt den Menschen aus dem Centrum, in das er erschaffen worden; denn dieses als das lauterste Wesen alles Willens ist für jeden besondern Willen verzehrendes Feuer [...]" (VII, 381).

Nicht eine fremde Macht, sondern der Eigenwille, der das Selbst setzen will, drängt den Menschen zur Entscheidung. Sich ängstigend, stürzt der Mensch sich gleichsam in die Tiefe – mit der trügerischen Hoffnung, außerhalb der göttlich-natürlichen Ordnung (nicht im 'Zentrum', sondern in der 'Peripherie') sein Selbst und seinen Frieden zu finden. Die Verwirklichung der Selbstheit, das Absolutsetzen des Eigenwillens, ist – theologisch gesprochen – die *Sündentat*. Damit wird zugleich die Notwendigkeit des *Todes* gesetzt – nicht um das menschliche Leben überhaupt zu zerstören, sondern um die selbstsüchtige Eigenheit absterben zu lassen. Nur durch den Tod kann der zerstörerische Eigenwille geläutert werden und in das selbstlose Wollen des Universalwillens zurückkehren.

Für die weiteren Darlegungen bleibt festzuhalten: Die Entscheidung des Menschen wird durch eine 'allgemeine Notwendigkeit' bestimmt; sie wäre ohne das für die Offenbarung notwendige Wirken des Grundes, ohne eine allgemeine Sollizitation zum Bösen nicht möglich. Dennoch trägt der Mensch die volle Verantwortung für diese Entscheidung; denn der Grund allein kann das Böse (im strikten Sinne) nicht verwirklichen. Diesen Problemzusammenhang – die Verwirklichung menschlicher Freiheit angesichts einer allgemeinen Notwendigkeit – gilt es nun genauer aufzuklären. Wie kann die Entscheidung des Menschen innerhalb des absoluten Systems widerspruchsfrei gedacht werden?

8. Die Entscheidung zum Bösen

a) Der formelle Freiheitsbegriff

Um das Wesen der menschlichen Freiheit zu ergründen, sind sowohl der formelle als auch der reale Freiheitsbegriff zu beachten. Darauf hatte Schelling bereits in der Einleitung hingewiesen (VII, 345, 351; s. Kap. II, 3). Aber dort wurde vor allem betont, dass der formelle Freiheitsbegriff durch den realen (Freiheit zum Guten und Bösen) ergänzt werden müsse. Deshalb stand bisher vornehmlich der reale Freiheitsbegriff im Blick. Jetzt greift Schelling auf die formelle Bestimmung der Freiheit zurück, weil sich ohne sie das Verständnis der menschlichen Urentscheidung nicht erschließt.

Die grundlegenden Schwierigkeiten des realen Freiheitsbegriffs im Rahmen eines Vernunftsystems hatte Schelling ausführlich analysiert (VII, 352 ff.; s. Kap. II, 4). Diese Schwierigkeiten sind – nach Schellings eigenem Anspruch – durch Rückführung des Bösen auf den 'Grund' lösbar. Der *formelle* Freiheitsbegriff stellt allerdings auch vor erhebliche Probleme, die bisher nur gestreift wurden und nun systematisch zu thematisieren sind.

Nach einer 'gewöhnlichen' Vorstellung ist die Freiheit ein unbestimmtes (nicht determiniertes) Vermögen, zwischen Möglichkeiten zu wählen und eine dieser Möglichkeiten zu verwirklichen. Formallogisch betrachtet, sind die zur Wahl stehenden Möglichkeiten kontradiktorisch entgegengesetzt (A oder – A). Das heißt: Die Entscheidung für die eine Möglichkeit ist zugleich die Negation der anderen; beides kann nicht zugleich gewählt werden. Soll nun die Entscheidung wirklich frei sein, dann darf sie durch keinen äußeren Grund bestimmt werden; etwas wird frei gewählt, wenn es gewollt ist „schlechthin bloß, weil es gewollt wird" (VII, 382). Diese gewöhnliche Auffassung von (Wahl-)Freiheit könnte sich sogar darauf berufen, dass sie Schellings eigenen Darlegungen entspricht, sofern der Mensch als Wesen der Unentschiedenheit bestimmt wurde. Aber: Die Bestimmung der Freiheit als Indifferenz kann keine Handlung wirklich erklären. Wer sich ohne jeglichen Beweggrund für die eine oder andere Möglichkeit entscheidet, handelt *unvernünftig* – aber nicht frei; denn Freiheit soll doch einem wissenden und sich wissenden Geist vorbehalten sein.

„Sich ohne alle bewegenden Gründe für A oder – A entscheiden zu können, wäre, die Wahrheit zu sagen, nur ein Vorrecht, ganz unvernünftig zu handeln, und würde den Menschen von dem bekannten Thier des Buridan, das nach der Meinung der Vertheidiger dieses Begriffes der Willkür zwischen zwei Haufen Heu von gleicher Entfernung, Größe und Beschaffenheit verhungern müßte (weil es nämlich jenes Vorrecht der Willkür nicht hat), eben nicht auf die vorzüglichste Weise unterscheiden" (VII, 382).

Die Verteidiger dieses Freiheitsbegriffs meinen sogar, es gäbe einen experimentellen Beweis für ihre Auffassung. Man kann z. B. aus reiner Willkür seinen Arm anziehen oder ausstrecken. Gesetzt, jemand zieht den Arm an. Dann darf man als Beweggrund für diese Handlung nicht das Interesse am Beweis der Freiheit anführen. Denn dieses Interesse könnte ebenso gut die entgegengesetzte Handlung (Ausstrecken des Armes) bewirken. Also schließt man, dass ein vollkommenes Gleichgewicht zwischen beiden Möglichkeiten herrscht und die Handlung der reinen, weil durch nichts Fremdes bestimmten Freiheit entspringt. Ein solcher Beweisversuch scheitert jedoch kläglich. Denn wenn wir den bestimmenden Grund nicht *wissen*, heißt das noch lange nicht, dass es einen solchen Grund nicht gibt. Der vorgetragene Beweis ist so wenig tauglich, dass er sogar umgekehrt, nämlich als Argument für die Unfreiheit angesetzt werden kann: Das Nichtwissen des Grundes legt die Vermutung nahe, dass ich von etwas anderem, das sich meinem Wissen entzieht, bestimmt werde.

Die Widersprüchlichkeit eines solchen Indifferentismus hat bereits Leibniz in aller Deutlichkeit aufgezeigt. Leibniz legt nicht nur (wie Schelling) die logische Widersprüchlichkeit dieser Position dar, sondern verweist auch darauf, dass eine solche Annahme unserer Erfahrung widerspricht (Theod. § 35). Wenn man nur aufrichtig sei, werde man feststellen, dass es immer irgendwelche Gründe gebe, die uns zu einem bestimmten Entschluss veranlassen. Oft kommen uns jedoch die eigentlichen Beweggründe nicht zu Bewusstsein, sodass die Illusion einer Indifferenz entsteht. Das liegt eben an den 'kleinen' (unbewussten) Perzeptionen (petites perceptions), „die uns bei vielen Vorfällen, ohne daß man daran denkt, *bestimmen* und die gewöhnliche Betrachtungsweise durch den Schein eines völlig *indifferenten Gleichgewichts* täuschen, als wenn es uns zum Beispiel völlig gleichgültig wäre, ob wir uns nach rechts oder nach links wenden" (Nouv. ess., Vorw., Studienausg. III/1, XXXVII). Für alle Ereignisse gilt ausnahmlos das Prinzip des zureichenden Grundes (Monad. § 32).

Welche Argumente aber auch immer vorgetragen werden mögen, entscheidend ist dies: Die Auffassung von der Freiheit als blinder Willkür entwertet letztlich alle Handlungen zu Produkten des bloßen Zufalls. Der Zufall aber ist das von der Vernunft nicht zu Ergründende; er ist das Vernunftwidrige, Zufluchtstätte der Unwissenheit (asylum ignorantiae). Kant stellt in seinen 'Reflektionen' zur Metaphysik bündig fest: „Nicht die Nothwendigkeit, sondern die Zufälligkeit ist vor die Vernunft unbegreiflich" (Nr. 4036, Akad. Ausg. XVII, 392 f.). Wer auf das Zufällige setzt, um einem Fatalismus zu entgehen, wirft sich dem Irrationalismus in die Arme; er kann die Freiheit nicht begründen, weil er überhaupt nichts mehr begründen kann. Es gäbe dann keine Entscheidungen, sondern nur noch Ereignisse ohne inneren Zusammenhang. Vollends würde unter einer solchen Voraussetzung der Versuch vollkommen sinnlos sein, ein System zu entwerfen, in dem die Freiheit ihren Ort hätte oder dessen Prinzip sie gar wäre.

Weil die Bestimmung der Freiheit als Gleichgewicht der Willkür in der Absage an Vernunft und Verstehbarkeit endet, erscheint der *Determinismus* als das einzige der Vernunft gemäße System. Zur Erklärung dieser Position greift Schelling Kants Definition des Begriffs *Prädeterminismus* auf. Nach Kant ist der Prädeterminismus diejenige Lehre, nach welcher „willkürliche Handlungen als Begebenheiten ihre bestimmenden Gründe *in der vorhergehenden Zeit* haben (die mit dem, was sie in sich hält, nicht mehr in unserer Gewalt ist)" (›Die Religion innerhalb der Grenzen der bloßen Vernunft‹, Akad. Ausg. VI, 49). Das heißt: Alle Geschehnisse werden durch unabänderliche Naturgesetze empirisch bestimmt. Jedes Ereignis, das zu einem bestimmten Zeitpunkt stattfindet, ist durch zeitlich vorhergehende Ereignisse verursacht. Das gilt auch für die Handlungen des Menschen. Dabei macht es keinen Unterschied, ob die vorhergehenden Ursachen in äußeren Umständen oder inneren Beweggründen (Vorstellungen) liegen. Denn in jedem Fall gehören die bestimmenden Ursachen der Vergangenheit an und sind deshalb unserer Verfügungsgewalt entzogen. Folglich ist alles durchgängig bestimmt. Für die Freiheit bleibt kein Raum; sie ist (wie gesagt) ein trügerisches Gefühl, das sich einstellt, weil wir die uns bestimmenden Gründe oft nicht wissen.

Auf diese Weise ließe sich der Determinismus schlüssig begründen und wäre deshalb der Lehre von der Zufälligkeit vorzuziehen – wenn es nur diese beiden Erklärungsmöglichkeiten gäbe. Indes: „Beide Systeme gehören dem nämlichen Standpunkt an" (VII, 383), weil sie auf dem Boden der vorkantischen dogmatischen Philosophie argumentieren. (Deshalb können auch die Lösungsversuche Leibniz' das Problem nicht lösen.) Erst durch den transzendentalen Idealismus Kants gelingt es nach Schelling, das Vermögen menschlicher Freiheit einsichtig zu begründen. Dies geschieht durch die Bestimmung der Freiheit als 'höherer Notwendigkeit', die von den Begriffen 'Zufall' oder (empirische) 'Determination' nicht tangiert wird. Gemäß dieser Einsicht ist nämlich Freiheit „eine innere, aus dem Wesen des Handelnden selbst quellende Nothwendigkeit" (VII, 383). Der Mensch handelt eben dann frei, wenn er nicht äußeren Beweggründen, sondern seinem eigenen Wesensgesetz folgt. – Um Schellings weitere Überlegungen verstehen und richtig einordnen zu können, ist auf Kants Freiheitsbegriff näher einzugehen.

b) Kants Lehre von der intelligiblen Tat

Die Frage nach der Möglichkeit menschlicher Freiheit ist abhängig von der Entscheidung darüber, ob überhaupt ein absolutes Verursachen (Spontaneität) in der Welt denkbar ist. Die Möglichkeit einer solchen kosmologischen Freiheit (die transzendentale Idee der Freiheit) ist das Thema der dritten Antinomie und ihrer Auflösung in der ›Kritik der reinen Vernunft‹. In diesem Gesetzeswiderstreit stehen zwei Positionen einander gegenüber: Die eine (Thesis) behauptet, dass es neben der Naturkausalität auch eine Kausalität aus Freiheit geben müsse, um das Geschehen in der Welt erklären zu können; die andere (Antithesis) hingegen behauptet, dass alles in der Welt ausschließlich durch Naturgesetzlichkeit verursacht werde. Beide Standpunkte scheinen im Recht zu sein, da sie durch indirekte Beweise (Widerlegung der entgegengesetzten Position) ihren Geltungsanspruch begründen können.

Eine Schlichtung dieses Streits – und der Aufweis der Möglichkeit einer Kausalität aus Freiheit – leistet nach Kant allein die Position des *transzendentalen Idealismus*. Dieser 'Lehrbegriff' besagt, „daß alles, was im Raume oder der Zeit angeschaut wird, mithin alle Gegenstände einer uns möglichen Erfahrung, nichts als Erscheinungen, d. i. bloße Vorstellungen sind, die, so wie sie vorgestellt werden, als ausgedehnte Wesen, oder Reihen von Veränderungen, außer unseren Gedanken keine an sich gegründete Existenz haben“ (KrV, A 490f.).

Der transzendentale Idealismus leugnet nicht die Wirklichkeit innerer und äußerer Erfahrungen, aber er weist die Idealität unserer Erkenntnisformen auf. Die Formen der Anschauung (Raum, Zeit) und die Formen des Denkens (Kategorien) existieren nicht an sich, sondern werden vom Erkenntnissubjekt selbst aufgebracht. Folglich sind alle Gegenstände, die Menschen überhaupt je erfahren können, bloße Erscheinungen (Vorstellungen) – und keine Dinge an sich (unabhängig von Raum und Zeit).

Nun muss uns aber bei der sinnlichen Anschauung, auf die unsere Erfahrung aufbaut, etwas gegeben werden. Kantisch gesprochen: Wir werden von Vorstellungen affiziert. Der Grund für dieses Affiziertwerden kann selbst nicht sinnlicher Natur sein; denn das Sinnliche ist Vorstellung und nicht Grund der Vorstellung. Also gründet die Rezeptivität unserer Wahrnehmung auf einem nicht-sinnlichen Grund, auf etwas Intelligiblem. Dieses Intelligible können wir zwar nicht erkennen; aber wir müssen es voraussetzen, um überhaupt die Möglichkeit sinnlicher Wahrnehmung erklären zu können. In diesem Sinne gilt, dass die Dinge an sich *vor* aller Erfahrung 'gegeben', aber eben deshalb nicht erfahrbar sind.

Diese – hier nur grob skizzierte – Unterscheidung zwischen 'Erscheinung' und 'Ding an sich' erlaubt es, eine zweifache Art von Kausalität widerspruchsfrei zu denken und als reale Möglichkeit aufzuweisen: Naturkausalität *und* Kausalität aus Freiheit (vgl. KrV, A 532ff.). Die 'Kausalität nach der Natur' bezieht sich auf das Geschehen in der Welt der Erscheinungen und beruht auf dem Kontinuum der Zeit. Das heißt: Jede Ursache im Bereich möglicher Erfahrung ist – weil der Zeitreihe angehörend – selbst wiederum verursacht und somit nur bedingte Ursache. Kausalität aus Freiheit hingegen bezeichnet das Vermögen, etwas *von selbst* anzufangen. Dieses Vermögen muss außerhalb der Zeit stehen und kann deshalb nie empirisch erfahren werden; es ist eine reine Vernunftidee.

Selbstverständlich ist auch der handelnde Mensch Teil der Erscheinungswelt und insofern der Naturkausalität ohne Einschränkung unterworfen. Das betrifft jedoch nur seinen empirischen 'Charakter', d.h. das empirische Gesetz seiner Wirksamkeit (vgl. KrV, A 539). Dem intelligiblen Charakter nach ist der Mensch frei; er kann eine Handlung aus sich selbst beginnen. Denn im Blick auf den Menschen dürfen wir uns nicht mit der bloßen Denkmöglichkeit einer solchen intelligiblen Ursache begnügen; vielmehr müssen wir voraussetzen, dass er auch wirklich frei handeln kann. Es ließe sich nämlich sonst nicht erklären, dass wir dem moralischen Gesetz des *Sollens* unterstehen. Das Sollen drückt eine Notwendigkeit aus, die es in der Natur nicht gibt. Der das Naturgeschehen *erkennende* Verstand kann nur feststellen, was war, was ist, oder vorhersagen, was gemäß der Naturnotwendigkeit sein wird. Aber es macht im Bereich der Naturerkenntnis keinen Sinn zu sagen, dass etwas anderes sein sollte oder hätte sein sollen. Das Sollen zielt ja auf eine *mögliche* Handlung, die gerade nicht aus vorhergehenden Gründen mit Notwendigkeit abzuleiten ist. Das Sollen fordert nicht zu einer Anpassung an das empirisch Gegebene auf, sondern umgekehrt: Die frei handelnde Vernunft „macht sich mit völliger Spontaneität eine eigene Ordnung nach Ideen, in die sie die empirischen Bedingungen hinein paßt" (KrV, A 548).

Diese Überlegungen Kants hat Schelling im Blick, wenn er feststellt, dass die Lehre von der Freiheit erst durch den Idealismus in dasjenige Gebiet erhoben worden sei, wo sie verständlich werde (VII, 383), nämlich in folgendem Sinne: „Das intelligible Wesen jedes Dings und vorzüglich jedes Menschen, ist diesem [dem Idealismus] zufolge außer allem Causalzusammenhang, wie außer oder über aller Zeit" (ebd.). – Aber nicht nur zur Klärung des formellen Freiheitsbegriffs greift Schelling auf Kant zurück. Auch die folgenden Überlegungen zur Urtat des menschlichen Bewusstseins nehmen kantisches Gedankengut auf, nämlich das Erste Stück von Kants Schrift über ›Die Religion innerhalb der Grenzen der bloßen Vernunft‹.

Kants Abhandlung, die 1792 in der Berlinischen Monatsschrift veröffentlicht wurde, trägt den Titel ›Über das radikale Böse in der menschlichen Natur‹. Der Titel beantwortet bereits die in der Untersuchung behandelte Frage: Ist der Mensch von Natur gut oder böse? Diese Fragestellung und ihre Entscheidung bedürfen einiger Begriffserklärungen, die Kant einleitend vornimmt.

Im strikten Sinne ist der Mensch dann böse, wenn das subjektive Prinzip seines Handelns – seine *Maxime* – böse ist. (Das Entsprechende gilt natürlich vom guten Menschen.) Ein solches Urteil bezieht sich also nicht auf bestimmte (böse) Handlungen; sondern es schließt von bösen Handlungen auf eine entsprechende Maxime des Handelnden, die als Grundsatz sein Tun leitet. Das aber bedeutet: Während man die Handlungen empirisch beurteilen kann, entziehen sich die Maximen schlechthin aller Erfahrung. Die Beurteilung einer Maxime als böse beruht auf einem Schluss a priori.

Des Weiteren: Wenn hier vom Bösen in der menschlichen *Natur* gesprochen wird, dann darf der Begriff 'Natur' nicht der 'Freiheit' entgegengesetzt werden. Der Ausdruck 'Natur' zielt vielmehr auf die Maxime. Urteile ich „Der Mensch ist von Natur aus gut/böse", so heißt dies: Es gibt für den Menschen als Menschen (qua Gattung) einen ersten Grund, weshalb er sich für eine gute oder böse Maxime entschieden hat. Diese Maxime bestimmt die Natur, d.h. das Wesen des Menschen; insofern ist das Böse radikal. Und dieses radikal Böse resultiert aus einer eigenen Entscheidung, aus einem Urakt menschlicher Freiheit, den wir voraussetzen müssen, weil der Mensch sonst für seine Taten nicht verantwortlich wäre und folglich nicht zur Rechenschaft gezogen werden könnte. Die Annahme eines guten oder bösen *Naturtriebes* hätte den strikten Determinismus zur Konsequenz.

Die den Menschen bestimmende Maxime begründet nach Kant einen *Hang* zum Bösen. Nun wird man sogleich dagegen einwenden, dass ein solcher Hang doch noch keine Tat sei und folglich der Mensch dafür nicht verantwortlich sein könne. Dagegen schärft Kant ein: Der Hang als subjektiver Bestimmungsgrund alles Handelns beruht auf einer Setzung, ist bereits Tat. Allerdings ist diese Tat intelligibel, d.h. nicht empirisch aufzuweisen; denn nur als intelligible Tat ist sie frei.

Hier ist an die Analyse der dritten Antinomie zu erinnern: Die freie Tat kann nicht aus einem *zeitlich* vorhergehenden Zustand abgeleitet werden. Denn im Bereich der Zeitlichkeit herrscht durchgängig die alle Spontaneität ausschließende Naturkausalität. Folglich kann sich die Frage nach dem Ursprung des Bösen nur auf den 'Vernunftursprung', nicht aber auf einen zeitlichen Anfang beziehen. Diese unterschiedlichen Hinsichten sind aus folgendem Grund schwer auseinander zu halten: Wiewohl selbst unabhängig von der Zeit, *zeitigt* die freie Tat; d.h. sie verursacht Handlungen, die als Erscheinungen zu beobachten sind. Als Erscheinungen können sie jedoch auf zeitliche Ursachen zurückgeführt werden (auch wenn wir den Kausalnexus nicht im Einzelnen durchschauen). Deshalb neigen wir dazu, auch bei den Folgen einer freien Entscheidung nach dem zeitlichen Ursprung zu fragen. Eine solche Frage wechselt aber unerlaubterweise vom intelligiblen Bereich in den empirischen und begeht so den logischen Fehler der metábasis eis állo génos. Wird, wie es einzig angemessen ist, auf den Vernunftursprung gesehen, dann gilt: Kraft seines intelligiblen Charakters ist der Mensch frei; er darf durch keine zeitliche Ursache von der Verantwortung suspendiert werden. So gesehen vollzieht er die intelligible Tat aus einem Zustand der Unschuld.

Diese Erörterungen Kants mögen deutlich machen, dass Freiheit und Verantwortung nur möglich sind auf der Grundlage einer intelligiblen Tat. Aber: Was berechtigt denn zu der Annahme, dass die intelligible Tat ausnahmslos einen Hang zum *Bösen* bewirkt? Nun – darüber kann es nach Kant angesichts der Erfahrung keine Zweifel geben. Vom Menschen im 'Naturzustand', in dem Mord und brutaler Krieg das Leben bestimmen, unterscheidet sich der Mensch im 'gesitteten Zustand' nur graduell. Auch innerhalb einer Gesellschaft, die sich Rechtsverhältnissen unterstellt hat, gilt schon derjenige als tugendhaft, der nicht überdurchschnittlich böse ist. Es erscheint beispielsweise als klug, den Fremden nicht uneingeschränkt zu vertrauen, und der Wohltäter kann eher mit Hass als mit Dank rechnen. Schließlich lässt das Verhältnis der Völker untereinander, die ihre Konflikte mit Kriegen austragen, alle Rede von einer möglichen moralischen Besserung der Menschen als bloße Schwärmerei erscheinen. Der Hang des Menschen zum Bösen kann deshalb nicht ernsthaft bestritten werden.

Eine philosophische Untersuchung über das Böse kann sich jedoch nicht damit begnügen, auf die Erfahrung zurückzugreifen und das Böse als Faktum zu konstatieren. Vielmehr gilt es, das Böse zu erklären, d.h. die Bedingungen seiner Möglichkeit anzugeben; nur so kann die Eigentümlichkeit unseres natürlichen Hangs zum Bösen einsichtig gemacht werden. Dieser Aufweis der Möglichkeit des Bösen, „die Entwickelung des Begriffs" (Akad. Ausg. VI, 35), ist schwierig, weil die beiden nahe liegenden Erklärungsversuche ausscheiden: Einerseits kann der Grund des Bösen nicht in der bloßen *Sinnlichkeit* des Menschen liegen. Denn die sinnliche Natur des Menschen gehört nicht zur Sphäre der Freiheit und hat deshalb keinen direkten Bezug zum Bösen; im Übrigen ist der Mensch für seine natürlichen Neigungen, ohne die er nicht leben kann, nicht verantwortlich zu machen. Andererseits kann der Grund des Bösen auch nicht in der *Vernunft* liegen. Denn dies würde bedeuten, dass die Vernunft das moralische Gesetz und mit ihm ihre Freiheit tilgen könnte. Freies Handeln ist eben kein grundloses bzw. gesetzloses Handeln; entfiele das moralische Gesetz als Bestimmungsgrund des Handelns, dann würde Determination herrschen. Beide Erklärungsversuche laufen darauf hinaus, den Begriff der Menschheit aufzuheben: Der erste degradiert den Menschen zum bloßen Tier; der zweite macht ihn zum Satan, zum schlechthin bösen Wesen. Wie jedoch soll das Böse dann erklärt werden?

Die Erklärung der Möglichkeit des Bösen muss beide Wesensmomente des Menschen – Sinnlichkeit *und* Vernunft – berücksichtigen. Denn zum einen drängt sich dem Menschen das moralische Gesetz unabweisbar auf, sodass er diesem Gesetz nie völlig abschwören kann. Zum anderen ist der Mensch als Lebewesen durch sinnliche Triebe, die auf Selbst- und Arterhaltung gerichtet sind, bestimmt. Da beide Arten der 'Triebfedern' hinreichend sind, um den Willen zum Handeln zu bringen, droht ein Widerspruch, der nur durch folgende Erklärung zu umgehen ist: Da die einander entgegengesetzten Triebfedern nicht nebeneinander (gleichberechtigt) bestehen und zugleich die Handlung bestimmen können, muss die eine Art der anderen unter- bzw. übergeordnet werden. Das bedeutet: Werden die sinnlichen Triebe dem moralischen Gesetz untergeordnet, dann handelt der Mensch gut. Die sinnlichen Triebe dienen als physische Grundlage für die Verwirklichung des moralischen Appells der Vernunft. Wird aber umgekehrt die Moral der Realisierung egoistischer Interessen untergeordnet, dann handelt der Mensch böse. Die Bosheit des Menschen liegt also nicht darin, dass er ausschließlich seinen selbsthaften Neigungen folgt, sondern darin, dass er die Befriedigung seiner sinnlichen Triebe dem moralischen Gesetz *überordnet*. (Das entspricht Schellings Bestimmung des Bösen als der 'falschen' Einheit von Eigenwille und Universalwille.) Das einheitstiftende Prinzip menschlicher Handlungen ist dann nicht mehr das moralische Gesetz, sondern die Glückseligkeit im Sinne der umfassenden Befriedigung unserer sinnlichen Neigungen.

Die Argumentation im Ersten Stück der Religionsschrift ist in folgender Hinsicht problematisch: Im II. Abschnitt stellt Kant einen Beweis für seine These vom radikal Bösen der menschlichen Natur in Aussicht. „Man wird bemerken: daß der Hang zum Bösen hier am Menschen, auch dem besten [...] aufgestellt wird, welches auch geschehen muß, wenn die Allgemeinheit des Hanges zum Bösen unter Menschen [...] bewiesen werden soll" (Akad. Ausg. VI, 30). Dieser Beweis wird jedoch nicht geführt. Zwar behauptet Kant im III. Abschnitt, den Beweis erbracht zu haben: „Von diesem Verdammungsurtheile der moralisch richtenden Vernunft ist der eigentliche Beweis nicht in diesem, sondern im vorigen Abschnitte enthalten [...]" (Akad. Ausg. VI, 39, Anm.). Davon kann aber keine Rede sein. Im II. Abschnitt wird nicht der Hang zum Bösen bewiesen, sondern gezeigt, dass dieser Hang in einer (intelligiblen) Tat gründen muss, wenn er 'zurechnungsfähig' sein soll. Recht besehen, kann es für Kants Generalthese auch keinen Beweis im strikten Sinne geben. Denn auf dem Boden des transzendentalen Idealismus lässt sich der Beweis für etwas Nicht-Empirisches nur durch eine transzendentale Deduktion erbringen, d.h. durch den Nachweis, dass das Aufzuweisende *notwendige Bedingung* für etwas Gewisses ist. Für den anstehenden Zusammenhang würde das bedeuten: Der Hang zum Bösen wäre nachzuweisen als notwendige Bedingung für die Möglichkeit des Menschseins! Das jedoch schließt Kant nachdrücklich aus: „Er [der Mensch] ist *von Natur* böse, heißt soviel als: dieses gilt von ihm in seiner Gattung betrachtet; nicht als ob solche Qualität aus seinem Gattungsbegriffe (dem eines Menschen überhaupt) könne gefolgert werden (denn alsdann wäre sie nothwendig), sondern er kann nach dem, wie man ihn durch Erfahrung kennt, nicht anders beurtheilt werden […]“ (Akad. Ausg. VI, 32). Kann (und darf!) ein apriorischer Beweis nicht geführt werden, dann bleibt nur der Rückgriff auf die Erfahrung, die uns diesen Schluss gleichsam aufnötigt. Angesichts der 'schreienden Beispiele' für den menschlichen Hang zum Bösen kann man sich nach Kant „den förmlichen Beweis ersparen“ (Akad. Ausg. VI, 33). – Wenn Kant (in der zitierten Anm. zu VI, 39) vom 'eigentlichen Beweis' spricht, dann hat er wohl eher die apriorische 'Entwicklung des Begriffs' im Blick, in der die Bedingung der *Möglichkeit* für den Hang zum Bösen, nämlich die 'Umkehrung der Triebfedern', aufgezeigt wird. Auf die Wirklichkeit des Bösen kann nur aus der Erfahrung geschlossen werden. Aber: Die Empirie kann einen apriorischen Satz nicht beweisen.

Das Problem lässt sich auch kurz so angeben: Das ursprüngliche Wesen des Menschen kann nicht böse sein, weil er dann für seine Bosheit nicht verantwortlich wäre. Folglich ist der Mensch in seinem Ursprung unschuldig. In diesem Zustand der Unschuld jedoch ist der Mensch – und zwar kein Einziger – nicht wirklich. Wirkliche Existenz ist immer schon durch die 'Umkehr der Triebfedern', durch das radikal Böse bestimmt. Lässt sich diese Wesensbestimmung der menschlichen Gattung noch 'innerhalb der Grenzen der bloßen Vernunft' ausweisen, oder wird dies nur im Kontext der christlichen Erbsündenlehre verständlich? Vor dieser Frage steht auch Schellings Freiheitsphilosophie.

c) Das reale Wesen der Freiheit. Die Urtat des Bewusstseins

Der Rückgriff auf den kantischen Freiheitsbegriff macht deutlich: Eine freie Handlung folgt unmittelbar aus dem intelligiblen Charakter des Menschen; insofern ist sie unabhängig vom empirischen Kausalzusammenhang und außerhalb der Zeit. Zudem ist Freiheit kein unbestimmtes Vermögen, sondern – hier ist der reale Freiheitsbegriff anzusetzen – das Vermögen zum Guten und Bösen. So ist Freiheit Selbstbestimmung im doppelten Sinne: Sie ist Selbst*bestimmung*; denn vom gänzlich Unbestimmten kann es keinen Übergang zur Bestimmung geben. Eine solche Annahme würde – wie erwähnt – in das Dilemma von 'Buridans Esel' führen und die Freiheit in vernunftlosen Zufall aufheben. Ebenso sehr ist Freiheit *Selbst*bestimmung, nämlich Bestimmung durch das eigene intelligible Wesen.

„Um sich selbst bestimmen zu können, müßte es [das intelligible Wesen] in sich schon bestimmt seyn, nicht von außen freilich, welches seiner Natur widerspricht, auch nicht von innen durch irgend eine bloß zufällige oder empirische Nothwendigkeit, indem dieß alles (das Psychologische so gut wie das Physische) unter ihm liegt; sondern es selber als sein Wesen, d.h. seine eigne Natur, müßte ihm Bestimmung seyn" (VII, 384).

Nach Spinoza gilt, dass alle Bestimmung die Verneinung einschließt; „[...] determinatio negatio est" (Epist. L, ed. Gebhardt, VI, 240). Damit ist gemeint: Etwas ist dadurch bestimmt, dass es *nicht* ein anderes ist; und ein Einzelnes ist dadurch bestimmt, dass es *nicht* das Ganze (die reine Substanz) ist. – Dieser Satz des Spinoza trifft nach Schelling für die freie Handlung gerade nicht zu. Denn die Freiheit verwirklicht das intelligible Wesen („das Wesen in dem Wesen"); sie ist absolutes Handeln, Position (Bejahung) schlechthin. Das aber bedeutet, dass Freiheit und Notwendigkeit in folgendem Sinne zusammenfallen: Freiheit ist notwendigerweise die Verwirklichung des eigenen Wesens; der Freie setzt seine Identität und erhebt sich so über alle empirische (äußere und innere) Bedingtheit.

Wenn Freiheit notwendige Entscheidung zum eigenen Wesen ist, dann muss gefragt werden: „[...] was ist denn jene innere Nothwendigkeit des Wesens selber" (VII, 385)? Diese Frage trifft den entscheidenden Punkt. Denn sie lässt sich nicht einfachhin – durch Angabe einer Definition (qua Wesensbestimmung) – beantworten. Das nämlich hieße, dass dem Menschen sein Wesen von Anfang an vorgegeben wäre (durch Gott). Dann gäbe es keine Freiheit und keine Verantwortung. Zudem würde ein von Anfang an festgelegtes Wesen dem Sein als *Leben* widersprechen; denn ursprünglich ist Leben ein Wollen, das noch nicht entschieden ist, aber zur Entscheidung drängt. Deshalb muss die Entscheidung zu seinem Wesen die eigene Tat des Menschen sein; der Mensch macht sich selbst zu dem, was er sein wird.

Die Urtat des Menschen darf nicht mit dem im ersten Grundsatz der fichteschen Wissenschaftslehre (von 1794) formulierten Setzen des Ich verwechselt werden. Dieser Grundsatz lautet: Ich bin Ich, oder: Ich = Ich, oder: Ich bin. Das soll heißen: „Das Ich *setzt sich selbst*, und es *ist* vermöge dieses blossen Setzens durch sich selbst; und umgekehrt: das Ich *ist*, und es *setzt* sein Seyn, vermöge seines blossen Seyns" (SW I, 96). Dieser Ansatz Fichtes – so kritisiert Schelling – erfasst gar nicht den Ursprung des Bewusstseins. Das Selbsterfassen und Selbsterkennen (das theoretische Ich) setzt bereits das Sein des Ich voraus. Dieses ursprüngliche Sein aber ist nichts Starres (was Fichte richtig erkannt hat), sondern ein 'Urwollen', das sich selbst in seinem Wesen setzt (was Fichte entgeht). Anders gefasst: Die Tathandlung des ersten Grundsatzes der Wissenschaftslehre setzt nicht das wirkliche Sein des menschlich-endlichen Ich. Schelling hingegen betont, dass die Urtat das Setzen des realen Menschenseins ist.

In diesem Zusammenhang ist an die Generalthese zu erinnern: Ursein ist Wollen. Diese Bestimmung ist strikt auf den Menschen anzuwenden; nur so wird sie in ihrer spezifischen Bedeutung und weit reichenden Konsequenz offenkundig. Als ursprünglich 'unentschiedenes Wesen' ist der Mensch noch nicht wirkliche Existenz. Der Mythos erzählt dieses bloße Möglichsein als Zustand der Unschuld und des ungetrübten Glücks. Die Unentschiedenheit muss – wie dargelegt – vom Menschen selbst zur Entschiedenheit gebracht werden. Als freie Tat erfolgt die Entscheidung aus dem intelligiblen Wesen des Menschen; deshalb kann sie nicht in die Zeit fallen. Der Gegenbegriff zu 'zeitlich' ist 'ewig'. So kann Schelling sagen, dass diese Entscheidung „eine der Natur nach ewige That" (VII, 386) ist. Und: Da das Sein des Menschen letztlich dem Offenbarungswillen Gottes entstammt, hängt diese Tat mit dem Anfang der göttlichen Schöpfung zusammen. (Natürlich muss die menschliche Tat von der göttlichen Schöpfungstat unterschieden werden; und der Zusammenhang mit der ursprünglichen Schöpfung enthebt den Menschen gerade nicht seiner Verantwortung für die eigene Wesensentscheidung.) Weiterhin ist zu sagen: Obwohl selbst zeitlos, ist diese Tat zeitigend; denn sie bestimmt die Existenz des Menschen, d.h. sein Dasein in der Zeit. In Schellings Worten: „Die That, wodurch sein Leben in der Zeit bestimmt ist, gehört selbst nicht der Zeit, sondern der Ewigkeit an: sie geht dem Leben auch nicht der Zeit nach voran, sondern durch die Zeit (unergriffen von ihr) hindurch als eine der Natur nach ewige That" (VII, 385 f.).

Die Urtat ist somit eine Entscheidung, die nicht nur den Menschen als Gattung, sondern auch sein individuelles Wesen betrifft. Eine solche Tat – die angenommen werden muss, wenn die Freiheit im absoluten System einen Ort haben soll – ist für den gesunden Menschenverstand ein provozierender Ungedanke. Aber in unserem Fühlen hat diese Tat ihre Spur hinterlassen. Zuweilen nämlich drängt sich dem Menschen das Gefühl auf, „als sey er, was er ist, von aller Ewigkeit schon gewesen und keineswegs in der Zeit erst geworden" (VII, 386). Anders gesagt: Wenn ich über mein Leben, über die es prägenden Grundsätze und Handlungen nachdenke, dann komme ich an keinen zeitlichen Anfang, in dem die Entscheidung zu meinem je eigenen Wesen gefallen wäre. Ich finde mich gleichsam immer schon vor als den, der ich war und bin.

Wir *empfinden* nach Schelling Zwang nur ‘im Werden’, nicht aber ‘im Sein’. Das heißt: Die (guten oder bösen) Handlungen erfolgen mit Notwendigkeit aus dem (guten oder bösen) Wesen, aus der ‘Gesinnung’ eines Menschen. Dennoch erfährt der Mensch sein Handeln nicht als gezwungen, aber auch nicht als zufällig oder willkürlich – sondern als willentlich vollzogen, als frei. Das hat seinen Grund eben darin, dass diese Handlungen – seien es gute oder böse – mit dem intelligiblen Wesen des Menschen übereinstimmen. In diesem Sinne ist Freiheit nichts anderes als innere Notwendigkeit. Schelling führt folgendes Beispiel an: Judas werde mit unabwendbarer Notwendigkeit zum Verräter Christi; dennoch gründe dieser Verrat auf einem freien Willensentschluss des Judas. Das sei von Luther (in ›De servo arbitrio‹) richtig gesehen worden; allerdings habe Luther diese Einheit von Freiheit und Notwendigkeit „nicht auf die rechte Art begriffen“ (VII, 386, Anm.).

Die intelligible Tat bleibt jedoch der ‘gemeinen Denkweise’ unfasslich, weil sie in der Reflexion schlechthin nicht nachzuweisen ist und insofern im Bewusstsein nicht vorkommt. Denn als Selbstsetzung geht die freie Urtat allem Bewusstsein und aller Reflexion prinzipiell voran. Deshalb liegt für Schelling alles daran, unser Gefühl, das weiter reicht als die bewusste Selbstreflexion, ernst zu nehmen. Dass dem Gefühl ein ahnendes ‘Bewusstsein’ der freien Urtat geblieben ist, glaubt Schelling auch mit der folgenden Erfahrungstatsache belegen zu können: Jemand, der etwas Böses getan hat, versucht, sich mit den Worten „So bin ich nun einmal“ für diese Handlung zu entschuldigen. Darin offenbart sich nach Schelling zweierlei. Zum einen wird die Notwendigkeit der Handlung zum Ausdruck gebracht, zum anderen gesteht der so Redende, dass die Handlung nicht auf äußere Ursachen zurückgeführt werden kann, sondern im eigenen Wesen gründet. Dann aber war die Handlung frei, und der Handelnde hat Verantwortung und Schuld auf sich zu nehmen.

Schelling fügt noch ein weiteres Argument an, das wiederum die Nähe zu Kants Überlegungen in der Religionsschrift belegt (vgl. Akad. Ausg. VI, 41): Ein Kind zeigt so früh einen Hang zum Bösen, dass man ihn – zeitlich betrachtet – nicht auf einen freien Entschluss zurückführen kann. Spätere Taten bezeugen die ungebrochene Wirkung dieses Hanges. Dennoch kann nach Schelling ein solcher Mensch zur Rechenschaft gezogen werden. Dass sich in der ‘allgemeinen Beurteilung’ bekundende Gefühl einer ungebrochenen Verantwortung ist nur dann gerechtfertigt, wenn es eine solche unvordenkliche Entscheidung zum eigenen Wesen gegeben hat. Und es muss – für Schelling wie für Kant – eine solche Tat gegeben haben, weil sonst menschliche Freiheit, moralische Zurechenbarkeit und rechtliche Verantwortung nicht mehr erklärt werden können.

Die für uns unaufhebbare Schwierigkeit, den Gedanken einer intelligiblen Tat zu erfassen, liegt darin, dass wir Kausalitätsverhältnisse immer nur in einer Zeitfolge vorstellen können. (Auch das hatte bereits Kant eindringlich dargelegt.) Zeitverhältnisse dürfen aber für eine Kausalität aus Freiheit, mithin gerade auch für jene Urtat des Bewusstseins, nicht in Anschlag gebracht werden. Man kann zwar sagen, dass diese Tat „auf ein Leben vor diesem Leben“ (VII, 387) verweist; dieses „vor“ ist dann aber nicht zeitlich zu verstehen. Das gilt nicht nur für die intelligible Tat des Menschen, sondern ebenso für die ursprüngliche Schöpfungstat Gottes. Hier geschieht alles gleichsam mit einem Schlag. (Bereits Leibniz hatte betont, dass die Monaden nur „tout d' un coup“ entstehen oder vergehen können; Monad. § 6.) Was in der endlichen Welt im Nacheinander erscheint, gründet in einem einheitlichen Schöpfungsakt, der ein zeitliches Früher und Später nicht zulässt. Da auch die Urtat des Menschen in den Zusammenhang dieser ersten Schöpfung gehört, kann man sagen, dass der Mensch geboren wird als der, der er von Ewigkeit ist. – Schließlich, so merkt Schelling en passant an, bestimmt die Urtat des Menschen nicht nur seinen intelligiblen Charakter, sondern auch sein körperliches Sein (was Kierkegaard polemisch als „eine hochtrabende philosophische Erwägung“ bezeichnet; GW, 11./12. Abt., 141).

Durch die Annahme einer intelligiblen Tat lässt sich nach Schelling auch das Problem der *Prädestination* lösen. Die ‘Vorherbestimmung’ des Menschen zur Seligkeit oder Verdammnis wird gemeinhin etwa so begründet: Der *allmächtige* Gott hat den Gang der Schöpfung nach seinem Willen von Anfang an bestimmt; der *allwissende* Gott weiß von Ewigkeit her, was geschehen wird. Folglich sind die Handlungen jedes einzelnen Menschen festgelegt, und die Freiheit ist ein trügerischer Schein. Eine derart begründete Prädestination ist für Schelling unhaltbar, weil sie einen „völlig grundlosen Rathschluß Gottes“ annehmen muss und „die Wurzel der Freiheit“ (VII, 387) aufhebt. In einem anderen Sinne gibt es aber sehr wohl Vorherbestimmung: Das Handeln des Menschen in der Zeit ist vorherbestimmt durch eine intelligible Tat, die unabhängig von der Zeit ist und in Zusammenhang mit der ursprünglichen Schöpfung steht. Die Frage „Warum ist dieser Mensch zu einem guten, jener Mensch zu einem schlechten Charakter bestimmt?“ führt in die Irre. Wer nämlich so fragt, setzt voraus, dass der Mensch vor der eigenen Entscheidung schon existiert. Diese Denkweise ist statisch und wird der Ontologie des Lebens nicht gerecht. Für den Menschen gilt doch in eminenter Weise, dass sein Leben Wollen und Freiheit, „Handlung und That“ (VII, 388) ist. Vor der ersten Entscheidung gibt es kein menschliches Sein im eigentlichen Sinne, keine Wirklichkeit des menschlichen Geistes. Angemessen kann deshalb nur so gefragt werden: Fällt die *eigene* Entscheidung des Menschen zum Guten oder aber zum Bösen?

Nach den bisherigen Darlegungen der Freiheitsschrift kann die Antwort auf diese Frage nicht überraschen: „Nachdem einmal in der Schöpfung, durch Reaktion des Grundes zur Offenbarung, das Böse allgemein erregt worden, so hat der Mensch sich von Ewigkeit in der Eigenheit und Selbstsucht ergriffen [...]" (VII, 388). Der Mensch verwirklicht sich, indem er sich gegen die natürliche, göttliche Ordnung der Seinsprinzipien wendet; er macht – durch eigene Tat – den Selbst- und Eigenwillen zum Bestimmungsgrund seines Handelns. Das aber heißt: Die Selbst-Verwirklichung des Menschen wird vollzogen als eine Entscheidung zum Bösen. Dies gilt für die Menschheit insgesamt. Jeder von uns steht, sobald er durch die Geburt in das zeitliche Leben eintritt, unter der Vorherrschaft des Bösen; denn menschliche Existenz setzt – immer schon und von Anfang an – das Selbst und die Eigenheit als oberstes Prinzip. Allerdings muss man einschränken, dass dieses ursprüngliche Böse nicht als solches bewusst und gewusst wird; denn die erste Tat kommt, wie bereits gesagt, im Bewusstsein nicht vor. Außerdem kann das selbstische Prinzip nur in der ausdrücklichen Gegenwendung zum Guten als Böses bewusst werden und so erscheinen. Deshalb wird das ontologische Prinzip des Bösen (der Grund) erst in der bewussten Gegenstellung zum Guten zu einer moralischen Kategorie. Diese Einschränkung enthebt den Menschen jedoch nicht der Verantwortung für jene Tat, mit der die göttliche Ordnung verkehrt wird. Die göttliche Fügung von Eigenwille und Universalwille, d.h. die Überwindung des dunklen Prinzips durch das Gute, kann nur durch eine grundlegende Umkehr des menschlichen Wesens wiederhergestellt werden (Kants 'Revolution der Gesinnung').

Dass die menschliche Natur von einem bösen Prinzip bestimmt wird, kann auf Grund äußerer und innerer Erfahrung nach Schelling nicht ernsthaft bezweifelt werden. Und es ist immer wieder einzuschärfen, dass das erste Böse (das Böse als Prinzip oder als 'Erbsünde') durch den Menschen in die Welt kommt. Zwar wirkt ein dunkles Prinzip bereits in der Natur; aber vom 'Bösen' zu reden, ist nur sinnvoll, wenn es das Resultat einer freien Entscheidung ist. Es ist das Verdienst Kants, so hebt Schelling ausdrücklich hervor, dieses radikal Böse des menschlichen Wesens auf den Begriff gebracht zu haben. Es sei bemerkenswert, dass Kant in der Theorie (›Kritik der reinen Vernunft‹) nicht bis zu einer intelligiblen („transcendentalen") Tat, die das menschliche Sein grundsätzlich bestimme, vorgedrungen sei, später aber (Religionsphilosophie) das radikale Böse der menschlichen Natur – durch „bloße treue Beobachtung der Phänomene des sittlichen Urtheils" (VII, 388) – erkannt habe. (Richtig ist, dass Kant in der ‘Theorie’ – KrV, A 538ff. – zwar die intelligible Tat bzw. den intelligiblen Charakter thematisiert, eine intelligible Urentscheidung zum Bösen aber erst in der Religionsschrift erörtert.) Bei Fichte hingegen verhalte es sich umgekehrt: Er habe den Begriff einer solchen Tat in der theoretischen Spekulation erfasst (im absoluten Sich-selber-Setzen des Ich), sei jedoch in seiner Sittenlehre wieder dem Philanthropismus verfallen, indem er das Böse bloß in die Trägheit der menschlichen Natur verlegt habe.

Dieser kritischen Bemerkung Schellings ist W. G. Jacobs genauer nachgegangen (1995: 135–148). Er kommt zu dem Ergebnis, „daß Schellings kurze Kritik an Fichte die Komplexität der Theorie nicht berücksichtigt, daß sie aber sehr wohl den Fichteschen Gedanken trifft“ (142). Der markanteste Unterschied zwischen Fichte und Schelling liege jedoch weniger im Begriff des Bösen als vielmehr im Begriff der Freiheit (146).

Gegen die Annahme einer intelligiblen Tat, durch die der Mensch sich zum Bösen entscheidet, kann jedoch ein schwer wiegender Einwand vorgebracht werden: Wenn sich der Mensch durch diese ‘ewige’ Tat so entscheidet, dass dadurch seine Handlungen in der Zeit bestimmt werden, dann ist eine Umkehr dieser Entscheidung in der Zeit („für dieses Leben wenigstens“; VII, 389) unmöglich! Diesen Einwand versucht Schelling durch folgendes Argument zu entkräften: Die Entscheidung zum Bösen ist – wie immer wieder betont wurde – keine bloße Negation des Guten, sondern das Setzen einer widergöttlichen Einheit von Eigenwille und Universalwille. Weil im Bösen dieselben Kräfte wirken wie im Guten, ist auch nach der Entscheidung zum Bösen eine Umkehr (Transmutation) zum Guten möglich. Nicht jeder Mensch vollzieht die Versöhnung mit der göttlichen Ordnung; aber er wird durch sein Gewissen (durch seine ‘innere Stimme’) immer wieder dazu aufgefordert. Im Gewissen bekundet sich nämlich nichts anderes als die Kraft des Universalwillens, der danach strebt, den Eigenwillen zu unterwerfen. Oder – etwas anders formuliert: Der lebendige Vollzug der Einheit beider Willenskräfte ist die Tätigkeit des Geistes. Erhebt der Geist den Partikularwillen zum Prinzip, dann ist er böse; vollzieht er die Einheit unter dem prinzipiellen Vorrang des Universalwillens, dann ist der Geist gut. Der gute oder böse Geist aber ist keine fremde Macht, sondern das in einer intelligiblen Tat gewählte Wesen eines jeden Menschen. Schelling drückt es so aus:

„Es ist im strengsten Verstande wahr, daß, wie der Mensch überhaupt beschaffen ist, nicht er selbst, sondern entweder der gute oder der böse Geist in ihm handelt; und dennoch thut dieß der Freiheit keinen Eintrag. Denn eben das in-sich-handeln-Lassen des guten oder bösen Princips ist die Folge der intelligiblen That, wodurch sein Wesen und Leben bestimmt ist“ (VII, 389).

Das Problem einer radikalen Umkehr wird bereits im Ersten Stück der kantischen Religionsschrift erörtert (Akad. Ausg. VI, 44ff.). Kant argumentiert so: Zwar hat der Mensch einen Hang zum Bösen; da er aber das Gebot des Sollens erfährt, muss durch eine 'Revolution' der Denkungsart die Heiligkeit der Maxime wieder hergestellt werden können. Eine übernatürliche Hilfe (Gnade) allein reicht zur Erklärung dieser Umkehr nicht aus und darf innerhalb einer Vernunftreligion gar nicht beansprucht werden. Schelling hingegen betont die Notwendigkeit menschlicher oder göttlicher Hilfe für die „Umwandlung ins Gute" (VII, 389).

Das scheint R. Schanne im Blick zu haben, wenn er feststellt, dass nach Schelling eine Selbstbesserung des sich zum Bösen neigenden Menschen (1976: 109) ausgeschlossen sei. Schanne betont zu Recht, dass es bei Schelling – im Unterschied zu Kant – eine Folge der Urtat ist, ob sich der Mensch dem 'guten Geist' verschließt oder nicht.

Die Problematik, die bereits bei Kants Lehre von der intelligiblen Tat sichtbar geworden ist (s. S. 101 f.), taucht bei Schelling in folgender Weise wieder auf: Der Mensch verwirklicht sich durch eine freie Entscheidung, die sich prinzipiell zum Guten oder Bösen wenden kann. Faktisch hat sich der Mensch als Mensch aber immer schon (und immer wieder) zum Bösen entschieden. Das ist nach Kant als für die endliche Vernunft unbegreifliches Faktum zu konstatieren – mit der anstößigen Konsequenz, dass der Mensch für eine 'vorbewusste' Tat die uneingeschränkte Verantwortung zu übernehmen hätte. Schelling versucht nun, diesen 'Tatbestand' ein Stück weiter zu erhellen. Zum einen betont er, dass der Mensch durch das Wirken des Grundes gleichsam zum Bösen gezogen wird. Zum anderen – und gravierender: Da etwas nur an seinem Gegenteil erscheinen kann, muss das Böse wirklich werden für die höchste Offenbarung des Guten und das vollendende Wirken der Liebe. Kann aber dann der Mensch für diesen universellen Prozess zur Verantwortung gezogen werden? Wird dem menschlichen Denken und Handeln damit nicht eine Dimension zugemutet, in der es sich zu verlieren droht? Lässt sich endliche Freiheit noch sinnvoll denken, wenn sie in einer unendlichen Notwendigkeit aufgehoben ist?

Eine weitere Schwierigkeit im Zusammenhang der Hypothesis einer intelligiblen Tat ergibt sich dadurch, dass Schelling sowohl den Menschen qua Gattung als auch den Menschen qua Individuum im Blick hat und diese beiden Aspekte nicht trennt bzw. die Art ihrer Verknüpfung nicht aufweist. Stimmig erscheint zunächst dies: Die Gattung Mensch wird bestimmt durch einen Hang zum Bösen; dieser Hang ist Resultat einer intelligiblen Tat, die von jedem einzelnen Menschen vollzogen wird. Aber: Wie steht dazu diejenige Entscheidung, durch die das individuelle Selbst gewählt wird? Fielen beide Taten zusammen, dann wären die individuellen Charakterunterschiede nicht mehr zu erklären; und es wäre nicht mehr zu unterscheiden zwischen guten und bösen Menschen (vgl. VII, 389).

Diese ungelösten Probleme (s. Kap. 10 b, c) legen bereits hier den Schluss nahe, dass Schellings Systemkonzeption von 1809 – gemessen an ihrem immanenten Anspruch – letztlich scheitert. Das bedeutet jedoch nicht, dass die Freiheitsschrift überhaupt obsolet wird. Schellings unübertroffene Stärke liegt darin, die neuzeitliche Freiheitsphilosophie, die im System ihren Wahrheitsanspruch sichern will, in äußerster Konsequenz entfaltet zu haben. Im Übrigen: Die von Schelling – in lebendiger Auseinandersetzung mit der Tradition – erörterten Fragen und Probleme sind nicht willkürlich erdacht, sondern betreffen die höchsten Interessen des Menschen. Allerdings bedeutet das Scheitern Schellings, dass der Systemgedanke überhaupt fragwürdig wird (s. S. 142). Schelling selbst sieht diese Konsequenz; aber er schreckt vor ihr zurück.

Die Annahme einer intelligiblen Tat, deren Anstößigkeit Schelling sehr wohl bewusst war, ist auch in der zeitgenössischen Diskussion zurückgewiesen worden; dabei wird das schellingsche Niveau meist nur in der polemischen Schärfe, nicht aber durch differenzierende Argumente erreicht. – G. F. Bockshammer stellt zu der „merkwürdigen Schrift" (1821: 48) Schellings fest: „Der Gedanke, daß jeder von Ewigkeit gewesen seye, was er jetzt ist, und, in Folge jener intelligiblen That auch unmöglich anders seyn könne, stößt nicht sowohl durch seine schwache Begreiflichkeit zurück, als vielmehr dadurch, daß er das nicht leistet, zu dessen Belang er doch erfunden ist, indem er die Schwierigkeiten nicht hebt, und die merkwürdigsten Thatsachen unserer sittlichen Natur nicht nur nicht begreiflich macht, sondern ihnen widerspricht" (1821: 64). – In ähnlicher Weise behauptet H. Ch. W. Sigwart, Schelling habe mit seiner Erklärung der intelligiblen Tat „die Lehre von der menschlichen Freiheit in einen Moment verwiesen, wo nicht nur das Begreifen, sondern das Denken rein unmöglich ist" (1839: 203).

Das Problem einer intelligiblen Tat wird auch von der neueren Forschung gesehen. J. A. Bracken etwa vertritt die These, dass Schelling die menschliche Freiheit nicht rational erklären könne, weil er sie in einer Entscheidung wurzeln lasse, „die selbst nicht weiter zu begründen bzw. zu erklären ist" (1972: 55). Deshalb gebe es seit 1809 eine (ungelöste) Spannung zwischen Freiheit und Kausalität im Denken Schellings. Diese Kritik beachtet allerdings nicht, dass Schelling sehr wohl rational argumentiert, wenn er die Möglichkeit menschlicher Freiheit aufweist. Eine wirklich freie Tat lässt sich nicht mehr deduzieren, sondern nur konstatieren; ansonsten würde der Unterschied zwischen Naturkausalität und Kausalität aus Freiheit negiert.

9. Die Erscheinung zum Bösen und Guten im Menschen

Wenn der Mensch durch die Erhebung der Selbstheit zum Prinzip das Böse verwirklicht, dann herrscht in ihm gleichsam der umgekehrte Gott. Da aber Sein im höchsten und eigentlichen Sinne nur dem wahren Gott zukommt, verfällt der Mensch durch die Umkehr der Prinzipien einem *scheinhaften* Sein, und zwar im doppelten Wortsinne: Einerseits wird der

Mensch getäuscht; andererseits scheint auch in der Verkehrung noch das wahre Sein durch. Nur auf Grund einer „falschen Imagination“ (VII, 390) – Schelling beruft sich hier auf Platons ›Timaios‹ (52 b 2) und auf die alte Lehre über das Nichtsein der Materie – erscheint dem Menschen das selbsthafte Seinsprinzip (der Eigenwille) als das, was alles Seiende beherrschen sollte. Der Mensch erliegt der Illusion, durch die Selbstheit, die nur Grundlage der Existenz ist und ewig Grundlage bleiben soll, zum wahren Leben gelangen zu können.

Als Aktualisierung des umgekehrten Gottes ist die Urtat des Menschen *Sünde*, nämlich die mit dem Menschengeschlecht gesetzte ursprüngliche ‘Erbsünde’; ontologisch gesprochen, bedeutet dies eine Hinwendung zum *Nichtsein*; für das menschliche Erkennen folgt daraus das Verfallen in die *Unwahrheit* von Irrtum und Lüge. „So ist denn der Anfang der Sünde, daß der Mensch aus dem eigentlichen Seyn in das Nichtseyn, aus der Wahrheit in die Lüge, aus dem Licht in die Finsterniß übertritt, um selbst schaffender Grund zu werden, und mit der Macht des Centri, das er in sich hat, über alle Dinge zu herrschen“ (VII, 390).

Weil der Eigenwille sich gegen das wahre Leben wendet und das Nichtige in sich birgt, offenbart er sein universelles Streben im Menschen als nicht zu stillenden Hunger, als fortwährendes selbstsüchtiges Sehnen. Je mehr sich diese Selbstsucht vom Ganzen löst, desto inhaltsleerer wird sie; je nichtiger sie auf diese Weise wird, desto begieriger wird ihr Streben nach Einheit, die sie als reine Selbstsucht jedoch nicht erlangen kann. Deshalb liegt im Bösen eine Maßlosigkeit, die uns „mit Schrecken und Horror“ (VII, 391) erfüllt. Wir werden vom Schauder ergriffen, weil sich im ungehemmten Machtstreben des Bösen der Abgrund des Nichtseins auftut. (Hier wird erneut deutlich, dass eine Privatio-boni-Theorie der Bodenlosigkeit des Bösen nicht gerecht werden kann.)

Aber auch in diesem abgründigen Erschrecken wird das göttliche Wirken offenbar. Die sündhafte Nichtigkeit verweist nämlich darauf, dass alles Seiende in seinem Sein von Gott abhängig ist. Zudem ist der göttliche Grund, rein als solcher, das Schreckliche (tremendum), weil er ‘vor’ allem Sein ist; erst durch die Existenz wird dieses abgründige Nicht-Sein und Nicht-sein-Sollende, das im Bösen zur Macht gelangt, gemildert. Schließlich ist darauf hinzuweisen, dass sich im grenzenlosen Steigerungsdrang des Bösen das Wirken jener ursprünglich göttlichen Sehnsucht nach allumfassender Einheit mit der Existenz in göttlich-geisthafter Liebe bekundet.

Durch die Sündentat des Menschen, die den umgekehrten Gott aktualisiert, kann der wahre Gott in seiner Existenz weder beeinträchtigt noch gar aufgehoben werden. Zum wahren Wesen Gottes gehört aber auch die Verbindung mit dem aus seinem Grund Erschaffenen. Dieser göttliche ‘Lebensblick’ wird im Sünder zum verzehrenden Feuer, das ihn mit Lebensangst erfüllt und zur Abkehr von der Sünde auffordert. Am besten lässt sich dieser Zustand mit der Erkrankung eines Organismus vergleichen (s. S. 78): Die durch Erkrankung des einzelnen Organs verursachte Störung des Gesamtorganismus bewirkt ein feuriges Fieber, das sowohl zur Heilung als auch zum Tod führen kann.

Durch die Entscheidung zum Bösen begibt sich der Mensch seiner ursprünglichen Freiheit; deshalb kann das Gute nur durch das Wirken des göttlichen Willens wiederhergestellt werden. (Schelling spricht – im Anklang an Böhme – von 'göttlicher Magie'.) Diese Wiederherstellung des Guten bestünde darin, dass das menschliche Vorstellen und Erkennen vom wahrhaft Seienden, d.h. vom göttlichen Leben bestimmt würde. Damit wäre auch die wahre Freiheit wiedergewonnen, die sich niemals als reine Willkür, sondern nur in Übereinstimmung mit der absoluten Notwendigkeit verwirklichen kann. In dieser Hinsicht kommen Freiheit und Erkenntnis überein; die wahre Erkenntnis nämlich erfasst das Notwendige, das von unserem Denken und Fühlen bejaht und akzeptiert wird.

Die systematische Rückführung von Gut und Böse auf den Zusammenhang der obersten Seinsprinzipien hat eine bedeutsame Konsequenz: Das Verhältnis von Gut und Böse ist *nicht als Sittlichkeit* zu begreifen, sofern sittliches Handeln als Folge einer beliebigen Wahl oder als Selbstbestimmung angesehen wird. Denn aus der beliebigen Wahl resultiert das Dilemma eines Gleichgewichts der Willkür; und der Versuch reiner Selbstbestimmung endet in der Aktualisierung des Bösen. Vor allem aber ist der Begriff der Sittlichkeit deshalb untauglich, weil er bei der bloßen Entgegensetzung von Gut und Böse stehen bleibt. (Bereits in der ›Philosophie der Kunst‹ kritisiert Schelling den Begriff der Sittlichkeit, weil er Entzweiung voraussetzt und auch in der Forderung eines unendlichen Sollens nicht aufgehoben wird; V, 396 f.) Wird Freiheit nur moralisch-praktisch als Sittlichkeit verstanden, dann übersieht man, dass der Gegensatz von Gut und Böse in einer ursprünglichen Einheit zusammengespannt ist. Nur weil es diese Einheit gibt, können Gut und Böse als Gegensätze erscheinen und gegeneinander streiten. Diese Einheit ist – um es noch einmal zu sagen – die unaufhebbare Verknüpfung von Grund und Existenz, von Eigenwille und Universalwille, von Dunkel und Licht. Ordnet sich die Selbstheit dem göttlichen Licht unter, dann wirkt das Gute; strebt das Selbst die uneingeschränkte Herrschaft an, dann waltet das Böse.

Die Unterordnung der Selbstheit unter den Universalwillen ist das Merkmal echter *Religiosität*. Nicht Sittlichkeit, sondern Religiosität ist das Höchste, d. h. die dem Göttlichen allein angemessene Haltung. Allerdings muss dieser Begriff vor dem Missverständnis eines 'krankhaften Zeitalters' bewahrt werden. Religiosität darf nicht als Kapitulation des reflektierenden Selbst in gefühlsseliger Andacht und müßiger Lethargie verstanden werden. Die einseitige Bindung der Religion an das Gefühl (Schleiermacher) verkennt, dass Gott selbst die Grundlage alles Erkennens und alles geistigen Lebens ist. Religion im eigentlichen Sinne ist *Gewissenhaftigkeit*, die darin zum Ausdruck kommt, „daß man handle, wie man weiß, und nicht dem Licht der Erkenntniß in seinem Thun widerspreche. Einen Menschen, dem dieß nicht auf eine menschliche, physische oder psychologische, sondern auf eine göttliche Weise unmöglich ist, nennt man religiös, gewissenhaft im höchsten Sinne des Worts" (VII, 392).

Wer sich erst noch vor die Wahl zwischen Pflicht und Neigung gestellt sieht, wer erst noch verschiedene Möglichkeiten abwägt, der handelt *nicht* gewissenhaft bzw. religiös – auch dann nicht, wenn er sich schließlich aus reiner Achtung vor dem moralischen Gesetz für etwas entscheidet. Für den wahrhaft religiösen Menschen gibt es gar keine Wahl; er handelt auf eine bestimmte Weise, weil er gar nicht anders handeln kann. Dennoch ist dieses Handeln nicht erzwungen, sondern wahrhaft frei. Denn die gewissenhafte Entschiedenheit resultiert aus dem höchsten Wissen, das die göttliche Ordnung der Lebenskräfte und den strittigen Zusammenhang zwischen Gut und Böse erkannt hat.

Der religiöse Mensch muss im alltäglichen Leben nicht durch leidenschaftliche Begeisterung – und schon gar nicht als Held der Selbstüberwindung – auffallen. Nicht die äußere Erscheinungsform – weder Härte und Herbheit noch Anmut und Schönheit – sind entscheidend, sondern die innere Haltung, die „Strenge der Gesinnung" (VII, 393). Es ist allerdings möglich, dass im Ernst sittlicher Entschiedenheit plötzlich eine göttliche Begeisterung aufscheint, ein göttlicher Heroismus, der das Böse leidenschaftlich bekämpft. Eine solche Vereinigung zwischen der sittlichernsten Gesinnung eines Menschen mit göttlicher Erleuchtung ist der *Glaube*. Der Glaube des Gewissenhaften ist nicht ein unzureichendes und deshalb ungewisses Fürwahrhalten (vgl. Kant, KrV, A 822), das vielleicht sogar als besonderes Verdienst eines Menschen anzusehen wäre; sondern der Glaube ist „Zutrauen, Zuversicht auf das Göttliche, die alle Wahl ausschließt" (VII, 394). Wird dieses menschliche Vertrauen auf Gott, das in einem unverbrüchlichen Ernst der Gesinnung gründet, vom Licht göttlicher Liebe erhellt, dann erstrahlt die absolute Schönheit, die gleichermaßen Wahrheit und Güte in sich einschließt.

10. Das Problem der Theodizee

Nach der intensiven Erörterung über die Wirklichkeit und Wirksamkeit des Bösen gilt es nun, die „höchste Frage" (VII, 394) der gesamten Untersuchung zu beantworten, nämlich die Grundfrage der Theodizee: Kann

Gott angesichts der Realität des Bösen gerechtfertigt werden? Die Lösung dieses Problems hat nach Schelling vor allem die beiden folgenden Fragen zu beantworten: 1. Ist die Offenbarung eine freie (und bewusste) Tat Gottes? Muss diese Frage bejaht werden, dann ist zu entscheiden: 2. Hat Gott auch das Böse gewollt?

Kant hatte in seiner kurzen Abhandlung ›Über das Mißlingen aller philosophischen Versuche in der Theodicee‹ (1791) drei mögliche Wege für solche Rechtfertigungsversuche Gottes angegeben:

„Zu dieser Rechtfertigung wird nun erfordert, daß der vermeintliche Sachwalter Gottes *entweder* beweise: daß das, was wir in der Welt als zweckwidrig beurtheilen, es nicht sei; *oder*: daß, wenn es auch dergleichen wäre, es doch gar nicht als Factum, sondern als unvermeidliche Folge aus der Natur der Dinge beurtheilt werden müsse; *oder* endlich: daß es wenigstens nicht als Factum des höchsten Urhebers aller Dinge, sondern bloß der Weltwesen, denen etwas zugerechnet werden kann, d.i. der Menschen, [...] angesehen werden müsse" (Akad. Ausg. VIII, 255).

Nach Kant bleiben alle diese Versuche vergeblich, weil unsere Vernunft „schlechterdings unvermögend" ist, das Verhältnis unserer Erfahrungswelt zur höchsten Weisheit Gottes zu ergründen (a.a.O., 263). Auf solche Weise die Sache Gottes zu verfechten, bedeute, die Schranken der menschlichen Vernunft zu verkennen (a.a.O., 255). Diese kritische Grenzziehung versucht Schellings absolutes System zu überwinden. Seine Erklärung des Seienden als Offenbarung des göttlichen Lebens beansprucht auch, das Problem der Theodizee befriedigend zu lösen. Das versucht Schelling in Auseinandersetzung mit der (gescheiterten) Theodizee Leibniz' aufzuweisen.

a) Die Freiheit Gottes

Den bisherigen Überlegungen entsprechend, kann die erste Frage der Schellingschen Theodizee nur so beantwortet werden: Gott ist schlechthin frei; folglich gründet auch die Offenbarung auf einem freien Entschluss. Denn: Ursein ist Wollen, und ohne Freiheit könnte das Wollen gar nicht zum realen Sein gelangen.

Wurde zunächst vor allem betont (VII, 364; s. Kap. III, 5), dass der *Mensch* als Persönlichkeit das Wesen des Geistes und der Freiheit ist, so ist dies nun auf Gott anzuwenden; denn es gilt zu beachten, dass Gott sich im Menschen und durch den Menschen auf höchste Weise als der, der er ist, offenbart. Das bedeutet: Persönlichkeit überhaupt ist die selbständige und selbstbewusste Einheit eines Existierenden mit einer von ihm selbst unabhängigen Basis. Persönlichkeit ist – anders formuliert – der Vollzug der Einheit von Idealität und Realität. Dies gilt für Gott in herausragender Weise. Der Grund ist zwar Grund Gottes, aber – bezogen (relativ) auf das ideale Prinzip der Existenz – etwas Unabhängiges, eine *gegen*wirkende Kraft. Diese gegensätzlichen Prinzipien sind in Gott auf höchste Weise geeint, weil sie – anders als beim Menschen – in eine unaufhebbare Ordnung gefügt sind. Folglich ist Gott höchste Persönlichkeit. Oder – da dieses Einigen die Tätigkeit des Geistes ist: Gott ist absoluter *Geist*. Spinozas Realismus und Fichtes Idealismus – Schelling wiederholt seine Kritik – verkennen das wahre Wesen Gottes, weil sie nicht zu diesem Begriff der Personalität (als der unaufhebbaren Einheit von realem Grund und idealer Existenz) gelangen.

Die Unterscheidung der beiden Seinsprinzipien in Gott macht es notwendig, zwei Aspekte der göttlichen Freiheit hinsichtlich seiner Selbstoffenbarung zu unterscheiden:

1. Der Wille des Grundes ist nicht schlechthin frei, weil er noch nicht zum Bewusstsein erwacht ist. Dennoch wirkt dieser Wille nicht wie ein Mechanismus nach Gesetzen blinder Notwendigkeit. Der Wille des Grundes wurde ja beschrieben (s. Kap. III, 2) als sehnsüchtig fühlender Wille, der zur Offenbarung drängt und das Licht des Verstandes bereits ahnt. So steht der Wille des Grundes – wie auch das Fühlen des Menschen in Lust und Begierde – gleichsam in der Mitte zwischen völliger Bewusstlosigkeit und durchsichtiger Reflexion. Im Willen des Grundes wirkt bereits der Keim des *Lebens*, dessen Entstehen durch mechanische Notwendigkeit nicht zu erklären wäre. Deshalb ist der fühlende Lebenswille „am ehesten dem schönen Drang einer werdenden Natur vergleichbar, die sich zu entfalten strebt, und deren innere Bewegungen unwillkürlich sind (nicht unterlassen werden können), ohne dass sie doch sich in ihnen gezwungen fühlte" (VII, 395).

2. Schlechthin frei ist der geistige Wille, der als die zu Bewusstsein gekommene Sehnsucht nach Offenbarung *liebender* Wille ist (s. Kap. III, 3). Erst durch den Willen der Liebe wird Gott Persönlichkeit, d.h. ein sich offenbarender Gott.

Dass die Offenbarung in einer schlechthin freien Tat gründet, wird nach Schelling durch unsere Erfahrung der Natur bestätigt. Die Natur folgt nämlich nicht einer logisch-mathematischen Notwendigkeit. Wäre dies der Fall, dann böte die Natur keine Rätsel mehr, dann hätte der die neuzeitliche Wissenschaft beherrschende 'geometrische Verstand' längst diese Gesetzmäßigkeit durchschauen und verifizieren können. Bei allem Fortschritt der Erkenntnis müssen wir jedoch anerkennen, dass die Natur etwas Unergründliches hat, das sich mechanischer Kausalerklärung entzieht und deshalb in den Bereich des Irrationalen verwiesen wird. Was dem bloßen Verstand als irrational erscheint, ist Folge einer absoluten Tat. Die Gesetzlichkeit der Naturereignisse ist die Gesetzlichkeit der absolut freien Persönlichkeit Gottes, die einer absoluten Notwendigkeit, nicht aber einer bewusstlos-logischen Notwendigkeit folgt.

Bereits Leibniz – so hebt Schelling anerkennend hervor – hat richtig gesehen, dass die Naturgesetze weder mathematisch notwendig noch völlig willkürlich sind. Sie stehen als Folge der freien Tat Gottes gleichsam in der Mitte zwischen diesen beiden Extremen. Wären die Naturgesetze durch pure Notwendigkeit bestimmt, dann wären die Vorgänge in der Natur vollständig und eindeutig zu entschlüsseln. Wären die Geschehnisse in der Natur das Resultat blinder Willkür, dann wären sie überhaupt nicht zu verstehen. Beide Annahmen widersprechen unserer alltäglichen und wissenschaftlichen Erfahrung. Nur die Rückführung der Naturgesetze auf einen übernatürlichen Akt göttlicher Weisheit entgeht diesem Widerspruch und gibt ebenfalls eine Erklärung dafür, dass Naturgesetze auf verschiedenen Wegen demonstriert werden können.

Die von Schelling herangezogenen Stellen aus der ›Theodizee‹ lauten vollständig:

„Gleichzeitig habe ich auch entdeckt, daß die Gesetze der Bewegung, wie sie sich tatsächlich in der Natur vorfinden und durch die Erfahrung bestätigt werden, allerdings nicht so unbedingt beweisbar sind wie ein Lehrsatz der Geometrie – aber das ist auch nicht nötig. Sie entspringen nicht gänzlich dem Prinzip der Notwendigkeit, sondern sie entspringen dem Prinzip der Vollkommenheit und der Ordnung; sie sind eine Wirkung der Wahl und der Weisheit Gottes. Ich kann diese Gesetze mehrfach beweisen, muß dabei aber immer etwas voraussetzen, was nicht auf einer unbedingt geometrischen Notwendigkeit beruht. Daher sind diese schönen Gesetze ein wunderbarer Beweis für die Existenz eines vernünftigen und freien Wesens gegenüber dem System der unbedingten und vernunftlosen Notwendigkeit Stratos oder Spinozas" (§ 345).

„Diese Betrachtungen zeigen deutlich, daß die Naturgesetze, welche die Bewegung regeln, weder völlig notwendig noch völlig willkürlich sind. Der einzuschlagende Mittelweg besteht darin, daß man sie für eine Wahl der vollkommensten Weisheit erklärt" (§ 349). – Als Beispiel für diese Argumentation ließe sich auch die zweifache Erklärung für die Ausbreitung des Lichts (Welle; Korpuskel) anführen.

In der Auffassung der Naturgesetze als Folge der freien Tat Gottes trifft sich – so Schelling ausdrücklich – die eigene dynamische Erklärungsart mit der in vielen anderen Punkten abstrakt bleibenden leibnizschen Philosophie. Es geht eben darum, die Naturgesetze „auf Gemüth, Geist und Willen" (VII, 396) zurückzuführen, d. h. als wahrhaft lebendige Kräfte einer freien Offenbarung des persönlichen Gottes darzulegen. Der Hinweis auf die Dynamik der Naturprozesse reicht allerdings noch nicht aus, um das Verhältnis der absoluten Freiheit Gottes zum Geschaffenen zu erklären; „es fragt sich noch außerdem, ob die That der Selbstoffenbarung in dem Sinne frei gewesen, daß alle Folgen derselben in Gott vorgesehen worden" (VII, 396). Diese Frage muss nach Schelling bejaht werden, auch wenn der menschlich-endliche Verstand sich dagegen wehrt, weil er meint, dass angesichts dieser absoluten Vorsehung jeglicher Spielraum der Freiheit verloren geht.

Die These, dass Gott die Folgen seiner Schöpfungstat vorhersieht, lässt sich im System so begründen: Sein im Sinne des Lebens wird konstituiert durch das gegenwendige Wirken von Eigenwille und Universalwille. Je mehr der Universalwille zur Schöpfung drängt, desto stärker versucht der Wille des Grundes sich zu verschließen. Dieses bereits mehrfach beschriebene Schöpfungsgeschehen ist nur die reale Entfaltung des göttlichen Wesens, das als Idee immer schon existiert. Die zunächst als Sehnsucht des Grundes charakterisierte Urform der Reflexion erzeugt – wie alle Reflexion – ein Bild des eigenen Wesens, das in der Offenbarung verwirklicht wird. Weil aber Gott als der, der er ist, immer schon existiert, kann die Offenbarung nur in einer absolut freien Tat gründen. Die Folgen dieser Tat sind also von Gott deshalb vorhergesehen, weil die Offenbarung eben darin besteht, das ewige Wesen Gottes im zeitlichen Leben der Natur und des Menschen zu verwirklichen. Der Entschluss zur Offenbarung entzieht sich – eben weil schlechthin frei – jeglichem Erklärungsversuch. Uns bleibt nur, diese Tat zu konstatieren; und wir können daraus schließen, dass der göttliche Wille der Liebe stärker ist als der göttliche Wille des sich zurückhaltenden Grundes.

Die These vom uneingeschränkten Vorherwissen Gottes wird auch von Leibniz vertreten. Nach Leibniz enthält der göttliche Verstand nicht nur alle Seinsmöglichkeiten; sondern er überprüft und wertet auch alles nur Denkbare und die unendlich möglichen Seinsverbindungen vor der Schöpfungstat. „Die göttliche Weisheit, nicht zufrieden, alle Möglichkeiten einfach zu umfassen, ergründet diese, vergleicht sie und wägt sie gegeneinander ab, um den Grad ihrer Vollkommenheit oder Unvollkommenheit […] abzuschätzen“ (Theod., § 225). Am Ende dieser Prüfungen wählt Gott die beste aller möglichen Welten, die diesem ewigen Ratschluss gemäß in der Zeit verwirklicht wird. – Die Annahme eines überlegenden und wählenden Gottes ist für Schelling jedoch nicht akzeptabel. Schelling betont: Wenn die Urtat Gottes absoluter Freiheit und Liebe entspringt, dann „bleibt die Vorstellung einer Berathschlagung Gottes mit sich selbst, oder einer Wahl zwischen mehreren möglichen Welten eine grundlose und unhaltbare Vorstellung“ (VII, 397). In diesem Punkt denkt Leibniz nicht radikal genug. Da nämlich – gemäß Schellings Ansatz – die absolute Freiheit mit der sittlichen Notwendigkeit zusammenfällt, sind die Folgen der göttlichen Schöpfungstat uneingeschränkt notwendig.

Die ‘unverbrüchliche Notwendigkeit in Gott’ hat Spinoza durchaus richtig erkannt. Allerdings – Schelling weist noch einmal darauf hin (s. S. 47) – begeht Spinoza den Fehler, bloß auf das reale, naturhafte Absolute zu sehen; deshalb bleibt der Gott Spinozas tot. Leibniz will sich möglichst deutlich von Spinoza abgrenzen, indem er die Freiheit Gottes und der Menschen aufzuweisen versucht. Dazu sieht er keinen anderen Weg als die Hypothese einer göttlichen Wahl zwischen unendlich vielen möglichen Welten. Die Ungereimtheit einer solchen Annahme ist offenkundig: Hätte Gott vor einer Wahl gestanden, dann hätte er auch wirklich eine andere (bessere oder schlechtere) Welt schaffen können. Das aber widerspricht dem Begriff des wahrhaft Absoluten. Eine reale Unterscheidung zwischen Möglichkeit und Wirklichkeit, zwischen Freiheit und Notwendigkeit ist nämlich nicht auf Gott, sondern nur auf das Endliche anwendbar. Zur Bestätigung seiner Kritik zitiert Schelling den folgenden Passus aus der ›Theodizee‹: „Denn Gott wählt unter den Möglichkeiten, und eben deshalb wählt er frei und ist überhaupt nicht gezwungen: Es würde weder Wahl noch Freiheit geben, wenn es nur einen einzigen möglichen Entschluß gäbe" (§ 235). Leibniz verwischt mit dieser Argumentation den Unterschied zwischen realer und formaler Möglichkeit. Formal möglich ist alles, was sich widerspruchsfrei denken lässt. Widerspruchsfrei denkbar sind in der Tat unendlich viele Welten, bessere und schlechtere. Realiter, d.h. im Blick auf die sachhaltige Bestimmung Gottes als des zuhöchst vollkommenen Wesens, ist jedoch nur *eine* Welt möglich und die Annahme einer Wahl widersinnig.

Für die Annahme einer Vielzahl möglicher Welten könnte jedoch noch ein anderes Argument vorgetragen werden, das sich aus dem Ansatz der Freiheitsschrift selbst ergibt: Der allem Leben vorausliegende Grund ist das Regellose und Ungeformte. Als dieses Unbestimmte ist der Grund durch vielerlei Formen bestimmbar; folglich legt gerade die ontologische Unterscheidung von Grund und Existenz eine „Pluralität möglicher Welten" (VII, 398) nahe. Gegen diesen Einwand stellt Schelling klar: a) Der Grund ist nicht Gott selbst. Gott selbst ist der existierende Gott, der vor keiner Wahl steht, sondern nur das seinem Wesen Angemessene verwirklichen kann. Auch dieser Einwand operiert (ebenso wie Leibniz) mit einer bloß formalen Möglichkeit. b) Der Grund ist *göttlicher* Grund. Deshalb liegt auch bereits in ihm die einzige, dem Göttlichen entsprechende Welt beschlossen. Der Verwirklichungsprozess hebt durch 'Scheidung' und 'Regulierung' nur das heraus, was im Grunde schon immer enthalten ist. Der Einwand setzt unerlaubterweise das Begriffspaar Grund – Existenz mit der (trivial verstandenen) Unterscheidung von Materie und Form gleich.

Nachdem auf diese Weise die Frage nach der Freiheit Gottes umfassend beantwortet ist, bleibt die noch bedrängendere Frage zu beantworten, ob Gott auch das Böse gewollt hat. Dies ist das eigentliche Problem 'aller philosophischen Versuche in der Theodizee'.

b) Die Problematik des absoluten Systems: Gott und das Böse

Schelling eröffnet seine Darlegungen zur „Möglichkeit des Bösen in Bezug auf Gott“ mit der folgenden Feststellung: „In dem göttlichen Verstande ist ein System, aber Gott selbst ist kein System, sondern ein Leben [...]“ (VII, 399). In diesem Satz wird nach *Heidegger* das Scheitern des Schellingschen Freiheitssystems ausgesprochen. Heidegger argumentiert so (1971: 193f.): Das System werde hier nur einem Moment der ontologischen Unterscheidung, nämlich der Existenz, zugeschrieben; zugleich setze Schelling eine höhere Einheit, die er als ‘Leben’ bezeichne. Das habe folgende Konsequenz: „Wenn aber das System nur im Verstande ist, dann bleibt dieser, der Grund, und die Gegenwendigkeit selbst [zwischen dem Willen des Grundes und dem des Verstandes] aus dem System ausgeschlossen als das andere des Systems, und System ist auf das Ganze des Seienden gesehen, nicht mehr das System“ (1971: 194). Diese Schwierigkeit, so Heidegger weiter, trete in der späteren Philosophie Schellings immer schärfer heraus; die Momente ‘Grund’ und ‘Existenz’ sowie deren Einheit würden immer weniger vereinbar. Dieses Misslingen sei vor allem deshalb bedeutsam, weil „Schelling damit nur Schwierigkeiten vorantreibt, die schon im Anfang der abendländischen Philosophie gesetzt und durch die Richtung, die dieses Anfangen nimmt, als von diesem aus unüberwindbar gesetzt sind“ (ebd.).

Diese Interpretation ist in einer scharfsinnigen Analyse von Th. Buchheim zurückgewiesen worden. Nach Buchheim verkennt Heidegger die Bedeutung des ‘Systems im göttlichen Verstand’. „Damit ist nämlich nicht gemeint das All des Seienden überhaupt, sofern es von Gott verstanden oder begriffen wird, sondern gemeint ist der beste Zustand aller Dinge, insofern sie in freier Einheit mit Gott selbst sind“ (1999: 186). Da Gott aber Leben ist, das eines Grundes bedarf, konnte es geschehen, dass der Mensch die göttliche Einheit verkehrte, um außerhalb von Gott und seinem System der Freiheit zu existieren. „Die Geschichte, die wir de facto haben, ist deshalb zwar noch getragen von der Systematik von Grund und Existenz, die zum Bösen ausschlagen konnte, aber sie bewegt sich [...] nicht mehr innerhalb des Systems der Freiheit, wenn auch gerade noch und gerade in der Freiheit zum Bösen“ (1999: 187). Weil Heidegger diesen Unterschied nicht beachte, komme er zu der Fehleinschätzung, dass das Böse eine konstitutive Funktion im Schellingschen System habe. Um diese Interpretation aufrechtzuerhalten, übergehe er sowohl Schellings These von der endgültigen Überwindung des Bösen am Ende der Zeiten als auch den Gedanken einer möglichen ‘Transmutation’ des Menschen. Zudem markiere Heidegger nicht den Unterschied zwischen dem ‘natürlichen Hang des Menschen zum Bösen’ und dem ‘Hang zum Bösen als Akt der Freiheit'; nur der erste sei notwendig für die Offenbarung Gottes. Schließlich: Heidegger fällt (unbeabsichtigt) einer fehlerhaften Textstelle zum Opfer. In der von ihm benutzten Ausgabe steht (VII, 382) „... die Entscheidung für Gutes *und* Böses“ statt, wie es richtig heißen muss „... die Entscheidung für Gutes *oder* Böses ...“. – Zweifellos werden durch Buchheims Analyse Versäumnisse und Schwächen der Heideggerschen Interpretation aufgedeckt. Es ist aber kritisch zu fragen: Gilt der von Buchheim beanspruchte Systembegriff für die gesamte Freiheitsschrift? Kann überhaupt noch von 'System' (im Sinne des Idealismus) gesprochen werden, wenn der existierende (böse) Mensch außerhalb des Systems steht? (Das wäre die Position Kierkegaards.) Ist eine anfängliche (intelligible) Zurückweisung durch den Menschen *real* möglich, wenn anders das Böse notwendig ist für die vollkommene Offenbarung Gottes und das Böse in der Natur nicht wirklich ist, sondern bloße 'Sollizitation' bleibt?

W. G. Jacobs versucht, die strittige Textstelle so zu entschlüsseln: „Das System, welches nach Schelling im Verstande Gottes ist, kann nur als Organismus begriffen werden. Organismus aber ist gerade derjenige Begriff, durch den Leben begriffen werden kann. Wenn Gott nun kein System, sondern ein Leben ist, und das System im Verstande Gottes Organismus ist, so ist dieser Verstand in der Lage, das Leben Gottes zu begreifen“ (1998: 64). Wenn Jacobs auf diese Weise den Schellingschen Systembegriff auf Kants Begriff des Organismus zurückführt, dann ist dem sicherlich zuzustimmen. Aber es bleibt die Frage nach dem Verhältnis des Systems im göttlichen Verstand zum System der menschlichen Freiheit. Kann dieses philosophische System seinen Absolutheitsanspruch festhalten?

Auch wenn man Heideggers Sicht nicht zustimmt, auch wenn man darüber streiten kann, ob gerade dieser eine Satz das Scheitern Schellings bezeugt – so sollte doch deutlich sein, dass sich in diesem Zusammenhang ein ganz zentrales Problem für Schellings Systementwurf stellt. Dieses Problem wird nicht von außen herangetragen, sondern es ergibt sich aus den eigenen Voraussetzungen der Freiheitsschrift. Das System bestimmt (mit Kants Worten) den Umfang des Wissbaren. Oder: Das System ist (in Schellings Formulierung) das Ganze einer wissenschaftlichen Weltansicht. Mit diesem Selbstverständnis setzt der Entwurf von 1809 ein. In ihrer Entfaltung kommt die Freiheitsphilosophie Schellings jedoch zu dem Ergebnis, dass sich das dunkle Wirken des Grundes – zumindest teilweise – dem Zugriff des Wissens entzieht. Es entzieht sich nicht nur dem 'geometrischen Verstand' der neuzeitlichen Wissenschaften (worauf Schelling im vorigen Abschnitt hingewiesen hat), sondern auch dem philosophischen Wissen, das sich als System entfalten will. Um diesem Dilemma zu entgehen, bieten sich zwei Auswege an: a) Man gibt die Forderung auf, dass sich die Philosophie als System darzustellen und zu vollenden habe. Diese Konsequenz zieht Heidegger – wie vorher bereits die nachidealistische Philosophie, allen voran Kierkegaard. b) Die Auffassung von 'System' muss sich wandeln. Das ist der Weg, den der späte Schelling zu gehen versucht: Die reinrationale ('negative') Philosophie soll überboten werden von einer 'positiven' Philosophie, die ausgeht vom unvordenklichen, weil in absoluter Freiheit gründenden Daß-Sein Gottes, und so die geschichtliche Wirklichkeit zu begreifen versucht (als Mythologie und Offenbarung). Diese Aufgabe der positiven Philosophie ist, da es sich um eine wesenhaft geschichtliche Philosophie handelt, nie abgeschlossen. (Zu Schellings späterer Systemauffassung vgl. XIII, 133.) – Diesen gewichtigen Problemzusammenhängen ist hier nicht im Einzelnen nachzugehen. Vielmehr bleibt zu erläutern, inwiefern mit der Feststellung, dass Gott kein System, sondern ein Leben sei, das Problem der Theodizee zu lösen sein soll.

Auch zur Beantwortung der Frage nach dem Verhältnis Gottes zum Bösen greift Schelling auf bereits Erörtertes zurück (vgl. vor allem Kap. III, 7 a; VII, 375 f.). Alles Leben bedarf einer Grundlage, damit es sich verwirklichen kann. Diese Bedingung für alles Leben ist der Grund, der als in sich zurückstrebender Partikularwille zugleich Grundlage für die Erregung des Bösen ist. Auch das göttliche Leben, die höchste Form personaler Existenz, steht unter dieser Bedingung; allerdings hat Gott den Grund seiner Existenz *in* sich. Und: Der Wille des Grundes bleibt in Gott ewig dem Willen der Liebe untergeordnet. Deshalb kann es in Gott kein Böses, keinen „Grund der Dunkelheit" (VII, 399) geben.

Der Mensch hingegen hat diese Bedingung nicht in sich; er verdankt seine Existenz nicht sich selbst und bleibt deshalb von einem anderen abhängig. Zwar versucht er in der Entscheidung zum Bösen, alles seinem Eigenwillen zu unterwerfen, um auf diese Weise den Grund in seine Gewalt zu bringen. Aber dieses Streben muss scheitern, weil es die Ordnung des Lebens umkehren will und deshalb von Anfang an den Keim der Zerstörung und des Todes in sich birgt. Da die Grundlage der Existenz sich dem Zugriff des Menschen (auch dem Zugriff des Systems) entzieht, bleibt seine Persönlichkeit unvollkommen; er kann sich selbst nie uneingeschränkt verwirklichen. Das ist die Last der Endlichkeit, die Schelling immer wieder emphatisch beschreibt: „Dieß ist die allem endlichen Leben anklebende Traurigkeit [...]. Daher der Schleier der Schwermuth, der über die ganze Natur ausgebreitet ist, die tiefe unzerstörliche Melancholie alles Lebens. Freude muß Leid haben, Leid in Freude verklärt werden" (VII, 399).

Mit diesen Darlegungen wird erneut betont, dass es keinen direkten Bezug zwischen Gott und dem Bösen gibt und dass die Frage nach einer Rechtfertigung Gottes angesichts des Bösen eigentlich nicht gestellt werden darf. Zwar kann das Böse nur durch das Wirken des Grundes entstehen; aber der Grund ist nicht Gott selbst, sondern nur die Bedingung des absoluten Lebens. Vor allem aber ist daran zu erinnern, dass das Böse nicht durch den Willen des Grundes direkt verursacht wird. Vielmehr kann das Böse nur durch eine je eigene Tat des Menschen verwirklicht werden.

Die Erregung (Sollizitation) des Grundes ist nicht der Ursprung des Bösen, sondern der Beginn des *Lebens*. Das Leben nämlich ist Bewegung, Auseinandersetzung, Kampf. Deshalb ist das Wirken und Gegenwirken des Grundes notwendig für die lebendige Wirklichkeit. Darin liegt nichts Böses – wie denn auch das Erwachen der Selbstheit nichts Böses ist, sofern sie dem Universalwillen untergeordnet bleibt.

Gut und Böse – Schelling schärft es immer wieder ein – sind ebenso wenig voneinander zu trennen wie Grund und Existenz. Wird das Wirken des Selbstwillens vom Willen der Liebe geleitet, dann wird Gutes erwirkt und verwirklicht; setzt sich das Selbst absolut, indem es sich den Universalwillen unterordnet, dann entsteht das Böse. „Im Guten also ist die Reaktion des Grundes eine Wirkung zum Guten, im Bösen eine Wirkung zum Bösen [...]" (VII, 400). Oder – in Anknüpfung an die Analyse der Urteils-Kopula (s. S. 41 f.): „Daher dialektisch ganz richtig gesagt wird: Gut und Bös seyen dasselbe, nur von verschiedenen Seiten gesehen, oder, das Böse sey an sich, d. h. in der Wurzel seiner Identität betrachtet, das Gute, wie das Gute dagegen, in seiner Entzweiung oder Nicht-Identität betrachtet, das Böse" (ebd.).

Das Gegen- und Miteinander von Gut und Böse lässt sich nach Schelling in Analogie zu den Naturvorgängen verstehen: Anziehungs- oder Abstoßungskraft kann man sich nicht isoliert vorstellen. Die attrahierende Kraft wirkt, indem sie sich gegen die repulsierende Kraft wendet – und umgekehrt. So verhält es sich auch beim Guten und Bösen; beide kommen nur im unauflöslichen Gegeneinander zur Geltung. Deshalb ist Tugend nicht von Leidenschaft, Liebe nicht von Hass, Gelassenheit nicht von Zorn zu trennen. (Schelling nimmt diese Erörterung zum Anlass für eine erneute polemische Zeitkritik; 'seichte Schöngeister' können diesen Zusammenhang nicht einsehen und unterstellen sogleich die Aufhebung des Unterschieds zwischen Gut und Böse.)

Zum Abschluss dieser Überlegungen hebt Schelling seine Position gegen zwei mögliche Einwände ab:

1. Man sagt, Gott habe das Böse gewollt, weil er die Welt geschaffen habe und zur endlichen Welt physische und moralische Unvollkommen-

heit gehören. Dagegen ist zu sagen: *Unmittelbar* beruht der göttliche Entschluss zur Schöpfung auf dem Willen zur Ordnung, zur Einheit, zur Liebe – kurz: auf dem Willen zum Guten. Deshalb darf man auch nicht – wie Leibniz (Theod., §§ 25, 158) – behaupten, dass das Böse eine notwendige Bedingung (conditio sine qua non) für die beste aller möglichen Welten sei. Das Böse „war weder Gegenstand eines göttlichen Rathschlusses, noch und viel weniger einer Erlaubniß" (VII, 402).

Man kann aber noch weiter fragen: Wenn Gott vorhergesehen hat, dass das Böse im Offenbarungsprozess verwirklicht wird, hätte er dann nicht auf die Schöpfung verzichten sollen? Eine solche Frage ist nach Schelling nicht statthaft. Denn dies würde bedeuten, dass Gott auf das Gute und die Liebe verzichtet hätte, um das Böse und den Hass zu vermeiden. Vor allem aber übersieht diese Frage, dass die Offenbarungstat nicht Folge eines willkürlichen Entschlusses ist, sondern auf einer sittlichen Notwendigkeit beruht, die mit der absoluten Freiheit (qua Wesensverwirklichung) zusammenfällt. Zu dieser Verwirklichung gehört das Wirkenlassen des kreatürlichen Grundes. Folglich ist der Grund – und nicht das Böse – conditio sine qua non; und er ist es nicht als Bedingung für die beste Welt, sondern als Bedingung für die Existenz Gottes selbst! Schelling beschließt seine Erklärungen mit einem Satz, dessen Radikalität nicht zu überbieten ist: „Damit also das Böse [!] nicht wäre, müßte Gott selbst nicht seyn" (VII, 403).

Sicherlich ist diese Formulierung überspitzt: Nicht das Böse selbst, sondern der Grund ist Bedingung für die Existenz Gottes. Schelling wird ja in den anstehenden Passagen nicht müde, dies einzuschärfen. Dennoch ist dieser Satz ein Indiz dafür, dass Schelling die Theodizeeproblematik nicht in den Griff bekommt. Auch die auffälligen (ausführlichen) Wiederholungen könnten ein Anzeichen dafür sein, dass Schelling selbst Bedenken hat, das Problem wirklich gelöst zu haben.

Es sei auf eine weitere Unstimmigkeit in dem vorliegenden Absatz der Freiheitsschrift hingewiesen. Dem Einwand, Gott hätte angesichts des 'begleitungsweise' aus dem Entschluss zur Offenbarung folgenden Bösen doch auf die Schöpfung verzichten können, hält Schelling entgegen: „So denn also Gott um des Bösen willen sich nicht geoffenbart, hätte das Böse über das Gute und die Liebe gesiegt" (VII, 402). Wie hätte das Böse ohne eine Schöpfung siegen können, wenn es erst durch den geschaffenen Menschen verwirklicht wird? Der zitierte Satz macht nur Sinn, wenn 'Offenbarung' hier als zweite Offenbarung (in Christus) verstanden wird. Davon ist jedoch in diesem Absatz nicht die Rede. – Auf die Aporie des Schellingschen Theodizeeversuchs verweist W. Marx (1981: 49–69, besonders 60). Man vgl. auch die Kritik bei G. Vergauwen 1975: 152, 179.

2. Weniger gewichtig ist folgender Einwand: Gott hat zwar das Böse nicht gewollt; aber ohne Gott hätten die Menschen gar nicht die Kraft, das Böse zu verwirklichen. – Recht besehen, wird damit gar kein Einwand erhoben, wenn man die dargelegte Dialektik beachtet: Gut und Böse bilden eine unauflösliche Einheit. Deshalb wirkt auch im Bösen noch die Kraft zur Existenz – wie in der Krankheit das gesunde Leben noch fortwirkt, da sonst sogleich der Tod einträte. In diesem Sinne kann man sagen, dass Gott auch noch in den Taten des Sünders wirkt. Dieses göttliche Leben empfindet der Sünder als verzehrendes Feuer, das sich immer mehr steigert und – wenn keine Umkehr erfolgt – zur Selbstvernichtung führt.

c) Das Ziel der Schöpfung

Schelling leitet seine abschließenden Überlegungen zum Theodizeeproblem mit folgenden Fragen ein: Endet das Böse? Wenn das Böse endet, auf welche Weise kann oder muss es geschehen? Hat die Schöpfung überhaupt einen Zweck? Sofern der Mensch der „höchste Gipfel der Offenbarung" (VII, 377) ist, bedeutet dies vor allem: Gibt es ein Ziel der Geschichte (vgl. S. 91 f.)? Und schließlich: Wenn es eine Vollendung der Schöpfung gibt, warum wird diese Vollkommenheit nicht gleich zu Beginn verwirklicht?

Die zuletzt gestellte Frage wird sogleich beantwortet, weil dazu nur an den folgenden Grundsatz erinnert werden muss (vgl. VII, 399): Gott ist Leben; Leben aber ist ohne Werden und Entwicklung nicht möglich (s. Kap. III, 7 b). Das bedeutet im Einzelnen: Das Werden des Lebens ist von höherem Rang als das bloße Sein. Nimmt man das Sein als solches, dann liegt darin natürlich kein Werden; es ist das nunc stans der Ewigkeit. Ein solches Sein wäre jedoch nicht frei; es könnte nicht Geist, nicht Persönlichkeit werden. Denn dazu ist Reflexivität (in einem weiten Sinne) erforderlich, also die Doppelbewegung des 'von sich weg' und 'in sich zurück'. „Das Seyn wird nur im Werden empfindlich" (VII, 403). Sofern jedoch die Bewegung kein bloßes Werden, sondern Wesensverwirklichung ist, wird im Werden das ewige Sein gesetzt. „Im Seyn freilich ist kein Werden; in diesem vielmehr ist es selber wieder als Ewigkeit gesetzt; aber in der Verwirklichung durch Gegensatz ist nothwendig ein Werden" (ebd.).

Aus diesen Überlegungen folgt unabweisbar: Auch für Gott als absolutes Leben muss ein Werden (in diesem Sinne auch ein Erleiden) angenommen werden, und zwar im doppelten Sinne: Gottes Werden ist eine ewige Bewegung vor aller Zeit. Aber ebenso – und das steht an dieser Stelle vornehmlich im Blick – gehört zur Verwirklichung Gottes eine Offenbarung in der Zeit. Dieses Sich-Unterwerfen ist Folge der absolut freien Schöpfungstat Gottes. Werden diese Zusammenhänge angemessen, d.h. auf der Grundlage der vorliegenden Schrift in dialektischer Mündigkeit verstanden, dann verliert die Rede von einem werdenden und leidenden Gott ihre Anstößigkeit. Nach Schelling künden Mythologien und Mysterien von dieser Wahrheit. Aber auch die christliche Offenbarungslehre steht dazu nicht im Widerspruch, sofern sie in ferner Zukunft eine Zeit annimmt, „da Gott Alles in Allem, d.h. wo er ganz verwirklicht seyn wird“ (VII, 404).

Mit den sich anschließenden Darlegungen zu den wesentlichen Perioden der Offenbarung greift Schelling auf bereits Erörtertes zurück (VII, 360f.; s. Kap. III, 2 c; 3), um auf dieser Grundlage die Frage nach dem Ziel der Schöpfung zu beantworten: Der Grund ist das dunkle reale Prinzip alles Lebens. Damit aber der Lebensprozess überhaupt einsetzen kann, bedarf es eines gegenwendigen Prinzips. Dies ist das (ideale) Licht, das in der Schrift angemessen als ‘schaffendes Wort’ bezeichnet wird. Das Wort bewirkt die Aktualisierung des im Grunde verborgenen möglichen Lebens. Da die beiden Prinzipien gegensätzlich sind, bedarf es einer einigenden Kraft. Diese Kraft ist der Geist, der sich selbst als Person in der Tätigkeit des Einens verwirklicht. Die sich steigernde Entwicklung des Schöpfungsprozesses beruht darauf, dass der Grund ständig gegen den einenden Geist ‘rebelliert’ und die anfängliche Gegensätzlichkeit zu behaupten versucht. Ihren Höhepunkt erreicht diese Bewegung in der Entgegensetzung von Gut und Böse. Das wird erst durch den Menschen möglich, weil er frei ist, die von Gott gefügte Einheit der Seinsprinzipien umzukehren und den selbsthaften Willen des Grundes zur vollen Wirksamkeit zu entfalten.

An dieser Stelle könnte nun der folgende Einwand erhoben werden: Ist es denn nicht möglich, dass Gott seine Offenbarung beschließt, indem er den Willen des Grundes unterwirft, *bevor* es zur Verwirklichung des Bösen kommt? Diese Möglichkeit scheidet aus, weil sie zur Konsequenz hätte, dass die Schöpfung nicht vollendet werden könnte. Das Gute nämlich wird nur offenbar durch Überwindung des Bösen, das folglich zuvor verwirklicht werden muss. „[...] das Gute soll aus der Finsterniß zur Aktualität erhoben werden, um mit Gott unvergänglich zu leben; das Böse aber von dem Guten geschieden, um auf ewig in das Nichtseyn verstoßen zu werden“ (VII, 404).

Alles Seiende, das ohne Gott nicht sein könnte, wird durch die Offenbarung aus dem dunklen Grund zur Existenz erhoben, um nach dem Ende des endlichen Daseins wieder in Gott zu sein. Deshalb ist das endliche Leben durch Geburt und Tod bestimmt. Im Rückgriff auf seine Darlegungen in ›Philosophie und Religion‹ formuliert es Schelling so: „Gott gibt die

Ideen, die in ihm ohne selbständiges Leben waren, dahin in die Selbstheit und das [relative] Nichtseyende, damit, indem sie aus diesem ins Leben gerufen, sie als unabhängig existirende wieder in ihm seyen“ (VII, 404).

Die Textstelle aus ›Philosophie und Religion‹, auf die sich Schelling hier bezieht, lautet: „Indem Gott, kraft der ewigen Nothwendigkeit seiner Natur, dem Angeschauten die Selbstheit verleiht, gibt er es selbst dahin in die Endlichkeit, und opfert es gleichsam, damit die Ideen, welche in ihm ohne selbstgegebenes Leben waren, ins Leben gerufen, eben dadurch aber fähig werden, als unabhängig existirende wieder *in* der Absolutheit zu seyn, welches durch die vollkommene Sittlichkeit [Einheit von Notwendigkeit und Freiheit] geschieht“ (VI, 63). Zur Ideenlehre und zum Konzept der Religionsschrift s. Kap. I, 2.

Der Grund muss solange frei wirken, bis das Gute vom Bösen geschieden und endgültig zwischen beiden entschieden wird (im Sinne von ‘Krisis’ – Scheidung, Entscheidung vor Gericht). Dann ist der Endzweck der Schöpfung erreicht. *Der Sieg des Guten über das Böse* vollendet die Offenbarung Gottes.

Das Böse kann nur wirken, wenn die positive Kraft des Guten in ihm wirkt (in Umkehrung der ursprünglichen Rangordnung). Insofern hat das Böse, solange es wirksam ist, teil am absoluten Leben und an den schaffenden Kräften der Natur. Wird nun das Böse gänzlich vom Guten getrennt, dann *ist* das Böse nicht mehr – freilich nicht in der Weise des reinen Nichtseins, sondern in der Weise des bloßen Möglichseins (Potenzialität). Dieses Möglichsein strebt zwar immer noch zur Wirklichkeit; aber es kann nicht mehr aktualisiert werden. „Sein [des Bösen] Zustand ist daher ein Zustand des Nichtseyns, ein Zustand des beständigen Verzehrtwerdens der Aktivität, oder dessen, was in ihm aktiv zu seyn strebt“ (VII, 405).

Streng genommen liegt das Ziel der Schöpfung also nicht darin, dass das Böse in das Gute verwandelt wird. Vielmehr muss das Böse in das Nichtsein (und nicht sein Sollende) der Potenzialität zurückgebracht werden. Als dieses bloße Möglichsein ist es nicht das Böse, sondern das, was es im Anfang war: Grundlage, Basis. Das Gute hingegen, das in der Schöpfung nur durch die Gegenwendung zum Bösen offenbar werden konnte, wird nach der endgültigen Trennung vom Bösen Teil des Absoluten. In Anlehnung an die Bildersprache des Neuen Testaments kann dies so formuliert werden: „[…] die aus der Finsterniß ans Licht Gebornen schließen sich dem idealen Princip als Glieder seines [des göttlichen Guten] Leibes an, in welchem jenes vollkommen verwirklicht und nun ganz persönliches Wesen ist“ (VII, 405).

Im Zusammenhang einer Trinitätsspekulation ist dieses Geschehen auf folgende Weise zu verstehen: Durch alle Schöpfung hindurch herrscht die Gegensätzlichkeit – zwischen Grund und Existenz, zwischen Realem und Idealem, schließlich zwischen Gut und Böse. Dies ist die Periode des schaffenden Wortes. Wird nun die Schöpfung (mit der Nichtung des Bösen und der Aufhebung des Todes) vollendet, dann hat das Wort seine Aufgabe erfüllt. Es ordnet sich deshalb dem göttlichen Geist unter, der als absolute Einheit von Realität und Idealität die höchste Form des Lebens und Bewusstseins ist; dann erst ist Gott wahrhaft und ewig 'alles in allem'.

An dieser Stelle nimmt die Untersuchung eine überraschende Wendung. Man könnte nämlich annehmen, dass mit den Ausführungen zum Endzweck der Offenbarung der gesamte Systemaufriss abgeschlossen sei. Statt dessen fordert Schelling nun, dass der göttliche Geist gleichsam noch einmal zu übersteigen sei, um bis zum höchsten Prinzip des Freiheitssystems zu gelangen: „Denn auch der Geist ist noch nicht das Höchste; er ist nur der Geist, oder der Hauch der Liebe. Die Liebe aber ist das Höchste. Sie ist das, was da war, ehe denn der Grund und ehe das Existirende (als getrennte) waren, aber noch nicht war als Liebe, sondern – wie sollen wir es bezeichnen" (VII, 405 f.)?

Die Liebe, die der Zweiheit von Grund und Existenz vorhergeht, nennt Schelling *Ungrund*.

11. Der Ungrund als 'höchster Punkt' des Systems

Schellings scheinbar abrupte Einführung des Begriffs 'Ungrund' und die abschließenden Ausführungen der Freiheitsschrift überhaupt haben die Interpreten immer wieder vor Probleme gestellt, falls man sich diesem letzten Teil überhaupt gewidmet hat. Dass Schelling hier einen Terminus Böhmes – und mit ihm mystisches Gedankengut – aufgreift, steht außer Frage. Durch solche Hinweise aber lässt sich die entscheidende Frage nicht beantworten, weshalb der Ungrund der höchste Punkt des Systementwurfs ist.

W. A. Schulze wendet sich gegen die gängige Ansicht der Schellingforschung, dass die Bekanntschaft Schellings mit Böhme durch F. v. Baader initiiert worden sei. Die direkte Quelle für Schellings Nähe zur Theosophie sei vielmehr Oetinger, den Schelling allerdings „nie mit Namen erwähnt, auch wenn er ihn wörtlich zitiert" (1957: 215). Schulze stellt u. a. folgende Parallelen heraus: „Im Stile Oetingers kämpft Schelling an gegen Spinozas System. [...] Wie Oetinger befindet sich Schelling in Frontstellung gegen den Leibnizschen *Determinismus*, und auch Fichte [...] wird nun aus solchen Motiven bekämpft. Wie Oetinger bekämpft auch Schelling die *Prädestinationslehre*, weil sie angeblich die *Wurzel der Freiheit* aufhebe" (1957: 218). Auch die Kenntnis der Kabbala sei auf Oetinger zurückzuführen. Zwar werde Baader in der Freiheitsschrift mehrfach zitiert; aber mit diesen Lehren sei Schelling längst vertraut. (Bereits K. Leese beklagt 1927, dass der Einfluss Oetingers auf Schelling übersehen wurde.)

G. Bruneder konzentriert sich ganz auf den Begriff des Ungrundes und stellt ihren Vergleich zwischen Böhme und Schelling in einen weiten ideengeschichtlichen Kontext (von Dionysius Areopagita über Meister Eckhart bis zu Nikolaus von Kues). Ihre These, dass Schelling Böhmes Theogonie in das Wesen der menschlichen Freiheit projiziere (1958: 101), ist allerdings wenig überzeugend.

H. Fuhrmans vermerkt in seiner Ausgabe der Freiheitsschrift von 1964 (wie schon 1950) eher lapidar, dass Schelling den Terminus 'Ungrund' von Böhme übernommen habe (1964: 178; etwas ausführlicher 18ff.), um dann die Aufmerksamkeit auf die systematische Stellung dieses Terminus in Schellings Abhandlung zu lenken. „Nachdem nun das Ende aller Dinge entworfen ist, versucht Schelling rückgreifend noch einmal den Anfang des Seins zu erhellen, d.h. das Absolute selbst als den Ursprung und Anfangspunkt alles Seins, Ausführungen, die freilich mehr andeutender Art sind und darum meist mißverstanden worden sind. Im Zuge seiner ganzen Auffassung, daß das Sein und das Geschehen wesenhaft *ex*-plicatio, Herausfaltung, Auf-Faltung der göttlichen Fülle ist, will Schelling im Sinne eines großen Entwicklungssystems eine absolute *implicatio* als den Anfang setzen" (1964: 178).

In aller Ausführlichkeit widmet sich die Monographie von R. F. Brown dem Einfluss Böhmes auf Schellings Arbeiten in den Jahren 1809–1815. Nach Brown fand Schelling in Böhmes Theosophie Übereinstimmungen mit eigenen Grundpositionen, sodass er angeregt wurde, eine neue Theorie über das Wesen Gottes und sein Verhältnis zur Welt zu entwickeln (vgl. 1977: 18). Browns Analyse der Freiheitsschrift kommt zu dem einleuchtenden (und nahe liegenden) Resultat, dass Schelling zwar viele Begriffe und Wendungen von Böhme übernimmt, diese aber durchaus eigenständig in sein philosophisches Konzept integriere. „Schelling is a sophisticated interpreter, omitting or reworking aspects of Boehme's thought in order to produce a more intelligible (and perhaps more persuasive) philosophical option" (1977: 149). – Den vorrangigen Einfluss Böhmes betont auch X. Tilliette 1970: I, 520f.

F. Moiso unterstreicht nicht nur den Rückgriff Schellings auf Böhme, sondern stellt auch Bezüge zur zeitgenössischen Naturwissenschaft fest (Schellings Begriff 'Grund' – der chemische Begriff ‚Base'). „Der Böhmische Text *De signatura rerum* hilft Schelling in Wechselwirkung mit der zeitgenössischen Chemie, eine Symbolik der Geburt, des Anfangs jeder Tätigkeit aus dem Untätigsein zu erfinden" (1995: 195). – Nach W. E. Ehrhardt zeigt Schellings Begriff 'Ungrund' an, dass ein 'deontisches Prinzip' an den Anfang des Systems der Freiheit gesetzt werden muss. „Wollen ist Ursein, aber als solches Unsein, denn nicht, was ist, sondern was sein soll, wird gewollt" (1995: 227). – R. Ohashi geht der Frage nach, weshalb Heidegger in seiner Interpretation der Freiheitsschrift den Einfluss Böhmes nicht erwähnt und den Schlussteil des Systementwurfs überhaupt nicht thematisiert. Dies ist nach Ohashi dadurch zu erklären, „daß Heidegger die Freiheitsabhandlung durchaus und nur im Hinblick auf die metaphysische Seynsfuge von Grund und Existenz auslegte, während der 'Ungrund' kein Gott noch ein Seiendes ist, somit zu keiner Onto-Theologie bzw. Metaphysik mehr gehört" (1995: 248).

So unstrittig Schellings Auseinandersetzung mit Böhme ist, so unstrittig sollte sein, dass man Schellings Entwurf nicht auf 'Mystik', 'Theosophie' oder ähnliche Schlagworte reduzieren darf. Baumgartner/Korten treffen den entscheidenden

Punkt: „Dass sich Schelling nur der bildhaften Sprache Böhmes bedient, nicht aber durch eine Böhme-Rezeption zu einem neuen Ansatz geführt wurde, macht die *Freiheitsschrift* in ihrer Anlage deutlich, in der das gesamte identitätsphilosophische System beschlossen liegt" (1996: 131). – Zu Schellings eigener, kritisch abwägender Einschätzung des 'Theosophismus' (und Böhmes) vgl. man XIII, 119ff.

Die Problemstellung Schellings kann durch folgende Überlegung verdeutlicht werden: Prinzip des Systems ist seit 1801 das Absolute oder Gott. Gott ist die höchste Einheit (Identität), die alle das Endliche bestimmenden Gegensätze (Realität – Idealität, Natur – Geist) umfasst und so allererst ein endliches Dasein ermöglicht. Nun begnügt sich Schelling in der Freiheitsschrift nicht mehr damit, die unterschiedlichen Seinsstufen (Potenzen) aus dem Absoluten abzuleiten und auf diese Weise ein umfassendes System alles Seins und Wissens zu 'konstruieren', d.h. im Absoluten darzustellen. Vielmehr versucht Schelling jetzt, denkend gleichsam *vor* die Wirklichkeit des Absoluten zu kommen. Er setzt nicht einfach Gott als absolutes *Leben*, sondern fragt: Welches sind die Bedingungen des göttlichen Lebens und damit die konstituierenden Momente für alles Leben und Sein? Die Antwort ist bekannt: Diese Bedingungen sind Grund und Existenz. Damit wird jedoch eine Dualität gesetzt, und zwar *vor* der durch den Geist vollzogenen absoluten *Einheit* aller Gegensätze. Um jeglichen Dualismus auszuschalten, ist deshalb eine Einheit zu setzen, die allem lebendigen Seienden und dem göttlichen Leben selbst vorhergeht. Diese Einheit ist der Ungrund.

Bereits an früherer Stelle (s. S. 72) hat Schelling auf diese Ur-Einheit hingewiesen, sie aber nicht benannt: „Jedes der auf die angezeigte Art in der Natur entstandene Wesen hat ein doppeltes Princip in sich, das jedoch im Grunde nur ein und das nämliche ist, von den beiden möglichen Seiten betrachtet" (VII, 362). Dieser zunächst nur en passant gegebene Hinweis auf die uranfängliche Einheit wird jetzt wieder aufgegriffen und ausführlich begründet.

Der gesamte Systementwurf der Freiheitsschrift 'hängt' an der Unterscheidung zwischen Grund und Existenz. Dieser Ansatz setzt sich, wie gesagt, dem Vorwurf des Dualismus aus, der nach Schelling nur zur „Selbstzerreißung und Verzweiflung der Vernunft" (VII, 354) führen kann. Aber auch der Monismus erscheint als unbegehbarer Weg. Sind nämlich Grund und Existenz *eines* Wesens, dann lassen sich die das Seiende bestimmenden Gegensätze (Realität und Idealität, Finsternis und Licht, Böses und Gutes etc.) letztlich nicht mehr unterscheiden. Es kann dann eigentlich nichts mehr erklärt werden, weil alles in die Nacht der absoluten Identität versinkt. – Aus diesem Dilemma führt jedoch eine 'dialektische Erörterung' (die sich auch als Selbstkritik an dem frühen Entwurf der Identitätsphilosophie lesen lässt) heraus.

Wenn sowohl der Dualismus als auch der einfache Monismus („Grund und Existenz fallen in einem identischen Wesen zusammen") zurückzuweisen sind, dann bleibt nur *eine* Annahme akzeptabel: Es gibt *vor* dem Urgegensatz von Grund und Existenz eine Einheit schlechthin, den Ungrund. Allerdings muss dieses Prinzip angemessen gedacht und vor allem Folgendes beachtet werden: Wenn der Ungrund *vorhergeht*, dann können in ihm die Gegensätze auf keinerlei Weise vorhanden sein, auch nicht als gegensätzliche Momente einer umfassenden Einheit. Der Ungrund darf deshalb nicht als Identität bezeichnet werden, weil Identität als Wesenseinheit (vgl. Aristoteles, Metaph. V, 15; 1021 a 11) bereits die Unterscheidung mindestens zweier (gegensätzlicher) Momente voraussetzt (vgl. VII, 407). Vielmehr ist der Ungrund *Indifferenz* schlechthin, d. h. absolute Unterschiedslosigkeit, die keinen Ansatz für Gegensätze und Unterscheidungen bietet. Man darf nach Schelling nicht den Fehler machen, eine absolute Einheit als Prinzip des Vernunftssystems zu setzen und dann doch wieder Gegensätze von dieser Einheit auszusagen. Vielmehr ist strikt festzuhalten: Die Indifferenz entsteht nicht durch Gegensätze, und die Gegensätze sind nicht auf irgendeine Weise in der Indifferenz. Sie ist ein eigenes Wesen, getrennt von allen Gegensätzen. Da alle Unterschiede an der Indifferenz zerschellen, kann auch kein Prädikat von ihr ausgesagt werden; denn alle Bestimmbarkeit setzt Unterschiede und Gegensätze voraus. Die absolute Indifferenz ist ein Nichts an Bestimmbarkeit; dennoch *ist* sie. (Prädikatlosigkeit darf also nicht mit Nichtsein verwechselt werden.) Formelhaft gesprochen: Das Sein der Indifferenz ist das Nichtsein der Gegensätze.

Weder der Dualismus noch der Monismus (qua falsch verstandener Identitätsphilosophie) können dem Prinzip des Ungrundes gerecht werden. Denn entweder wird die Indifferenz wirklich gesetzt, dann ist mit allen anderen Gegensätzen auch der Gegensatz von Gut und Böse negiert und verschwunden; weder das eine noch das andere noch beides zusammen kann vom Ungrund ausgesagt werden. Oder aber die Dualität von Gut und Böse wird sogleich gesetzt, dann hat man in eins den Ungrund aufgehoben.

Lässt sich aber überhaupt noch etwas vom Ungrund sagen? Das ist nach Schelling sehr wohl möglich, wenn man Folgendes beachtet: „Reales und Ideales, Finsterniß und Licht, oder wie wir die beiden Principien sonst bezeichnen wollen, können von dem Ungrund niemals *als Gegensätze* prädicirt werden" (VII, 407). Es steht somit nichts im Wege, z. B. Reales und Ideales (Grund und Existenz) als Nichtgegensätze vom Ungrund 'auszusagen'; denn der Ungrund ist gegenüber den Gegensätzen vollkommen gleichgültig (indifferent). Der Ungrund ist das Reale, aber nicht *als* Reales (da dies nur durch Gegensetzung möglich wäre); ebenso ist der Ungrund das Ideale, aber nicht *als* Ideales. Indem auf diese Weise Reales und Ideales (Grund und Existenz, Finsternis und Licht) als Nichtgegensätze – d.h. als noch nicht in die Wirklichkeit herausgetretene Gegensätze – dem Ungrund zugesprochen werden, ist echte *Dualität* gesetzt, nämlich eine Zweiheit, die (noch) nicht Gegensatz ist. Dieses Verhältnis entzieht sich der logischen Vermittlung und der Tätigkeit der Reflexion. „Unmittelbar aus dem Weder-Noch oder der Indifferenz bricht also die Dualität hervor [...]" (VII, 407). Die Zweiheit von Grund und Existenz beruht folglich nicht auf einer logischen Unterscheidung; denn die logische Prädikation setzt Gegensätze voraus und versagt angesichts des Ungrundes. Vielmehr ist die Unterscheidung 'reell', d.h. die unabdingbare Voraussetzung für alles Sein und Leben.

Nach dieser dialektisch-spekulativen Darlegung kann das Verhältnis des Ungrundes zur Dualität der Seinsprinzipien auf folgende Weise klarer gefasst werden: Wenn 'Wesen' – gemäß aristotelischer Ontologie – das vorgängig Zugrundeliegende ist, dann muss das Wesen von absolutem Grund und absoluter Existenz diesen beiden vorhergehen. Dieses Vorhergehende ist der Ungrund, das Absolute schlechthin. Das bedeutet im Blick auf die Bestimmung des Urseins als Wollen: Wenn der Grund als dunkler Eigenwille, die Existenz als aufhellender Universalwille zu verstehen ist, dann geht beiden das reine Wollen voraus. Dieser reine Wille ist nicht bestimmt (weder – noch) und gerade deshalb das Wesen beider Willen. Schelling drückt es hier so aus: Der Ungrund ist beide – Grund und Existenz – 'gleicherweise', jedoch nicht 'zugleich' (dies wäre Identität).

Die Schöpfungstat besteht darin, dass sich der Ungrund in die 'zwei gleich ewigen Anfänge' teilt. Diese Tat bleibt (a priori) unbegreiflich; wohl aber können wir (a posteriori, d.h. nachdem Gott die Offenbarungstat vollzogen hat) sagen, worin das Ziel dieses Entschlusses liegt: in der Realisierung des Lebens und der Liebe, in der Verwirklichung persönlicher göttlicher Existenz. So ist das reine Wollen des Ungrundes Wille der Liebe, aber noch nicht *als* Liebe. Denn die verwirklichte Liebe setzt wirkliche Gegensätze und den lebendigen Vollzug ihrer Einheit voraus. Das undurchdringliche Geheimnis der Liebe liegt eben darin, „daß sie solche verbindet, deren jedes für sich seyn könnte und doch nicht ist, und nicht seyn kann ohne das andere" (VII, 408).

Schelling verweist hier auf seine ›Aphorismen zur Einleitung in die Naturphilosophie‹ (1806). Die beiden Aphorismen lauten vollständig so:

„162. Der Unterschied einer göttlichen Identität von einer bloß endlichen ist, daß in jener nicht Entgegengesetzte verbunden werden, die der Verbindung bedürfen, sondern solche, deren jedes für sich seyn könnte, und doch nicht ist ohne das andere.
163. Dieß ist das Geheimniß der ewigen Liebe, daß, was für sich absolut seyn möchte, dennoch es für keinen Raub achtet, es für sich zu seyn, sondern es nur in und mit

dem andern ist. Wäre nicht jedes ein Ganzes, sondern nur Theil des Ganzen, so wäre nicht Liebe: darum aber ist Liebe, weil jedes ein Ganzes ist, und dennoch nicht ist, und nicht seyn kann ohne das andere“ (VII, 174).

U. Osterwald stellt die These auf, dass Schelling mit der Bestimmung Gottes als Liebe die Bestimmung des Seins als Wille verlasse (1792: 93). Diese Kritik scheint zu übersehen, dass man – wie dargelegt – den Ungrund sehr wohl mit dem Wollen zusammenbringen kann (und muss). In *dieser* Hinsicht endet die Freiheitsschrift – wie Osterwald behauptet (1972: 95) – gerade nicht aporetisch.

Wenig überzeugend ist auch die Kritik von A. White. Nach White unterliegt Schelling mit seiner Feststellung, der Ungrund sei gegenüber den Gegensätzen vollkommen gleichgültig, einer Äquivokation, da er ‘logische Indifferenz’ (Unbestimmtheit) nicht von ‘psychologischer Indifferenz’ (Gleichgültigkeit) unterscheide (1983: 132). Indessen verschwindet die Äquivokation sogleich, wenn man „gleich-gültig“ liest. Vor allem aber ist zu beachten, dass die Verstandes-Logik hier nicht mehr greift, weil sie den Gegensätzen verhaftet bleibt.

Für den Schöpfungsprozess gilt somit: Grund und Existenz sind selbständige Seinsprinzipien, die im Offenbarungsgeschehen durch die Liebe zusammengehalten und in einer immer intensiveren Einheit verwirklicht werden. Deshalb muss auch der Grund bis zur Vollendung der Schöpfung als eigenes Prinzip wirken; erst am Ende dieses Geschehens wird er in die reine Möglichkeit zurückgedrängt. So verhält es sich ja auch mit der Sehnsucht des Menschen: Sie umfasst in ihrem anfänglichen dunklen Drang das Gute und Böse. Gelingt es dem Menschen, in klarem Bewusstsein das Gute – gegen das Böse – zu verwirklichen, dann wird die sehnsüchtige Selbstheit überwunden; endgültig kann dies beim Menschen jedoch nur durch den Tod geschehen.

Am Ende aller Offenbarung und Geschichte wird alles dem göttlichen Geist unterworfen sein; er vereint die Urgegensätze von Grund und Existenz zur absoluten Identität. Auch dann bleibt der Ungrund das höchste Prinzip und ‘das über allem schwebende Weltgesetz’ (vgl. XII, 142). Und vom Ende her kann der anfänglich prädikatlose Ungrund (Indifferenz) bestimmt werden als absolute Liebe, als „das von allem freie und doch alles durchwirkende Wohlthun“ (VII, 408).

Schelling schließt seine Überlegungen zum ‘höchsten Punkt der Untersuchung’ mit folgendem Resümee ab:

1. Der Ungrund ist das eine und einzige Prinzip des Systems. Dieses eine Wesen, das reine Wollen, wirkt gleichermaßen in Natur und Geist, in Trennung und Einheit, in Eigenwille und Universalwille, in Gut und Böse.

2. Der Ungrund als solcher gelangt nicht zur Wirklichkeit. Um eigentlich wirksam werden zu können, bedarf er der Gegensätze. Deshalb muss sich der Ungrund scheiden in die gegenwendigen Wirkungsweisen von Grund und Existenz, von Realität und Idealität, von Natur und Geist. Das eine

Prinzip scheidet sich in zwei Seinsprinzipien, damit Leben sei und wirkliche Liebe sich offenbare.

3. Die absolute Identität der Seinsprinzipien steht nicht am Anfang, sondern ist das Resultat des göttlichen Offenbarungsgeschehens. Denn erst durch den göttlichen *Geist* wird der Urgegensatz in seine äußerste Wirksamkeit entfaltet und am Ende vollkommen versöhnt. Insofern sind Grund und Existenz der absoluten Persönlichkeit Gottes unterworfen.

4. Aus der einigenden Kraft des göttlichen Geistes darf jedoch nicht auf die Identität von Gut und Böse geschlossen werden. Gut und Böse konstituieren nämlich keinen ursprünglichen, d.h. im Göttlichen gründenden Gegensatz, weil das Böse erst durch den Menschen verwirklicht wird. Streng genommen besteht auch keine Dualität, sofern Dualität als Gegensätzlichkeit wirklicher Wesen (wie Grund und Existenz) verstanden wird. Zwar hat das Böse eine eigene Realität; es besteht – worauf mehrfach hingewiesen wurde – nicht nur in einem Mangel am Guten (privatio boni). Aber diese Realität gewinnt es nicht 'an sich', sondern nur in der Gegenwendung gegen die göttliche Einheit von Eigenwille und Universalwille. Ohne die *vorgängige* absolute Identität könnte das Böse nicht erscheinen; aber gerade deshalb ist es kein Moment des göttlichen Wesens oder auf irgendeine Weise ihm zugehörig. (Es bleibt allerdings das Problem, dass die göttliche Liebe erst in der Überwindung des Bösen wirklich als Liebe offenbar wird.)

Nach diesen Erläuterungen zum Prinzip des Ungrundes wendet sich Schelling noch einmal den am Anfang der Freiheitsschrift erörterten Themen zu: dem Problem des Pantheismus und der Frage des Systems.

12. Die Philosophie als absolute Vernunftwissenschaft

In den gerade vorgetragenen Überlegungen zum Anfangsgrund und Ziel seines Systems der Freiheit stellt Schelling immer wieder heraus: Gott als Geist ist die absolute Identität der beiden Seinsprinzipien, die am Ende der Offenbarung ganz der Persönlichkeit Gottes unterworfen werden. Über dem göttlichen Geist jedoch muss der anfängliche Ungrund sein als die gegenüber allen Gegensätzen gleichgültige Einheit der Liebe. Aber nun wird man wieder sagen: Eine Philosophie, die von diesen Grundsätzen ausgeht, kann doch wohl nur als Pantheismus bezeichnet werden! Dieser bereits gegen die frühere Identitätsphilosophie erhobene Vorwurf wird sich durch die Setzung des Ungrundes bestätigt fühlen.

In einer längeren Anmerkung erneuert Schelling seine Polemik gegen Friedrich Schlegel. Sieht man von dieser Polemik ab, dann sind zwei Bemerkungen für Schellings philosophisches Selbstverständnis aufschlussreich: Zum einen betont Schelling, dass er sich nie (etwa durch Stiftung einer 'Sekte') die Freiheit der Untersuchung habe nehmen wollen, „in welcher er sich noch immer begriffen erklärte und wohl immer begriffen erklären wird" (VII, 410). Sonach ist auch die Freiheitsschrift nicht als abschließende Systemdarstellung zu verstehen, worauf auch die letzten Zeilen der gesamten Abhandlung hinweisen (VII, 416). Zum anderen müsse man den Aufbau der vorliegenden Untersuchung *dialogisch* verstehen; auch künftighin werde er an dieser Darstellungsform festhalten.

Denjenigen, die den dargelegten Analysen zum Trotz auf dem Vorwurf des Pantheismus beharren wollen, soll dies nach Schelling unbenommen sein; denn sie sind ohnehin nicht zu belehren. Den Einsichtigen sollte jedoch klar geworden sein, dass der Einwand unberechtigt ist, wenn Pantheismus als 'Lehre von der Immanenz der Dinge in Gott' verstanden wird. Denn nach Schelling entstammt das Sein der *Dinge* dem Grund, sofern er gerade noch nicht eine Einheit mit dem Verstand eingegangen ist. Selbstverständlich können auch die Dinge ohne Gott nicht sein; aber im Blick auf das Wesen Gottes als Identität bleiben sie doch gleichsam am Rande der göttlichen Offenbarung ('peripherische Wesen'). Nur der *Mensch* existiert im strengen Sinne *in* Gott, weil mit dem Menschen das dunkle Prinzip des Grundes eine Einheit mit der selbstbewussten Existenz eingeht. Sofern der Mensch als Einheit der beiden Prinzipien das Bild Gottes ist, wird erst durch ihn die göttliche Verbindung mit der Natur vollzogen, sodass auf diese Weise die Dinge ein vermitteltes Sein in Gott erlangen.

Dem Unterschied zwischen natürlichem und menschlichem Leben entspricht der Unterschied zwischen Altem und Neuem Testament. Die Natur steht wie das Alte Testament noch unter dem Gesetz; beide sind „außer dem Centro" (VII, 411) weil Gott noch nicht wahrhaft erschienen ist. Der Mensch und endgültig das Neue Testament eröffnen die Welt der Freiheit; hier erst offenbart sich Gott als Geist und Liebe. So wird die Natur durch den Menschen und durch das Mensch gewordene Wort Gottes erlöst, d.h. in eine Einheit mit dem göttlichen Leben erhoben. (Nur von diesem Standpunkt aus lässt sich nach Schelling eine Teleologie der Natururursachen begründen.)

Schelling wirft seinen Kritikern vor, dass sie sich mit bloßen Schlagworten (etwa: Ungrund, Immanenz, Identität) begnügen und die Zwischenbestimmungen, die allererst die Entfaltung des Systems ermöglichen, geflissentlich übersehen. Man behauptet, dass es überhaupt nur zwei Möglichkeiten gebe, das Böse zu erklären: Entweder man mache es zu einem eigenen Wesen (Dualismus, Manichäismus); oder man erkläre es durch Emanation als dasjenige, was am weitesten vom Einen und Guten entfernt ist (Neuplatonismus, Kabbala; vgl. Sandkühler 1968: 200–204, 249–277). Alle anderen Versuche – so auch der vermeintliche Pantheismus Schellings – würden den Unterschied zwischen Gut und Böse nivellieren. Derartige Kritiker wissen nach Schelling nichts von einem philosophischen Denken, das sich als System entfalten muss, wenn es den Anspruch auf Wissenschaftlichkeit nicht aufgeben will. Im System nämlich hat jeder Begriff und jede These einen bestimmten 'Stellenwert' (s. S. 33f.); wird dieser Zusammenhang nicht beachtet, dann hat man eigentlich nichts verstanden und unterliegt willkürlichen Vorurteilen. Das lässt sich für das vorgetragene System leicht zeigen: Als schlechthin erstes Prinzip muss der Ungrund als absolute Indifferenz (oder als Indifferenz des Absoluten) gesetzt werden. Betrachtet man diesen Anfangsgrund isoliert, dann kann man sogleich sagen, die Personalität Gottes werde geleugnet und ebenso der Unterschied zwischen Gut und Böse. Man nimmt einfach nicht zur Kenntnis, dass mit dem Ungrund nur der Anfangspunkt für eine Entwicklung gesetzt wird. Ist Gott absolutes Leben, dann gibt es – wie immer wieder betont wurde – auch Werden und Entwicklung in Gott. Dann kann der Anfang eben nicht schon das Ganze sein. Dann ist das Absolute des Anfangs eben noch nicht die Persönlichkeit Gottes; denn die Persönlichkeit setzt Gegensätze, setzt den einigenden Geist, setzt die Kraft sich verwirklichender Liebe voraus.

Den Kritikern, die sich so gern auf das Personsein Gottes berufen, hält Schelling entgegen, dass sie diesen Begriff gar nicht verständlich machen können. Sie versuchen, diese Schwäche zu verdecken, indem sie sagen, die Persönlichkeit Gottes sei eben unbegreifbar. Demgegenüber beansprucht Schelling, mit seinem Systementwurf diesen Begriff vernunftgemäß dargelegt zu haben. „Wir […] sind der Meinung, daß eben von den höchsten Begriffen eine klare Vernunfteinsicht möglich seyn muß, indem sie nur dadurch uns wirklich eigen, in uns selbst aufgenommen und ewig gegründet werden können" (VII, 412).

Die Möglichkeit einer klaren Vernunfteinsicht zielt nach Schelling nicht nur auf den 'Gott der Philosophen', sondern ebenso auf den Gott der Offenbarung. – Sind die höchsten Wahrheiten einmal von der Vernunft erkannt, dann können auch grundlegende Irrtümer zurückgewiesen werden als etwas, das der *Vernunft* – und nicht nur rational nicht ausweisbaren Glaubenssätzen – widerspricht. Solche *Irrtümer* sind:

- Der (philosophisch unhaltbare) Dualismus von Gut und Böse wird auf die Geschichte projiziert, indem man behauptet, in allen Bereichen des Geistes herrsche entweder das eine oder das andere Prinzip (wie auch in der Natur). Sonach gibt es auch nur zwei Arten von Religion, eine schlechthin böse (polytheistische Mythologie) und eine schlechthin gute (der christliche Monotheismus). Dagegen ist zu sagen: Obwohl das Christentum historisch später ist als das so genannte Heidentum, kann das eine doch nicht aus dem anderen abgeleitet und so erklärt werden.

(Die Lesart „Heidenthum“ der ersten Ausgabe ist gegenüber „Heiligthum“ des Nachdrucks und der Werkausgabe vorzuziehen.) Eine befriedigende Erklärung ist nur möglich, wenn man auf die unterschiedlichen Prinzipien, die beiden zu Grunde liegen, zurückgeht; zudem muss man sehen, dass es vor der Trennung in Religionen eine Zeit gibt, die durch eine eigene Weltansicht bestimmt wird. (Diese Zusammenhänge wird Schelling in seiner Spätphilosophie entfalten.)

- Diese anfängliche Zeit ist jedoch nicht der paradiesische Zustand des Goldenen Zeitalters, mit dem dann die Welt der Geschichte bricht und vom Guten abfällt. Eine solche Sichtweise mag zwar vordergründig das Übel in der Welt erklären können; ihr entgeht jedoch, dass – noch einmal gesagt – zum Leben eine Entwicklung gehört und deshalb am Anfang gar nicht das Vollendete und Vollkommene sein kann. Im Übrigen ist eine derartige Auffassung ‘illiberal’, weil sie auf eine Leugnung der Freiheit hinausläuft.

In den beiden letzten Absätzen der Freiheitsschrift weist Schelling noch einmal auf den „Anfangspunkt“ (VII, 413) seiner Betrachtungen hin, d.h. auf sein Verständnis von Philosophie, auf den Zusammenhang von Verstand und Gefühl, von Wissen und Glauben. Sicherlich zielen einige der kritischen Äußerungen direkt auf Friedrich Schlegel (vgl. Ehrhardt 1995: 230ff.); im Vordergrund steht jedoch die abschließende Klärung des eigenen Standpunktes.

Schelling geht es vor allem darum, die Philosophie als Vernunftwissenschaft gegen eine romantische Verabsolutierung des Gefühls zu verteidigen. Dies bedeutet keineswegs, dass die Gefühle des Menschen – oder gar sein sittliches Bewusstsein – missachtet werden sollen. Das System der Freiheit dringt ja gerade darauf, dass Sein qua Leben nur in der Persönlichkeit zur vollen Entfaltung kommen kann; und zur Persönlichkeit gehören Geist *und* Herz. Wie es für alles Leben einen dunklen Grund (ratio essendi) gibt, so gibt es auch für alles Erkennen (ratio cognoscendi) eine Basis im Fühlen (wie z. B. das anfangs angesprochene Gefühl der Freiheit). Aber es gilt auch, dass dieser dunkle Grund nur Grundlage ist, d.h. etwas, das entfaltet werden muss (im Sein wie im Erkennen). Wenn ‘Gleiches nur von Gleichem erkannt werden kann’ (vgl. VII, 337), dann ist im Erkennen die das *Sein* konstituierende und bestimmende Bewegung nachzuvollziehen, nämlich die das anfängliche Dunkel durch Scheidung lichtende Tätigkeit des Verstandes. Deshalb sollte uns die pure Gefühlsseligkeit misstrauisch machen, im Leben wie in der Wissenschaft.

„Wie wir im Leben eigentlich nur kräftigem Verstande trauen, und am meisten bei denen, die uns immer ihr Gefühl zur Schau legen, jedes wahre Zartgefühl vermissen, so kann auch, wo es sich von [um] Wahrheit und Erkenntniß handelt, die

Selbstheit, die es bloß bis zum Gefühl gebracht hat, uns kein Vertrauen abgewinnen. Das Gefühl ist herrlich, wenn es im Grunde bleibt; nicht aber, wenn es an den Tag tritt, sich zum Wesen machen und herrschen will" (VII, 414).

Die Freiheitsschrift will darlegen, dass das wahre Wesen des Menschen in der vom Geist gestifteten Einheit gegenwendiger Seinsprinzipien (Grund – Existenz, Eigenwille – Universalwille, Gefühl – Verstand) liegt. Die geisthafte Persönlichkeit äußert sich als Begeisterung, die Grundlage alles wahrhaft menschlichen Wirkens und Schaffens ist. Diese Begeisterung manifestiert sich in Religion, Kunst und Wissenschaft auf je unterschiedliche Weise. In der Wissenschaft zeigt sich die Begeisterung nach Schelling als 'dialektischer Kunsttrieb'. Philosophie als Wissenschaft ist deshalb *dialektische Philosophie*, und zwar im folgenden Sinne: Sie vollzieht sich als Dialog (vgl. VII, 410, Anm.), der Gründe und Gegengründe durchspricht, um die Sache vorurteilslos zu erfassen; dabei scheidet und unterscheidet sie die Gegensätze, um sie letztlich auf eine zugrunde liegende Einheit zurückzuführen ('dialektische Mündigkeit'). So hatte Schelling bereits in den ›Vorlesungen über die Methode des akademischen Studiums‹ (1803) betont: „Ohne dialektische Kunst ist keine Philosophie! Schon ihre Absicht, alles als eins darzustellen und in Formen, die ursprünglich dem Reflex [der Reflexion] angehören, dennoch das Urwissen auszudrücken, ist Beweis davon. Es ist dieses Verhältniß der Speculation zur Reflexion, worauf alle Dialektik beruht" (V, 267).

Trennen und Unterscheiden sind Merkmale des an Gegensätzen haftenden reflektierenden Verstandes. Dasjenige Vermögen, das über die Erkenntnis des Verstandes hinaus auf Einheit dringt, ist die Vernunft. So hatte bereits Kant den Verstand als das Vermögen der Begriffe und die Vernunft als das Vermögen der Ideen bestimmt. Diese Unterscheidung greift Schelling auf, um ihr auf der Grundlage des vorgetragenen Systementwurfs eine ganz spezifische Bedeutung zu geben. Das dialektische Prinzip ist „der sondernde, aber eben darum organisch ordnende und gestaltende, Verstand" (VII, 415). Diese ordnende Tätigkeit richtet sich nach der Einheit des göttlichen Urbildes, das von der Vernunft empfangen wird. Die Vernunft ist nicht Tätigkeit, sondern gleichsam der ruhende Ort der Weisheit und Wahrheit; als Indifferenz der Erkenntnisprinzipien ist sie die offene Stätte für die absolute Indifferenz der Seinsprinzipien, für den Ungrund qua absoluter Liebe. Nur so kann die Philosophie der in ihrem Namen hinterlegten Aufgabe nachgehen. „Die Philosophie hat ihren Namen einerseits von der Liebe, als dem allgemein begeisternden Princip, andererseits von dieser ursprünglichen Weisheit, die ihr eigentliches Ziel ist" (VII, 415). Geht die ursprüngliche Begeisterung verloren, dann bleibt der Philosophie nur noch die Historie als Quelle und Maßstab ihres Forschens. Zwar ist die historische Forschung für die Philosophie unabdingbar; davon legt nicht zuletzt die Freiheitsschrift ein beredtes Zeugnis ab. Aber solche Rückgriffe auf die Geschichte sind nur dann sinnvoll, wenn sie zur Klärung gegenwärtiger Probleme beitragen. Die historische Forschung kann sogar den Weg zur Wahrheit verstellen, wenn sie von einer uns näher liegenden Quelle der Erkenntnis ablenkt. Diese uns näher liegende und ältere Offenbarung der Wahrheit ist nach Schelling die *Natur*; sie muss allerdings – was Schelling für sich in Anspruch nimmt – in der rechten Weise 'gelesen' werden.

„Die Zeit des bloß historischen Glaubens ist vorbei, wenn die Möglichkeit unmittelbarer Erkenntniß gegeben ist. Wir haben eine ältere Offenbarung als jede geschriebene, die Natur. Diese enthält Vorbilder, die noch kein Mensch gedeutet hat, während die der geschriebenen ihre Erfüllung und Auslegung längst erhalten haben" (VII, 415).

Schelling beschließt die ›Philosophischen Untersuchungen über das Wesen der menschlichen Freiheit und die damit zusammenhängenden Gegenstände‹ mit der Ankündigung, weitere Abhandlungen über den ideellen Teil des Systems (Philosophie des Geistes) folgen zu lassen. Bei dieser Ankündigung ist es geblieben; Schelling hat bis zu seinem Tod keine größere Abhandlung mehr publiziert. Den späteren Denkweg bezeugen vor allem die großen Vorlesungen (zur Mythologie und Offenbarung) und Fragmente. Aufschlußreich für Schellings Überlegungen im unmittelbaren Anschluß an die Freiheitsschrift sind die ›Stuttgarter Privatvorlesungen‹ (1810; VII, 417–484) und die Entwürfe zur Weltalter-Philosophie. Der ›Weltalter‹-Entwurf von 1811 zeigt die Kontinuität mit der Freiheitsschrift durch folgende Eingangsthese an: „Nur über dem Seyn wohnt die wahre, die ewige Freyheit. Freyheit ist der bejahende Begriff der Ewigkeit oder dessen, was über aller Zeit ist" (ed. Schröter, 14).

Resümee

Schellings ›Philosophische Untersuchungen über das Wesen der menschlichen Freiheit‹ thematisieren nicht nur einen speziellen Bereich der Philosophie des Geistes; noch weniger ist diese Abhandlung Anthropologie im Sinne einer philosophischen Spezialdisziplin. Vielmehr handelt es sich um einen Systementwurf, der das Ganze von Denken und Sein zu erfassen beansprucht. Zwar werden nicht alle Systemteile in extenso ausgeführt; aber es wird doch deutlich angezeigt, an welcher Stelle des Systems sie ihren Ort haben. Sofern Schellings Konzept beim Prinzip der Freiheit ansetzt und in der Bestimmung der Freiheit als Ungrund und Liebe ans Ziel kommt, kann man zu Recht von einem 'System der Freiheit' sprechen.

Ebenso verkennt man den Rang und die Bedeutung der Freiheitsschrift, wenn man sie als bloße Replik innerhalb der Pantheismus-Kontroverse ansieht. Bereits die Einleitung hat – über die polemische Zurückweisung der Gegner hinaus – eine systematische Funktion. Sie dient Schelling dazu, die zentrale philosophische Problemstellung umfassend zu analysieren. Die entscheidende Frage, die Schelling bereits in ›Philosophie und Religion‹ klar herausgestellt hat, lautet: In welchem Verhältnis steht die endliche Wirklichkeit zur Idee des Absoluten? Anders formuliert: Kann dem endlichen Seienden noch Selbständigkeit zugesprochen werden, wenn Sein im strengen Sinne nur dem Absoluten oder Gott zukommt? Der eigentliche und höchste Sinn von 'Selbständigkeit' ist 'Freiheit'. Dann kann die Frage, an deren Beantwortung einer recht verstandenen Philosophie alles gelegen sein muss, auch so gestellt werden: Gibt es im absoluten System überhaupt noch einen Ort für die (menschliche) Freiheit? Um diese Frage beantworten zu können, muss sich die Philosophie von Vorurteilen befreien und die angemessenen Fragehinsichten gewinnen. Das erörtert Schelling zunächst unter dem Stichwort 'Pantheismus'. Dabei stellt sich heraus, dass die Pantheismusgegner nicht nur mit einem völlig unscharfen Begriff argumentieren, sondern auch die Verträglichkeit von Pantheismus und Freiheit ignorieren. Weiterhin muss das Verständnis von 'Freiheit' geklärt werden. Es genügt nämlich nicht, Freiheit als die von mechanischer Kausalität unabhängige Selbstbestimmung zu verstehen. Das ist formal richtig, muss aber inhaltlich ergänzt werden durch die Bestimmung der Freiheit als Vermögen zum Guten und Bösen. Außerdem muss beachtet werden, dass nicht nur dem Guten, sondern auch dem Bösen eine eigene sachhaltige Bestimmung zukommt. – Schließlich hat sich die Untersuchung, wenn sie nicht sogleich dem Verdikt eines vorkritischen Dogmatismus verfallen soll, auf die rechte ontologische Basis zu stellen. Deshalb kann Sein im Sinne des Lebendigseins nur als Wollen begriffen werden. Mit diesen Klärungen sind die Voraussetzungen für den Aufbau des Freiheitssystems geschaffen.

Um Sein als Leben erklären zu können, ist zu unterscheiden zwischen dem *Grund* (Basis, Unterlage) und der *Existenz* eines lebendigen Wesens. Mit dieser Unterscheidung ist bereits das für den gesamten Entwurf entscheidende Begriffspaar gewonnen, dem Rang (nicht der Bedeutung) nach vergleichbar der aristotelischen Unterscheidung zwischen dýnamis (Möglichkeit) und enérgeia (Wirklichkeit). Allerdings müssen die Begriffe 'Grund' und 'Existenz' im Horizont der ontologischen Generalthese, d.h. als Momente des Wollens verstanden werden. Dann lässt sich die Entwicklung des absoluten Lebensprozesses so beschreiben: Der Grund ist wirksam als sehnsüchtig-fühlendes Wollen, das zur Verwirklichung des Verborgenen, d.h. zur Offenbarung drängt. Was der dunkle Wille des Grundes ahnt, ist das sich wissende Wollen, die zuhöchst bewusste Selbstzeugung und Selbstoffenbarung Gottes.

Die Zwiefältigkeit des Seinsprinzips erklärt auch die zunehmende Dynamik des Schöpfungsprozesses, in dem sich die einzelnen Gestalten des Lebens verwirklichen. Notwendige Voraussetzung dieses Prozesses ist die Scheidung der Lebenskräfte. Dieser 'verständigen' Scheidung wirkt jedoch der 'sehnsüchtige' Grund entgegen. So kommt es zu einer gegenwendigen Bewegung. Der Verstand will Entfaltung der Vielheit unter einheitstiftenden Regeln und Formen. Der Grund hingegen strebt in sich zurück; er will sich verschließen und bewahrt damit die Basis für alles Leben. Diese gegeneinander wirkenden Kräfte heben sich nicht auf; sondern – im Gegenteil – sie bewirken eine Potenzierung der Lebensformen. Das im Einzelnen zu belegen, ist die Aufgabe einer Naturphilosophie, die somit wesentlich zum System der Freiheit gehört.

Die besondere Stellung des Menschen im natürlichen Lebensprozess kann aufgezeigt werden, wenn man die gegenwendigen Willensmomente als Eigenwille und als Universalwille begreift. Für den Offenbarungsprozess bedeutet dies nämlich: Im Leben der Natur bleibt der selbstsüchtige Eigenwille dem Universalwillen untergeordnet. Aber innerhalb dieser Ordnung gibt es eine Entwicklung, in welcher der fühlende Eigenwille immer mehr vom Universalwillen durchdrungen, d.h. immer wissender und sich-wissender wird. Die höchste Stufe dieses Bewusstseins wird mit dem Menschen erreicht: Der Mensch weiß um sein selbstsüchtiges Wollen und fühlt die Macht des sich wissenden Verstandes. Das aber bedeutet, dass die in Gott und seiner Schöpfung fest gefügte Einheit von Einzelwille und Universalwille im Menschen 'zertrennlich' ist. Damit jedoch hat sich zugleich die Möglichkeit des Bösen aufgetan.

Das Böse besteht in einer Umkehr der Willenskräfte; es gründet in dem Versuch des Eigenwillens, sich den Universalwillen prinzipiell unterzuordnen. Ziel dieses Strebens ist eine verkehrte Einheit, in der die Selbstheit herrschen und sich genießen will. Steht es so, dann kann das Böse nicht bloßer Mangel an Gutem sein (Leibniz); vielmehr muss der eigene Sachgehalt und die zerstörerische Macht des Bösen anerkannt werden.

Zwar kündigt sich in zweckwidrigen Erscheinungen der Natur das Böse bereits an; aber verwirklicht wird es erst durch den Menschen. Es ist die 'Angst des Lebens', die den Menschen gleichsam aus der Mitte der Schöpfung hinaustreibt in die haltlose Sucht nach eigenmächtiger Selbstverwirklichung. Diese Entscheidung des Menschen zum Bösen muss – wie Schelling im Rückgriff auf Kant erklärt – als intelligible Tat gedacht werden, d.h. als Urakt der menschlichen Freiheit, in der die wahre Freiheit, die harmonisch mit der höchsten Notwendigkeit zusammenstimmt, sogleich zerstört wird. Eine solche Urtat muss angenommen werden, weil sich sonst eine Verantwortung des Menschen für sein Handeln nicht rechtfertigen ließe und somit die Grundlage für Recht und Moral zerstört wäre.

Anders als für Kants kritischen Idealismus stellt die Hypothesis einer intelligiblen Tat, in der die Entscheidung zum Bösen fällt, den absoluten Idealismus Schellings vor das Problem der Theodizee. Auch hierfür liegt die Lösung in der Unterscheidung zwischen Grund und Existenz. Zwar wird das Böse durch das Wirken des Grundes ermöglicht, aber durch dieses Wirken allein noch nicht verwirklicht. Dazu bedarf es der Tat des Menschen, in der die Unterordnung des Eigenwillens negiert wird. Weil in Gott selbst der Wille des Grundes dem universalen Willen untergeordnet bleibt, kann Gott keinen direkten Bezug zum Bösen haben und folglich nicht dessen Ursache sein. Und weiter: Ist Gott das uneingeschränkt Gute, dann ist es unmöglich, dass das Böse immer währenden Bestand hat. Es wird durch das Wirken Gottes überwunden, und nur in dieser endgültigen Überwindung des Bösen liegt das Ziel der Geschichte bzw. der Endzweck der Schöpfung.

Der Schlussteil der Freiheitsschrift kehrt zum Anfangsgrund des Systems zurück, um sich so als Ganzes zu vollenden. Ist Wollen das Ursein, dann kann das Prinzip nur im reinen Wollen gesehen werden. Der reine Wille kennt noch keine Gegensätze und will deshalb nichts. Er ist der bestimmungslose Ungrund. Aus dem Ungrund bricht unvermittelt, d.h. durch eine absolut freie Tat, die Zweiheit von Grund und Existenz hervor. Mit dem gegensätzlichen Wirken dieser beiden Urkräfte ist der Beginn eines sich vielfältig entwickelnden Lebens gesetzt. Im Wollen von Gegensätzen, die trotz ihrer Unterschiedlichkeit ohneeinander nicht sein können, offenbart sich das Wirken der Liebe. Nicht die Einheit des Geistes, sondern die Einheit der Liebe ist 'alles in allem'. – Sofern Gleiches nur von Gleichem erkannt werden kann, muss auch die Philosophie von diesem Anfangsgrund bestimmt werden. Dies geschieht, wenn sie auf ihrem dialektischem Weg die Urbewegung nachvollzieht, indem sie die Gegensätze entfaltet und auf ihre ursprüngliche Einheit zurückführt. Die erotische Begeisterung der Philosophie wird von dem einen Ziel angezogen: die Weisheit zu empfangen, in der die eine Wahrheit alles Lebens aufleuchtet.

Wird, derart resümierend, die Stringenz der Schellingschen Argumentation hervorgehoben, so sollte doch nicht die oft vertretene Ansicht vom Scheitern der Freiheitsschrift umgangen werden. Dabei ist allerdings zu beachten, dass die These vom Scheitern in unterschiedlicher Hinsicht aufgestellt werden kann. Am einfachsten ist es zu behaupten, dass Schellings Versuch zweifellos metaphysisch sei und deshalb der generellen Sinnlosigkeit dieser Denkweise verfalle. Eine derart nivellierende positivistische Kritik ist zurückzuweisen. Zumindest dies sollte durch die vorgelegte Interpretation deutlich geworden sein. – In anderer Hinsicht könnte kritisch erörtert werden, ob Schellings begriffliche Analyse der Freiheit in Einklang mit unserer lebensweltlichen Erfahrung steht. Diese Frage lässt sich nicht – wie immer, wenn die Erfahrung ins Spiel kommt – schlichtweg bejahen oder verneinen. Einerseits bietet Schellings Abhandlung aufschlussreiche Erklärungen für bestimmte Phänomene unserer Erfahrungswirklichkeit, etwa im Blick auf die zerstörerische Dämonie des Bösen oder das 'verkehrte' Leben des kranken Organismus. Andererseits wird man sich stoßen an dem Ansatz einer intelligiblen Tat oder an einer 'ewigen' Prädestination, die das Leben des Einzelnen unabweisbar bestimmt. So mag die Freiheitsschrift in mancherlei Hinsicht frag-würdig bleiben; ein (generelles) 'Scheitern' kann aber daraus nicht geschlossen werden. – Schließlich ist Schellings Untersuchung an ihrem eigenen Anspruch zu messen, nämlich ein *System* zu entfalten, in dem der Zusammenhang von absoluter und endlicher Freiheit aufgeklärt wird. Dass sich gewichtige Gründe für das Misslingen dieses Anspruchs aufweisen lassen, ist vorgetragen worden. Darüber hinaus bleibt an die Tatsache zu erinnern, dass Schelling selbst die Freiheitsschrift nicht als das Ende seines Denkweges verstanden hat, sondern in neuen Ansätzen versucht, der 'Unvordenklichkeit' von Sein und Freiheit auf die Spur zu kommen. Die Philosophie der Freiheit endet nicht mit Schellings Untersuchung über das Wesen der menschlichen Freiheit.

Literaturverzeichnis

1. Werkausgaben Schellings

Friedrich Wilhelm Joseph von Schellings sämmtliche Werke, hrsg. von K. F. A. Schelling, XIV Bde., Stuttgart/Augsburg 1856–1861. (Nach dieser Ausgabe wird zitiert.)
Schellings Werke. Nach der Originalausgabe [K. F. A. Schelling] in neuer Anordnung hrsg. von M. Schröter (unveränderter Nachdruck des 1927 ff. erschienenen Münchener Jubiläumsdruckes), München 1958 ff.
Schelling, Friedrich Wilhelm Joseph: Historisch-kritische Ausgabe. Im Auftrag der Schelling Kommission der Bayerischen Akademie der Wissenschaften hrsg. von H. M. Baumgartner, W. G. Jacobs, H. Krings, H. Zeltner, Stuttgart-Bad Cannstatt 1976 ff.
Schelling, Friedrich Wilhelm Joseph: Ausgewählte Werke, aus: Friedrich Wilhelm Joseph von Schellings sämtliche Werke, Stuttgart/Augsburg 1856–1861, 10 Bde., Darmstadt 1966 ff.
Schelling, Friedrich Wilhelm Joseph: Ausgewählte Schriften, 6 Bde., Frankfurt a. M. 1989 (stw 521–526).

2. Andere Werkausgaben

Aristotelis Opera, ed. Academia Regia Borussica. Aristoteles graece ex recognitione I. Bekkeri, Bde. I u. II, Darmstadt 1960 (Nachdr. d. Ausg. 1831).
Fichte, Johann Gottlieb: Werke, hrsg. von I. H. Fichte, 11 Bde., Berlin 1971 (Nachdruck).
– Gesamtausgabe der Bayerischen Akademie der Wissenschaften, hrsg. von R. Lauth, H. Jacob u. H. Gliwitzky, Stuttgart-Bad Cannstatt 1962 ff.
– Briefwechsel, krit. Gesamtausgabe, gesammelt u. hrsg. von H. Schulz, 2 Bde., Leipzig 1925.
Hegel, Georg Wilhelm Friedrich: Theorie Werkausgabe, hrsg. von E. Moldenhauer u. K. M. Michel, 20 Bde., Frankfurt a. M. 1969 ff.
– Gesammelte Werke, hrsg. von der Rheinisch-Westfälischen Akademie der Wissenschaften, Hamburg 1968 ff.
Hoffmeister, Johannes (Hrsg.): Briefe von und an Hegel, 3 Bde., Hamburg ^{3}1969–1989.
Jacobi, Friedrich Heinrich: Werke, hrsg. von F. Roth u. F. Köppen, 6 Bde., Darmstadt 1976 (Nachdruck).
Kant, Immanuel: Gesammelte Schriften, hrsg. von der Preußischen Akademie der Wissenschaften, Bd. 23 von der Deutschen Akademie der Wissenschaften zu Berlin, ab Bd. 24 von der Akademie der Wissenschaften zu Göttingen, Berlin 1902 ff.

Kierkegaard, Sören: Gesammelte Werke, übers. u. hrsg. von E. Hirsch, H. Gerdes, H. M. Junghans, 36 Abteilungen in 26 Bdn., Düsseldorf/Köln 1950ff.

Leibniz, Gottfried Wilhelm: Philosophische Schriften, lat./frz.–dt., hrsg. von H. H. Holz u. a., 5 Bde., Darmstadt 1959ff.

– Die philosophischen Schriften, hrsg. v. C. I. Gerhardt, 7 Bde., Hildesheim 1965 (Nachdruck).

Platon: Opera, recognovit brevique adnotatione critica instruxit I. Burnet, Bde. I–V, Oxonii 1900ff.

– Werke in 8 Bdn., grch. u. dt., hrsg. von G. Eigler, Darmstadt 1970ff.

Sextus Empiricus. With an Englisch Translation by R. G. Bury, 4 Bde., London 1933ff.

Schlegel, Friedrich: Kritische Ausgabe, hrsg. von E. Behler u. a., 35 Bde., Darmstadt/Paderborn 1958ff.

Spinoza, Benedictus de: Opera/Werke, lat.-dt., 2 Bde., Darmstadt 1967/1979.

– Opera, im Auftrag der Heidelberger Akademie der Wissenschaften hrsg. von C. Gebhardt, 4 Bde., Heidelberg 1973 (Nachdruck).

Schopenhauer, Arthur: Sämtliche Werke, hrsg. von W. v. Löhneysen, Darmstadt 1973ff.

– Der handschriftliche Nachlaß, hrsg. von Arthur Hübscher, 5 Bde., Frankfurt a. M. 1966ff.

3. Einzelausgaben der Freiheitsschrift

Schelling, F. W. J.: Untersuchungen über das Wesen der menschlichen Freiheit, Reutlingen 1834.

– Das Wesen der menschlichen Freiheit. Mit Einleitung, Namen- und Sachregister neu hrsg. von Christian Herrmann, Leipzig 1925.

– Das Wesen der menschlichen Freiheit, eingeleitet und mit Anmerkungen versehen von H. Fuhrmans, Düsseldorf 1950.

– Über das Wesen der menschlichen Freiheit, Einleitung und Anmerkungen von H. Fuhrmans, Stuttgart 1964.

– Über das Wesen der menschlichen Freiheit. Mit einem Essay von W. Schulz: Freiheit und Geschichte in Schellings Philosophie, Frankfurt a. M. 1975.

– Philosophische Untersuchungen über das Wesen der menschlichen Freiheit und die damit zusammenhängenden Gegenstände, hrsg. von Thomas Buchheim, Hamburg 1997.

Gutman, James: Schelling: Of Human Freedom. A Translation of F. W. J. Schelling's *Philosophische Untersuchungen über das Wesen der menschlichen Freiheit und die damit zusammenhängenden Gegenstände*, Chicago 1936.

Schelling, F.-W.: Recherches sur la liberté humaine. Introduction, traduction, notes et commentaire de Marc Richir, Paris 1977.

4. Sonstige Texte Schellings

Schelling, F. W. J. v.: Die Weltalter. Fragmente, in den Urfassungen hrsg. von M. Schröter, München 1946.
Plitt, Gustav Leopold: Aus Schellings Leben. In Briefen, 3 Bde. (Plitt I–III), Leipzig 1869–1870.
Schelling, F. W. J.: Briefe und Dokumente, hrsg. von H. Fuhrmans, Bd. 1: 1775–1809, Bd. 2: Zusatzband 1775–1803, Bd. 3: Zusatzband 1803–1809, Bonn 1962/73/75.
Fichte-Schelling Briefwechsel, hrsg. von W. Schulz, Frankfurt a. M. 1968.
Ehrhardt, Walter E.: Schelling Leonbergensis und Maximilian II. von Bayern. Lehrstunden der Philosophie, Stuttgart-Bad Cannstatt 1989 (Schellingiana, Bd. 2).
Schelling, Friedrich Wilhelm Joseph: Timaeus (1794), hrsg. von Hartmut Buchner, Stuttgart-Bad Cannstatt 1994 (Schellingiana, Bd. 4).
Schelling, F. W. J.: Philosophische Entwürfe und Tagebücher, hrsg. von L. Knatz, H. J. Sandkühler, M. Schraven, Bd. 1: Philosophische Entwürfe und Tagebücher 1809–1813, Hamburg 1994.
– Urfassung der Philosophie der Offenbarung, hrsg. von W. E. Ehrhardt, 2 Teilbde., Hamburg 1995.

5. Allgemeine Literatur zu Schelling

Baumgartner, Hans Michael (Hrsg.): Schelling. Einführung in seine Philosophie, Freiburg/München 1975.
Baumgartner, Hans Michael/Jacobs, Wilhelm G. (Hrsg.): Philosophie der Subjektivität? Zur Bestimmung des neuzeitlichen Philosophierens. Akten des ersten Kongresses der Internationalen Schelling-Gesellschaft 1989, 2 Bde., Stuttgart-Bad Cannstatt 1993.
Baumgartner, Hans Michael/Korten, Harald: Friedrich Wilhelm Joseph Schelling, München 1996.
Beierwaltes, Werner: Platonismus und Idealismus, Frankfurt a. M. 1972.
Buchheim, Thomas: Eins von Allem. Die Selbstbescheidung des Idealismus in Schellings Spätphilosophie, Hamburg 1992.
Durner, Manfred: Wissen und Geschichte bei Schelling, München 1979.
Fischer, Kuno: Schellings Leben, Werke und Lehre, Heidelberg 1899.
Frank, Manfred: Eine Einführung in Schellings Philosophie, Frankfurt a. M. 1985.
Fuhrmans, Horst: Schellings Philosophie der Weltalter. Schellings Philosophie in den Jahren 1806–1821. Zum Problem des Schellingschen Theismus, Düsseldorf 1954.
Gulyga, Arsenij: Schelling. Leben und Werk, Stuttgart 1989.
Habermas, Jürgen: Das Absolute und die Geschichte. Von der Zwiespältigkeit in Schellings Denken, Diss. Bonn 1954.
– Dialektischer Idealismus im Übergang zum Materialismus – Geschichtsphilosophische Folgerungen aus Schellings Idee einer Contraction Gottes, in: Theorie und Praxis. Sozialphilosophische Studien, Neuwied/Berlin 1969, 108–161.
Hartmann, Eduard von: Schelling's philosophisches System, Leipzig 1897. Schel-

ling's positive Philosophie als Einheit von Hegel und Schopenhauer, Berlin 1869. Neudruck beider Werke in einem Band, Aalen 1979.
Hasler, Ludwig (Hrsg.): Schelling. Seine Bedeutung für eine Philosophie der Natur und der Geschichte. Referate und Kolloquien der Internationalen Schelling-Tagung Zürich 1979, Stuttgart-Bad Cannstatt 1981.
Heckmann, Reinhard/Krings, Hermann/Meyer, Rudolf W. (Hrsg.): Natur und Subjektivität. Zur Auseinandersetzung mit der Naturphilosophie des jungen Schelling. Referate, Voten und Protokolle der II. Internationalen Schelling-Tagung Zürich 1983, Stuttgart-Bad Cannstatt 1985.
Hennigfeld, Jochem: Einheit und Vielheit als grundlegendes Problem in Schellings Systementwürfen, in: Allgemeine Zeitschrift für Philosophie 14 (1989), 1–15.
Henrich, Dieter: Andersheit und Absolutheit des Geistes: Sieben Schritte auf dem Wege von Schelling zu Hegel, in: Selbstverhältnisse, Stuttgart 1982, 142–172.
Jacobs, Wilhelm G.: Gottesbegriff und Geschichtsphilosophie in der Sicht Schellings, Stuttgart-Bad Cannstatt 1993.
Jaspers, Karl: Schelling. Größe und Verhängnis, München 1955.
Kasper, Walter: Das Absolute in der Geschichte. Philosophie und Theologie der Geschichte in der Spätphilosophie Schellings, Mainz 1965.
Kirchhoff, Jochen: Friedrich Wilhelm Joseph von Schelling in Selbstzeugnissen und Bilddokumenten, Reinbek bei Hamburg 1982.
Knittermeyer, Hinrich: Schelling und die romantische Schule, München 1929.
Leinkauf, Thomas: Schelling als Interpret der philosophischen Tradition. Zur Rezeption und Transformation von Platon, Plotin, Aristoteles und Kant, Münster 1998.
Marquard, Odo: Transzendentaler Idealismus. Romantische Naturphilosophie. Psychoanalyse, Köln 1987.
Pawlowski, Hans-Martin/Smid, Stefan/Specht, Rainer (Hrsg.): Die praktische Philosophie Schellings und die gegenwärtige Rechtsphilosophie, Stuttgart-Bad Cannstatt 1989.
Sandkühler, Hans Jörg: Friedrich Wilhelm Joseph Schelling, Stuttgart 1970.
Schmied-Kowarzik, Wolfdietrich: Friedrich Wilhelm Joseph Schelling (1775–1854), in: G. Böhme (Hrsg.), Klassiker der Naturphilosophie. Von den Vorsokratikern bis zur Kopenhagener Schule, München 1989, 241–262.
Schulz, Walter: Die Vollendung des deutschen Idealismus in der Spätphilosophie Schellings, Stuttgart/Köln 1955.
Tilliette, Xavier: Schelling. Une philosophie en devenir, 2 Bde., Paris 1970.
– Schelling im Spiegel seiner Zeitgenossen, 3 Bde., Torino 1974, 1981, Milano 1988.
Wieland, Wolfgang: Schellings Lehre von der Zeit. Grundlagen und Voraussetzungen der Weltalterphilosophie, Heidelberg 1956.
Wild, Christoph: Reflexion und Erfahrung. Eine Interpretation der Früh- und Spätphilosophie Schellings, Freiburg/München 1968.
Zeltner, Hermann: Schelling, Stuttgart 1954.

6. Literatur zur Freiheitsphilosophie Schellings

Adolphi, Rainer: „Geschehen aber zu denken ist immer das Schwierigste". Zu den Problemen eines Prozeßansatzes in Schellings Freiheitsphilosophie, in: Baumgartner/Jacobs (Hrsg.) 1996, 252–271.

Albizu, Egardo: Schelling. La experimencia de la libertad como clave de un nuevo filosofar, in: La filosofía alemana. Desde Nicolás de Cusa hasta nuestros días, Lima 1978.

Aniz, Cándido: Filosofia de liberación humana. Una lección de Schelling, in: Estudios Filosóficos 22 (1973), 425–433.

Balthasar, Hans Urs von: Apokalypse der deutschen Seele, Bd. 1: Der deutsche Idealismus, Salzburg/Leipzig 1937. Unveränderter Nachdr.: Prometheus. Studien zur Geschichte des deutschen Idealismus, Heidelberg 1947.

Barbarić, Damir: Das reale Prinzip in der Freiheitsschrift und in der Weltalterphilosophie. Zu Schellings Auseinandersetzung mit dem Problem des metaphysischen Dualismus, in: Baumgartner/Jacobs (Hrsg.) 1996, 272–278.

– Zeitlichkeit, Sein und Seiendes: Schelling – Heidegger, in: Fehér/Jacobs (Hrsg.) 1999, 215–224.

Bartuschat, Wolfgang: Über Spinozismus und menschliche Freiheit beim frühen Schelling, in: Pawlowski u. a. (Hrsg.) 1989, 153–175.

Baumgartner, Hans Michael: Zur Einleitung: Übersicht, Aufbau und Problemanzeigen, in: Höffe/Pieper (Hrsg.) 1995, 35–54.

Baumgartner, Hans Michael/Jacobs, Wilhelm G. (Hrsg.): Schellings Weg zur Freiheitsschrift. Legende und Wirklichkeit. Akten der Fachtagung der Internationalen Schelling-Gesellschaft 1992, Stuttgart-Bad Cannstatt 1996.

Bladel, Louis van: Die Funktion der Abfallslehre in der Gesamtbewegung der Schellingschen Philosophie, in: A. M. Koktanek (Hrsg.), Schelling-Studien. Festgabe für M. Schröter, München/Wien 1965, 49–82.

Bockshammer, Gustav Ferdinand: Die Freyheit des menschlichen Willens, Stuttgart 1821.

Bracken, Joseph A.: Freiheit und Kausalität bei Schelling, Freiburg i. Br. 1972.

– Freedom and Causality in the Philosophy of Schelling, in: The New Scholasticism 50 (1976), 164–182.

Baeckman, A: Systeem en Vrijheid. Een onderzoek naar F. W. J. Schellings concept van de filosofie, Leuven 1986.

– Voorbij de grenzen van de zuivere rede. De late Schelling over vrijheid als project van de filosofie, in: Tijdschrift voor Filosofie 50 (1988), 422–451.

– Autonomie, moraliteit en menselijke vrijheid. Over de natuurfilosofische grondslagen van Schellings vrijheidsbegrip in het *Freiheitsschrift*, in: Bijdragen, tijdschrift voor filosofie en theologie 49 (1988), 277–298.

Brown, Robert F.: The later Philosophy of Schelling. The influence of Boehme on the works of 1809–1815, Lewisburg 1977.

– Is Much of Schelling's *Freiheitsschrift* Already Present in His *Philosophie und Religion* (1804)? In: Baumgartner/Jacobs (Hrsg.) 1996, 110–131.

Bruneder, Gertrud: Das Wesen der menschlichen Freiheit bei Schelling und sein ideengeschichtlicher Zusammenhang mit Jakob Böhmes Lehre vom Ungrund, in: Archiv für Philosophie 8 (1958), 101–115.

Buchheim, Thomas: Das Prinzip des Grundes und Schellings Weg zur Freiheitsschrift, in: Baumgartner/Jacobs (Hrsg.) 1996, 240–251.
– „Metaphysische Notwendigkeit des Bösen“. Über eine Zweideutigkeit in Heideggers Auslegung der Freiheitsschrift, in: Fehér/Jacobs (Hrsg.) 1999, 183–191.
Doyé, Sabine: Die menschliche Freiheit und das Problem des absoluten Vernunftsystems. Zur Entwicklung des Schellingschen Systems, Diss. Köln 1972.
Ehrhardt, Walter E.: Die Wirklichkeit der Freiheit, in: J. Speck (Hrsg.), Grundprobleme der großen Philosophen, Göttingen 1976, 109–144.
– Das Ende der Offenbarung, in: Höffe/Pieper (Hrsg.) 1995, 221–234.
– „Freiheit ist unser und der Gottheit Höchstes“ – ein Rückweg zur *Freiheitsschrift*? In: Baumgartner/Jacobs (Hrsg.) 1996, 240–251.
Emad, Parvis: Heidegger on Schelling's concept of freedom, in: Man World 8 (1975), 157–174.
Esposito, Costantino: Libertà dell'uomo e necessità dell'essere. Heidegger interpreta Schelling, Bari 1988.
Falgueras, Ignacio: Libertad y verdad. Esbozo de la cuestión al hilo del pensamiento de Schelling, in: Anuario Filosófico 19 (1986), 25–60.
Fehér, István M./Jacobs, Wilhelm G. (Hrsg.): Zeit und Freiheit. Schelling – Schopenhauer – Kierkegaard – Heidegger. Akten der Fachtagung der Internationalen Schelling-Gesellschaft 1997, Budapest 1999.
– Schelling, Kierkegaard, Heidegger hinsichtlich System, Freiheit und Denken. Gemeinsame Motive und Philosopheme der nachhegelschen Philosophie, in: Fehér/Jacobs (Hrsg.) 1999, 17–36.
Figal, Günter: Schellings und Kierkegaards Freiheitsbegriff, in: Anz, H. u. a. (Hrsg.), Kierkegaard und die deutsche Philosophie seiner Zeit, München 1980, 112–127.
Folkers, Horst: „Die durch Freiheit gebaute Stadt Gottes“. Freiheit und Notwendigkeit im identitätsphilosophischen Denken Schellings, in: Pawloski u. a. (Hrsg.) 1989, 107–137.
Frederichs, Friedrich: Ueber den Schellingschen Freiheitsbegriff. Vortrag, gehalten in der Philosophischen Gesellschaft zu Berlin, nebst der dabei stattgehabten Discussion, Halle 1890, Phil. Vorträge 20, 1–33.
Freydberg, Bernard David: The Meeting of modern and Greek thought in Schelling's freedom essay, Diss. Pittsburgh 1977.
Froman, Wayne J.: Schelling's Treatise on the Essence of Human Freedom and Heidegger's Thought, in: International Philosophical Quaterly 30 (1990), 465–480.
Gerhardt, Volker: Selbständigkeit und Selbstbestimmung. Zur Konzeption der Freiheit bei Kant und Schelling, in: Pawlowski u. a. (Hrsg.) 1989, 59–105.
Greiner, W.: Das Problem der menschlichen Willensfreiheit bei Kant und Schelling. Jahres-Bericht des Großherzoglichen Realgymnasiums zu Eisenach, Eisenach 1909, 3–19; 1910, 3–23; 1911, 3–15.
Grondin, Jean: Die späte Entdeckung Schellings in der Hermeneutik, in: Fehér/Jacobs (Hrsg.) 1999, 65–72.
Groos, Friedrich: Die Schellingische Gottes- und Freiheitslehre vor den Richterstuhl der gesunden Vernunft vorgefordert. Die Vierzehnte der Betrachtungen über moralische Freiheit, Unsterblichkeit der Seele und Gott, Tübingen 1819.

Gueroult, Martial: La philosophie Schellingienne de la Liberté, in: Studia Philosophica 14 (1954), 146–161.

Hatem, Jad: De l'absolu à Dieu. Autour du ›Traité sur la liberté‹, Paris 1987.

Haufe, Friedrich: Der Freiheitsbegriff bei Schelling. Entwickelt an einer Interpretation der ›Philosophischen Untersuchungen über das Wesen der menschlichen Freiheit und die damit zusammmenhängenden Gegenstände‹ (Landshut 1809), Diss. Leipzig 1925.

Heidegger, Martin: Schellings Abhandlung Über das Wesen der menschlichen Freiheit (1809), hrsg. v. Hildegard Feick, Tübingen 1971.

– Gesamtausgabe. II. Abt.: Vorlesungen 1919–1944. Bd. 42: Schelling: Vom Wesen der menschlichen Freiheit (1809), hrsg. von Ingrid Schüssler, Frankfurt a.M. 1988.

– Gesamtausgabe. II. Abt.: Vorlesungen 1919–1944. Bd. 49: Zur erneuten Auslegung von Schelling. Philosophische Untersuchungen über das Wesen der menschlichen Freiheit und die damit zusammenhängenden Gegenstände (1809), hrsg. von Günter Seubold, Frankfurt a.M. 1991.

Hennigfeld, Jochem: Die Wesensbestimmung des Menschen in Kierkegaards „Der Begriff Angst", in: Philosophisches Jahrbuch 94 (1987), 269–284.

– Die Freiheit der Existenz. Schelling und Kierkegaard, in: Fehér/Jacobs (Hrsg.) 1999, 83–93.

Höffe, Otfried/Pieper, Annemarie (Hrsg.): F. W. J. Schelling: Über das Wesen der menschlichen Freiheit, Berlin 1995.

Holz, Harald: Spekulation und Faktizität. Zum Freiheitsbegriff des mittleren und späten Schelling, Bonn 1970.

Holz, Hans Heinz: Über das spekulative Verhältnis von Natur und Freiheit, in: Baumgartner/Jacobs (Hrsg.) 1993, Bd. 1, 92–110.

Hühn, Lore: Die intelligible Tat. Zu einer Gemeinsamkeit Schellings und Schopenhauers, in: Ch. Iber/R. Pocai (Hrsg.), Selbstbesinnung der philosphischen Moderne. Beiträge zur kritischen Hermeneutik ihrer Grundbegriffe. Cuxhaven/ Dartford 1998, 55–94.

– Die tragische Selbstverfehlung menschlicher Freiheit. Zu Schopenhauers Lektüre der Schellingschen Freiheitsschrift, in: Fehér/Jacobs (Hrsg.) 1999, 127–150.

Ijsseling, Samuel: Schelling en zijn «Freiheitsschrift», in: Tijdschrift voor Filosofie 39 (1977), 522–527.

Jacobs, Wilhelm G.: Die Theodizeeproblematik in der Sicht Schellings, in: Studia Leibnitiana 26 (1986), 225–239.

– Die Entscheidung zum Bösen oder Guten im einzelnen Menschen, in: Höffe/ Pieper (Hrsg.) 1995, 125–148.

– Vom Ursprung des Bösen zum Wesen der menschlichen Freiheit oder Transzendentalphilosophie und Metaphysik, in: Baumgartner/Jacobs (Hrsg.) 1996, 11–27.

– Friedrich Wilhelm Joseph (von) Schelling. Vernunft und Wirklichkeit. in: M. Fleischer/J. Hennigfeld (Hrsg.), Philosophen des 19. Jahrhunderts, Darmstadt 1998, 55–69.

Jaeschke, Walter: Freiheit um Gottes willen, in: Baumgartner/Jacobs (Hrsg.) 1996, 202–222.

Janke, Wolfgang: Amor Dei intellectualis. Vernunft- und Gottesliebe in Gipfel sätzen neuzeitlicher Systembildungen (Spinoza, Hegel, Schelling – Fichte), in: Entgegensetzungen. Studien zu Fichte-Konfrontationen von Rousseau bis Kierkegaard, Amsterdam/Atlanta 1994, 97–118.

Jantzen, Jörg: Die Möglichkeiten des Guten und des Bösen, in: Höffe/Pieper (Hrsg.) 1995, 61–90.

Jürgensen, Sven: Freiheit in den Systemen Hegels und Schellings, Würzburg 1997.

Kasper, Walter: Die Freiheit als philosophisches und theologisches Problem in der Philosophie Schellings, in: Glaube und Geschichte, Mainz 1970, 33–47.

Kile jr., Frederick O.: Die theologischen Grundlagen von Schellings Philosophie der Freiheit, Leiden 1965.

Knatz, Lothar: Schellings „Freiheitsschrift" und ihre Quellen, in: Baumgartner/Jacobs (Hrsg.) 1993, Bd. 2, 469–479.

– Der Grund der Freiheit, in: Baumgartner/Jacobs (Hrsg.) 1996, 288–298.

Korsch, Dietrich: Der Grund der Freiheit. Eine Untersuchung zur Problemgeschichte der positiven Philosophie und zur Systemfunktion des Christentums im Spätwerk F. W. J. Schellings, München 1980.

Köhler, Dietmar: Von Schelling zu Hitler? Anmerkungen zu Heideggers Schelling-Interpretation von 1936 und 1941, in: Fehér/Jacobs (Hrsg.) 1999, 201–214.

Krell, David Farrell: The crisis of reason in the nineteenth century: Schelling's treatise On human freedom (1809), in: The collegium Phaenomenologicum, Dordrecht/Boston/London 1988, 13–32.

Krings, Hermann: Von der Freiheit Gottes, in: Höffe/Pieper (Hrsg.) 1995, 173–188.

Lawrence, Joseph P.: Schellings Philosophie des ewigen Anfangs. Die Natur als Quelle der Geschichte, Würzburg 1989.

Leese, Kurt: Von Jakob Böhme zu Schelling. Zur Metaphysik des Gottesproblems, Erfurt 1927.

Loer, Barbara: Das Absolute und die Wirklichkeit in Schellings Philosophie. Mit der Erstedition einer Handschrift aus dem Berliner Schelling-Nachlaß, Berlin/New York 1974.

Lüthi, Kurt: Gott und das Böse. Eine biblisch-theologische und systematische These zur Lehre vom Bösen, entworfen in Auseinandersetzung mit Schelling und Karl Barth, Zürich/Stuttgart 1961.

Maesschalck, Marc: Liberté et fondement. De l'ontologie à la philosophie politique du fondement, in: Revue des Sciences philosophiques et théologiques 73 (1989), 49–69.

– Nature et liberté chez Schelling. Les présupposés métaphysiques de l'éthique, in: Cahiers de l'École des Sciences Philosophiques et Religieuses 10 (1991), 119–143.

Marquard, Odo: Grund und Existenz in Gott, in: Höffe/Pieper (Hrsg.) 1995, 55–60.

Marquet, Jean-François: Liberté et existence. Etude sur la formation de la philosophie de Schelling, Paris 1973.

Marx, Werner: Schelling. Geschichte, System, Freiheit, Freiburg/München 1977.

– Das Wesen des Bösen und seine Rolle in der Geschichte in Schellings Freiheitsabhandlung, in: Hasler (Hrsg.) 1981, 49–69.

– Das Wesen des Bösen. Zur Aktualität der Freiheitsschrift Schellings, in: Philosophisches Jahrbuch 89 (1982), 1–9.

Maugé, Francis: La liberté dans l'idéalisme transcendental de Schelling, in: Archiv für Geschichte der Philosophie, Bd. 14, Neue Folge Bd. 7, Berlin 1901, 361–383, 517–535.
Mine, Hideki: Ungrund und Mitwissenschaft: Das Problem der Freiheit in der Spätphilosophie Schellings, Frankfurt a. M./Bern/New York 1983.
Moiso, Francesco: Gott als Person, in: Höffe/Pieper (Hrsg.) 1995, 189–220.
– Geometrische Notwendigkeit, Naturgesetz und Wirklichkeit. Ein Weg zur *Freiheitsschrift*, in: Baumgartner/Jacobs (Hrsg.) 1996, 132–186.
Mokrosch, Reinhold: Theologische Freiheitsphilosophie. Metaphysik, Freiheit und Ethik in der philosophischen Entwicklung Schellings und in den Anfängen Tillichs, Frankfurt a. M. 1976.
Müller-Lauter, Wolfgang: Das Verhältnis des intelligiblen zum empirischen Charakter bei Kant, Schelling und Schopenhauer, in: K. Held/J. Hennigfeld (Hrsg.), Kategorien der Existenz, Würzburg 1993, 31–60.
Nauen, Franz Gabriel: Revolution, idealism and human freedom. Schelling, Hölderlin and Hegel and the crisis of early German idealism, The Hague 1971.
Oesterreich, Peter L.: „Positive Verkehrtheit“. Die Figur des Bösen bei Schelling und Machiavelli, in: Philosophisches Jahrbuch 102 (1995), 249–260.
Ohashi, Ryôsuke: Der Ungrund und das System, in: Höffe/Pieper (Hrsg.) 1995, 235–254.
Osterwald, Udo: Die Zweideutigkeit der Freiheit als Resultat der Willensmetaphysik Schellings, Bielefeld 1972.
Peetz, Siegbert: Die Freiheit im Wissen. Eine Untersuchung zu Schellings Konzept der Rationaltität, Frankfurt a. M. 1995.
– Zum Verhältnis von Freiheit und Wissensweise bei Schelling, in: Baumgartner/Jacobs (Hrsg.) 1996, 187–201.
Pettoello, Renato: Die Dialektik der menschlichen Freiheit als Emanzipation und als Abfall von Gott, in: Pawlowski u. a. (Hrsg.) 1989, 255–271.
Pieper, Annemarie: Der Ursprung des Bösen. Schellings Rekonstruktion des transzendentalen Anfangs der Geschichte, in: Cesana/Rubitschon (Hrsg.), Philosophische Tradition im Dialog mit der Gegenwart, Basel 1985, 199–216.
– Zum Problem der Herkunft des Bösen I: Die Wurzel des Bösen im Selbst, in: Höffe/Pieper (Hrsg.) 1995, 91–110.
Piòrczynski, Jòzef: Zum Einfluß Böhmes auf Schelling und Hegel, in: Hegel-Jahrbuch 1991, 109–117.
Platenius, Otto: Schellings Fortführung der Lehre Kants vom Bösen. Ein Beitrag zur Religionsphilosophie des deutschen Idealismus, Diss. Erlangen 1928.
Pocai, Romano: Der Schwindel der Freiheit. Zum Verhältnis von Kierkegaards Angsttheorie zu Schellings Freiheitsschrift, in: Fehér/Jacobs (Hrsg.) 1999, 95–106.
Portmann, Stephan: Das Böse – Die Ohnmacht der Vernunft. Das Böse und die Erlösung als Grundprobleme in Schellings philosophischer Entwicklung, Meisenheim am Glan 1966.
Riconda, Giuseppe: Geschichte der Philosophie und Philosophie der Freiheit in Schellings *Untersuchungen über das Wesen der menschlichen Freiheit*, in: Baumgartner/Jacobs (Hrsg.) 1993, Bd. 1, 206–224.

Rosenfield, Denis L.: Du mal. Essai pour introduire en philosophie le concept de mal, Paris 1989.

Sandkühler, Hans Jörg: Freiheit und Wirklichkeit. Zur Dialektik von Politik und Philosophie bei Schelling, Frankfurt a.M. 1968.

Schanne, Rainer: Sündenfall und Erbsünde in der spekulativen Theologie. Die Weiterbildung der protestantischen Erbsündenlehre unter dem Einfluß der idealistischen Lehre vom Bösen, Frankfurt a.M./Bern 1976.

Scheier, Claus-Artur: Die Zeit der Seynsfuge. Zu Heideggers Interesse an Schellings *Freiheitsschrift*, in: Baumgartner/Jacobs (Hrsg.) 1996, 28–39.

Schmied-Kowarzik, Wolfdietrich: Die existentiell-praktische Einheit von Mensch und Natur. Zur Bedeutsamkeit der Naturphilosophie für die Ökologiedebatte, in: Heckmann (Hrsg.) 1985, 375–389.

Schulz, Walter: Freiheit und Geschichte in Schellings Philosophie, Einl. zu: F. W. J. Schelling: Über das Wesen der menschlichen Freiheit, Frankfurt a.M. 1975.

– Die Wandlungen des Freiheitsbegriffs bei Schelling, in: Vernunft und Freiheit. Aufsätze und Vorträge, Stuttgart 1981, 39–52 .

Schulze, Wilhelm August: Oetingers Beitrag zur Schellingschen Freiheitslehre, in: Zeitschrift für Theologie und Kirche 54 (1957), 213–225.

Secrétan, Charles: La philosophie de la liberté. Cours de philosophie morale fait à Lausanne, 2 Bde., Lausanne 1849.

– Une lettre de M. Charles Secrétan sur la philosophie de la liberté, in: La Critique philosophique, politique, scientifique, littéraire publiée sous la direction de M. Charles Renouvier, 6. Jg., 2. Bd. n. 30, Paris, 23. August 1877, 49–54.

Siemek, Marek J.: Transzendenz und Immanenz in Schellings ontologischem Freiheitsbegriff, in: Baumgartner/Jacobs (Hrsg.) 1996, 40–50.

Sigwart, Heinrich Christoph Wilhelm: Das Problem von der Freiheit und der Unfreiheit des menschlichen Wollens, Tübingen 1839.

Smid, Stefan: Staatliche Organisation und menschliche Freiheit. Zur Dialektik von Vernunft und Offenbarungsglaube in F. W. J. Schellings praktischer Philosophie, in: Archiv für Rechts- und Staatsphilosophie 69 (1983), 165–186.

Stambaugh, Joan: Heidegger on Schelling on human freedom, in: Hermeneutic phenomenology. Lectures and essays. Edited by Joseph J. Kockelmans, Lanham (Md.) 1988, 91–105.

Sturma, Dieter: Zur Wiedererwägung eines Begriffs positiver Freiheit. Das Schelling-Symposium in Kampen, in: Zeitschrift für philosophische Forschung 48 (1994), 284–291.

– Präreflexive Freiheit und menschliche Selbstbestimmung, in: Höffe/Pieper (Hrsg.) 1995, 149–172.

Süskind, Friedrich Gottlieb: Prüfung der Schellingischen Lehren von Gott, Weltschöpfung, Freyheit, moralischem Guten und Bösen, Tübingen 1812.

Theunissen, Michael: Schellings anthropologischer Ansatz, in: Archiv für Geschichte der Philosophie 47 (1965), 174–189.

Tillich, Paul: Mystik und Schuldbewußtsein in Schellings philosophischer Entwicklung (1912), in: Main Works/Hauptwerke, Bd. 1, Berlin/New York 1989, 21–112.

Tilliette, Xavier: Die Freiheitsschrift, in: H. M. Baumgartner (Hrsg.), Schelling, Freiburg/München 1975, 95–107.

Vergauwen, Guido: Absolute und endliche Freiheit. Schellings Lehre von Schöpfung und Fall, Freiburg (Schweiz) 1975.

Vossenkuhl, Wilhelm: Zum Problem des Bösen II: Der Ursprung des Bösen in Gott, in: Höffe/Pieper (Hrsg.) 1995, 111–124.

Wagner, Hiltrud: Das Problem des Ursprungs des Übels im Spätwerk Schellings, Diss. München 1977.

White, Alan: Schelling. An introduction to the system of freedom, New Haven (Conn.) 1983.

Wyczołkowska, Anna: Schopenhauers Lehre von der menschlichen Freiheit in ihrer Beziehung zu Kant und Schelling, Wien 1893 (Diss. Zürich 1893).

Register

Namen sind kursiv, zentrale Stellen halbfett hervorgehoben.